www.ingramcontent.com/pod-product-compliance
Lightning Source LLC
LaVergne TN
LVHW050133080526
838202LV00061B/6483
* 9 7 8 1 9 1 7 7 3 6 6 5 7 *

Iraab ul Quran

Word to word grammar and translation

الجز الثلاثون

Compiled by:

Mohammad Saeed Ahmad Shah

quranirab@hotmail.com

بِسْمِ اللّٰهِ الرَّحْمٰنِ الرَّحِيمِ

نَحْمَدُهُ وَنُصَلِّي عَلَى رَسُولِهِ الْكَرِيمِ

Introduction

The Qur'an I'rāb provides grammar and translation of the Holy Qur'an. The translation consists of word-to-word translation as well as simple translation of the verses in one place to help avoid searching various resources for this information. For the grammar, each word is analyzed for its essential morphology (صَرف) and syntax (نَحْو).

The word-to-word English translation is taken from Qur'anHive [6] and the Qur'an translation is taken from The Clear Quran by Dr. Mustafa Khattab. Other books and dictionaries consulted are shown in the reference list.

The Grammar is split in two rows. The lower row provides root letters (مادة), past tense (فعل ماض), present and future tense (فعل مضارع), verbal noun (مصدر) and its form (باب). The upper row provides a brief syntax (نَحْو) such as verb (فِعْلٌ), subject (فاعل), object (مفعول بِهِ), preposition and the following noun (جَارّ ومَجرورٌ), condition (شرطٌ), etc.

Most of the information for this document is taken from the Qur'ani Dictionary [1], Taleem-ul-Quran [2], and Bayan Quran [3]. The I'rāb information in the upper row is taken from the I'rāb Books by Dr. Suleiman Yaqût [4], and Dr. Ali Munem Abdul Hameed [5]. The first word on every page is hyperlinked to the I'rāb of Qur'an book by Dr. Suleiman Yaqût [4]; clicking on it provides more detail on the syntax (نَحْو) , i.e., I'rāb of the sentence.

I hope that this document will be helpful and beneficial for all users seeking the knowledge of the Qur'anic Arabic. This work has been compiled to seek the pleasure of Allah (SWT). May Allah bless and accept this humble effort and make it a means of salvation in the Here-after for all those who contributed towards it. Ameen! Please contact via email (*quranirab@hotmail.com*) for reporting an error or omission or sending a comment.

Mohammad Saeed Ahmad Shah
Oakville, Ontario, Canada
January 20, 2025

Layout

The following diagram illustrates the layout of the Qur'an I'rāb.

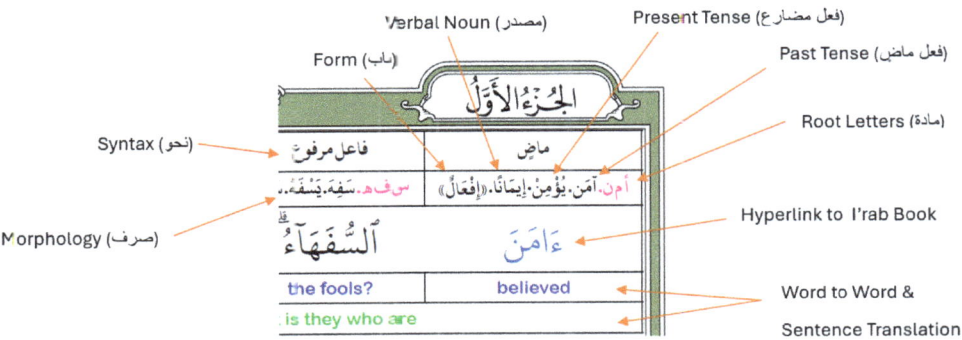

Abbreviations

The following abbreviations are used in the upper row of the Arabic text:

و ج ش = واقعة في جواب الشّرط
و ج ق = واقعة في جواب القسم
ج ش = جملة جواب الشّرط
جارّ مجرورٌ () = جارّ مجرورٌ محذوفٌ
صلةٌ = جملة صلة الموصول

Compilation/Credits

Prepared by: Mohammad Saeed Ahmad Shah, Oakville, Ontario, Canada.
(email: quranirab@hotmail.com)
Designed by: Muhammad Asif Mughal, Islamabad, Pakistan.
Reviewed by: Qari Muhammad Tariq, Lahore, Pakistan.

Disclaimer

I am not a scholar of the Qur'an or Arabic Grammar. I became interested in the subject of Qur'anic grammar after retiring as a professional Electrical Engineer. I learned the language of the Qur'an from Zahid Naeem of the Language of Quran, Mississauga (*lqmississauga.com*) in a course offered at Alfalah Islamic Centre, Oakville, Ontario, from September 2017 to June 2020. This was followed by weekly group classes via Zoom by Dr. Nisar Shaikh, Qasim Iqbal and Dr. Shakeel Ahmed. May Allah reward them in abundance!

References:

1. Qurani Dictionary, Lutf-ur-Rehman Khan, Maktaba Siraj Munir, Lahore, Pakistan, 2017.
2. Taleem-ul-Quran, Chaudri Abdul Salam, Lahore, Pakistan.
3. Bayan Quran Application
4. I'rāb Al-Quran Al-Karim, Dr. Mahmud Suleiman Yaqut, Dar-ul-Maarfa Al-Jamia, Alexandria, Egypt.
5. Noor-ul-Yaqeen Maujam Wasait fi I'rāb Al-Quran Al- Karim, Dr. Ali Abdul Munem Abdul Hameed, Maktaba Lebanon Nasheroon, 2003.
6. QuranHive, qh@quranhive.com. The English translation used is by Dr. Mustafa Khattab, The Clear Quran, 2016.
7. Irab Al-Mufassal lil Kitab -i-Allah Almurattal, Bahjat Ab- dul Wahid Saleh, Dar-ul Fikr Alnashar wa Tozih, Beirut, Lebanon.
8. Vocabulary of the Holy Quran, Dr. Abdullah Abbas Nadvi, Maktaba Dar-ul-Ishaat, Karachi, Pakistan, 2005.
9. Almaany.com, Arabic Dictionary.
10. Durus Al-lughat Al-Arabiyya li Ghair al-Natiqina biha (Madinah Books), Dr. V. Abdur Rahim, Islamic Foundation Trust, Chennai, India, 1993.
11. Lectures and Class Notes on Medina Books, Zahid Naeem, LQ Mississauga, Ontario, Canada, 2017-2019.
12. Arabic - English Dictionary of Quranic usage, Elsaid M Badawi, Muhammad Abdul Haleem, Brill, 2008.

سُورَةُ النَّبَإِ

نعت ثانٍ	نعت أول	لفظ الجلالة. مضاف إليه	جار. مجرور. مضاف
ر ح م. رَحِمَ. يَرْحَمُ. رَحْمَةً	ر ح م. رَحِمَ. يَرْحَمُ. رَحْمَةً	أ ل ه	س م و. سَمَا. يَسْمُو. سُمُوًّا
ٱلرَّحِيمِ ①	ٱلرَّحْمَٰنِ	ٱللَّهِ	بِسْمِ
the Most Merciful	the Most Gracious	(of) Allah	In (the) name

In the name of Allah, the Most Gracious, the Most Merciful

نعت أول	جار. مجرور		مضارع مرفوع. فاعل	جار. مجرور
ع ظ م. عَظُمَ. يَعْظُمُ. عَظُومَةً	ن ب أ. نَبَأَ. يَنْبَأُ. نَبَأً		س أ ل. تَسَاءَلَ. يَتَسَاءَلُ. تَسَاؤُلًا «تَفَاعُلٌ»	استفهامية
ٱلْعَظِيمِ ②	ٱلنَّبَإِ	عَنِ	يَتَسَآءَلُونَ ①	عَمَّ
the Great,	the News	About	are they asking one another?	About what

What are they asking one another? About the momentous news,

ردع وزجر	خبر. جملة صلة الموصول	جار. مجرور	مبتدأ	اسم موصول. نعت ثانٍ
	خ ل ف. أَخْلَفَ. يُخْلِفُ. إِخْلَافًا «إِفْعَالٌ»			
كَلَّا	مُخْتَلِفُونَ ③	فِيهِ	هُمْ	ٱلَّذِى
Nay!	(in) disagreement .	(are) concerning it	they	(About) which

over which they disagree. But no!

استفهام. نفي وجزم وقلب	استقبال مضارع مرفوع. فاعل	ردع وزجر	عطف	استقبال. مضارع مرفوع. فاعل
	ع ل م. عَلِمَ. يَعْلَمُ. عِلْمًا			ع ل م. عَلِمَ. يَعْلَمُ. عِلْمًا
أَلَمْ	سَيَعْلَمُونَ ⑤	كَلَّا	ثُمَّ	سَيَعْلَمُونَ ④
Have not	(soon) they will know.	Nay!	Then	(soon) they well know.

They will come to know. Again, no! They will come to know. Have

عطف. معطوفان على «الأرض مهادا»		مفعول به ثانٍ	مفعول به أول	مضارع مجزوم «نحن»
و ت د. وَتَدَ. يَتِدُ. وَتْدًا	ج ب ل. جَبَلَ. يَجْبُلُ. جَبْلًا	م ه د. مَهَدَ. يَمْهَدُ. مَهْدًا	أ ر ض	ج ع ل. جَعَلَ. يَجْعَلُ. جَعْلًا
أَوْتَادًا ⑦	وَٱلْجِبَالَ	مِهَٰدًا ⑥	ٱلْأَرْضَ	نَجْعَلِ
(as) pegs,	And the mountains	a resting place?	the earth	We made

We not smoothed out the earth like a bed, and made the mountains as its pegs,

عطف.ماضٍ.فاعل.مفعول به	حال	عطف.ماضٍ.فاعل	مفعول به.مضاف.مضاف إليه	حال
خ ل ق.خَلَقَ.يَخْلُقُ.خَلْقًا	زوج	ج ع ل	ن و م.نَامَ.يَنَامُ.نَوْمًا	س ب ت.سَبَتَ.يَسْبُتُ.سُبَاتًا
وَخَلَقْنَٰكُمْ	أَزْوَٰجًا ٨	وَجَعَلْنَا	نَوْمَكُمْ	سُبَاتًا ٩
And We created you	(in) pairs,	And We made	your sleep	(for) rest,
and created you in pairs, and made your sleep for rest,				

عطف.ماضٍ.فاعل	مفعول به	مفعول به ثانٍ	عطف.ماضٍ.فاعل	مفعول به	مفعول به ثانٍ
ج ع ل.جَعَلَ.يَجْعَلُ.جَعْلًا	ل ي ل	ل ب س	ج ع ل.جَعَلَ.يَجْعَلُ.جَعْلًا	ن ه ر	ع ي ش.عَاشَ.يَعِيشُ.مَعَاشًا
وَجَعَلْنَا	ٱلَّيْلَ	لِبَاسًا ١٠	وَجَعَلْنَا	ٱلنَّهَارَ	مَعَاشًا ١١
And We made	the night	(as) covering,	And We made	the day	(for) livelihood,
and made the night as a cover, and made the day for livelihood,					

عطف.ماضٍ.فاعل	ظرف مكان.مضاف إليه	مفعول به	نعت	عطف.ماضٍ.فاعل	مفعول به
ب ن ي.بَنَى.يَبْنِي.بِنَاءً	ف و ق.فَاقَ.يَفُوقُ.فَوْقًا	س ب ع	ش د د.شَدَّ.يَشُدُّ.شَدًّا	ج ع ل.جَعَلَ.يَجْعَلُ.جَعْلًا	س ر ج
وَبَنَيْنَا	فَوْقَكُمْ	سَبْعًا	شِدَادًا ١٢	وَجَعَلْنَا	سِرَاجًا
And We constructed	over you	seven	strong,	And we placed	a lamp
and built above you seven mighty heavens, and placed in them a shining					

نعت	عطف.ماضٍ.فاعل	جار.مجرور		مفعول به
و ه ج.وَهَجَ.يَهِجُ.وَهْجًا	ن ز ل.أَنْزَلَ.يُنْزِلُ.إِنْزَالًا «إِفْعَالٌ»		ع ص ر.أَعْصَرَ.يُعْصِرُ.إِعْصَارًا «إِفْعَالٌ»	م و ه.مَاهَ.يَمُوهُ.مَوْهًا
وَهَّاجًا ١٣	وَأَنزَلْنَا	مِنَ	ٱلْمُعْصِرَٰتِ	مَآءً
burning,	And We sent down	from	the rain clouds	water
lamp, And sent down from rainclouds				

نعت	تعليل وجر.مضارع منصوب «نحن»	جار.مجرور	مفعول به	عطف.معطوف على «حبا»
ث ج ج.ثَجَّ.يَثُجُّ.ثَجُوجًا	خ ر ج.أَخْرَجَ.يُخْرِجُ.إِخْرَاجًا «إِفْعَالٌ»		ح ب ب	ن ب ت.نَبَتَ.يَنْبُتُ.نَبَاتًا
ثَجَّاجًا ١٤	لِّنُخْرِجَ	بِهِۦ	حَبًّا	وَنَبَاتًا ١٥
pouring,	That we may bring forth	thereby	grain	and vegetation,
pouring water, producing by it grain and various plants,				

عطف.معطوف على «حبًا»	نعت	توكيد ونصب	اسم «إنّ».مضاف	مضاف إليه	ماضٍ ناقص «هو»
ج ن ن.جَنَّ.يَجُنُّ.جَنًّا	ل ف ف.لَفَّ.يَلُفُّ.لَفًّا		ي و م	ف ص ل.فَصَلَ.يَفْصِلُ.فَصْلًا	ك و ن
وَجَنَّٰتٍ	أَلْفَافًا ١٦	إِنَّ	يَوْمَ	ٱلْفَصْلِ	كَانَ
And gardens	of (thick) foliage.	Indeed,	(the) day	(of) the judgement	is
and dense orchards? Indeed, the Day of Final Decision is an					

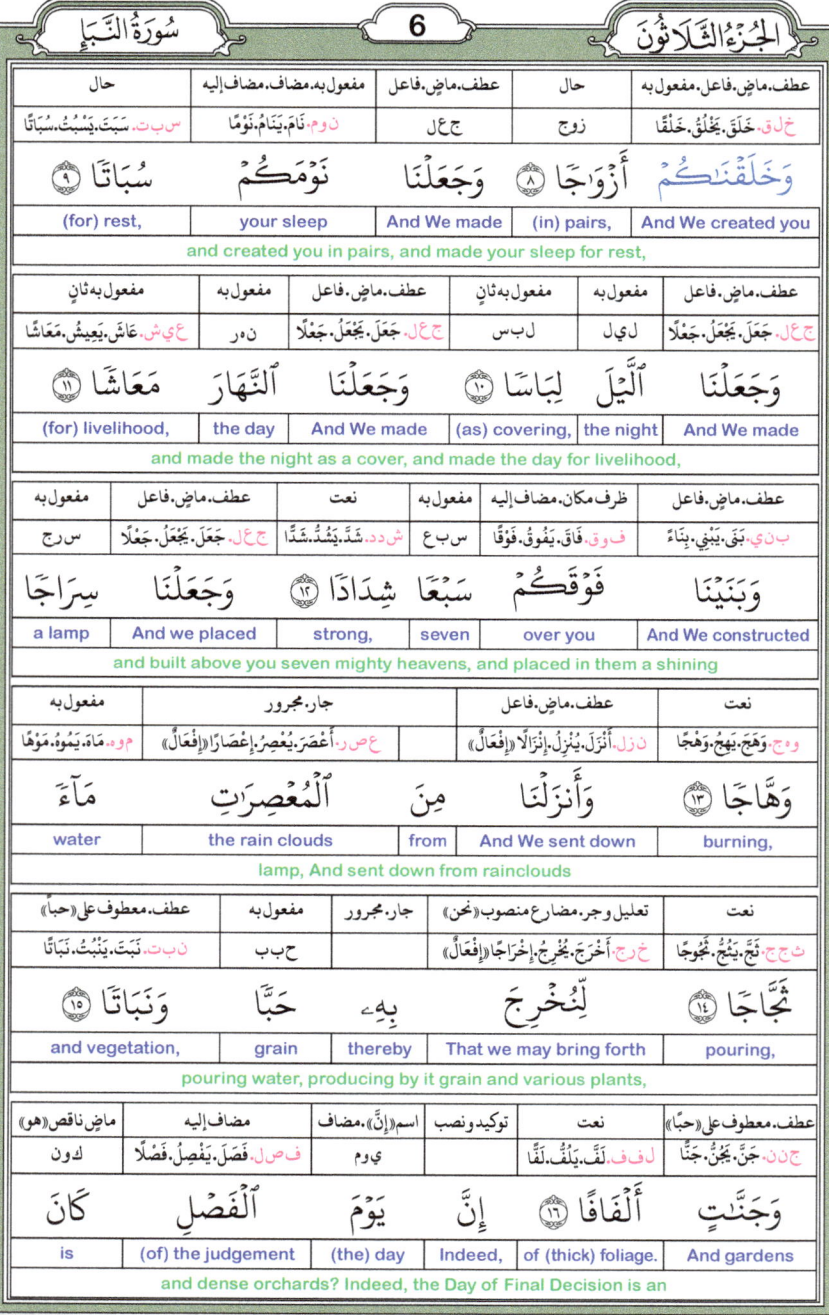

جار.مجرور«نائب فاعل».جملة مضاف إليه		مضارع مرفوع للمجهول	ظرف زمان	خبر«كان»
صور.صَارَ.يَصُورُ.صَوْرًا		نفخ.نَفَخَ.يَنفُخُ.نَفْخًا	يوم	وقت.وَقَتَ.يَقِتُ.وَقْتًا
ٱلصُّورِ	فِي	يُنفَخُ	يَوْمَ	مِيقَٰتًا ١٧
the trumpet	in	(in which) shall be blown	(The) day	an appointed time,

appointed time—it is the Day the Trumpet will be blown,

عطف.ماضٍ ناقص.اسم«كان»	نائب فاعل	عطف.ماضٍ للمجهول	حال	عطف.مضارع مرفوع.فاعل
كون.كَانَ.يَكُونُ.كَوْنًا	سمو	فتح.فَتَحَ.يَفْتَحُ.فَتْحًا	فوج	أتي.أَتَى.يَأْتِي.إِتْيَانًا
فَكَانَتْ	ٱلسَّمَآءُ	وَفُتِحَتِ	أَفْوَاجًا ١٨	فَتَأْتُونَ
and becomes	the heaven	And is opened	(in) crowds,	and you will come forth

and you will all come forth in crowds. The sky will be split open, becoming

خبر«كان»	عطف.ماضٍ ناقص.اسم«كان»	نائب فاعل	عطف.ماضٍ للمجهول	خبر«كان»
سرب.سَرِبَ.يَسْرَبُ.سَرَبًا	كون.كَانَ.يَكُونُ.كَوْنًا	جبل	سير.سَيَّرَ.يُسَيِّرُ.تَسْيِيرًا«تَفْعِيل»	بوب
سَرَابًا ٢٠	فَكَانَتْ	ٱلْجِبَالُ	وَسُيِّرَتِ	أَبْوَٰبًا ١٩
a mirage.	and become	the mountains	And are moved	gateways,

many gates, and the mountains will be blown away, becoming like a mirage.

جار.مجرور	خبر«كان»أول	ماضٍ ناقص«هى»	اسم«إنّ»	توكيد ونصب
طغي.طَغَى.يَطْغَى.طُغْيًا	رصد.رَصَدَ.يَرْصُدُ.رَصْدًا	كون.كَانَ.يَكُونُ.كَوْنًا		
لِّلطَّٰغِينَ	مِرْصَادًا ٢١	كَانَتْ	جَهَنَّمَ	إِنَّ
For the transgressors	lying in wait,	is	Hell	Indeed,

Indeed, Hell is lying in ambush as a home for the

مضارع مرفوع.فاعل	نافية	ظرف زمان	جار.مجرور	حال	خبر«كان»ثانٍ
ذوق.ذَاقَ.يَذُوقُ.ذَوْقًا		حقب		لبث.لَبِثَ.يَلْبَثُ.لَبَثًا	أوب.آبَ.يَئُوبُ.أَوْبًا
يَذُوقُونَ	لَّا	أَحْقَابًا ٢٣	فِيهَآ	لَّٰبِثِينَ	مَـَٔابًا ٢٢
they will taste	Not	(for) ages.	therein	(They will) be remaining	a place of return,

transgressors, where they will remain for endless ages. There they will not taste

عطف.معطوف على«حميمًا»	مستثنى	استثناء	معطوف على«بردًا»	عطف	مفعول به	جار.مجرور
غسق.غَسَقَ.يَغْسِقُ.غَسَقًا	حمم.حَمَّ.يَحُمُّ.حَمًّا		شرب	نفية زائدة	برد	
وَغَسَّاقًا ٢٥	حَمِيمًا	إِلَّا	شَرَابًا ٢٤	وَلَا	بَرْدًا	فِيهَا
and purulence,	scalding water	Except	and drink,	and not	coolness	there in

any coolness or drink, except boiling water and oozing pus—

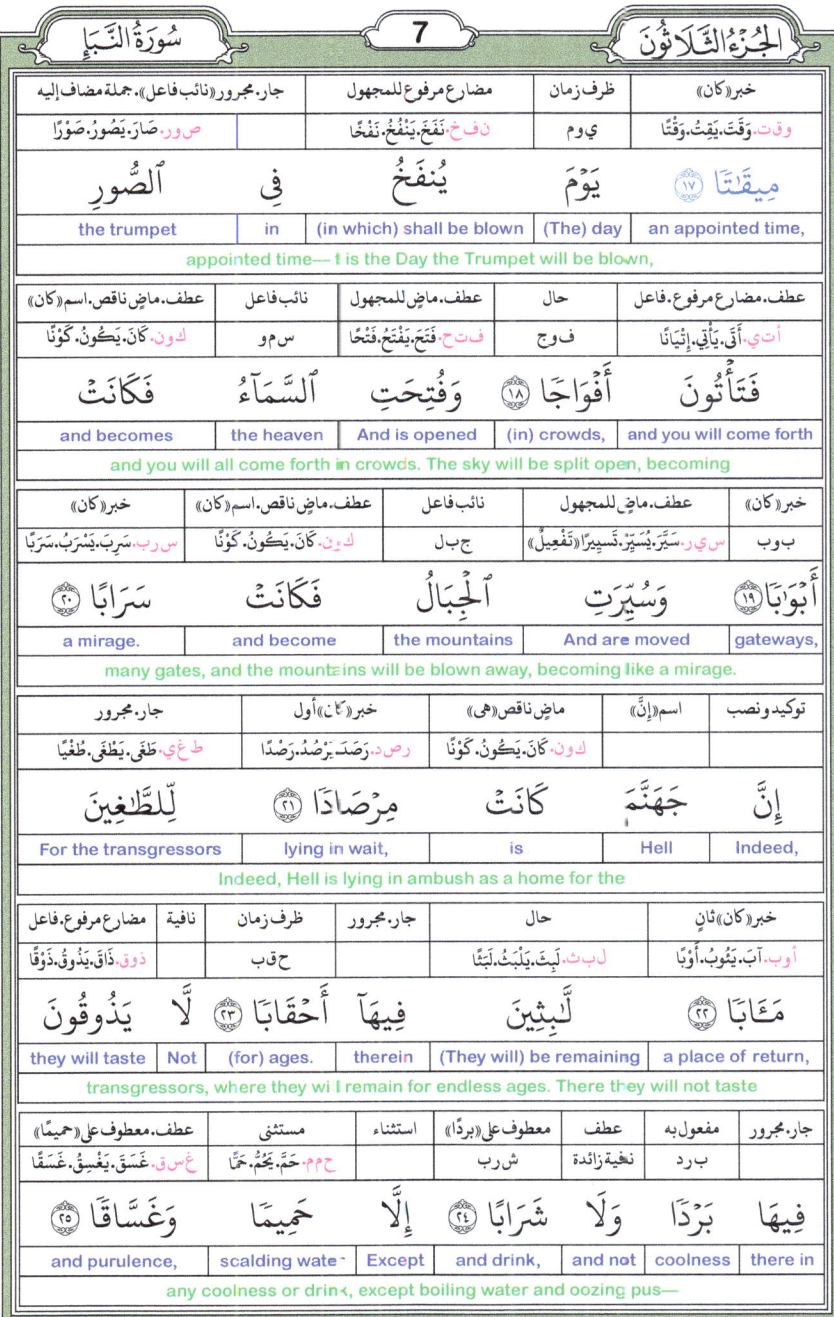

مفعول مطلق	نعت	توكيد ونصب	ماضٍ ناقص.اسم«كان»	نافية	مضارع مرفوع.فاعل.خبر«كان»
ج ز ي. جَزَى.يَجْزِي.جَزَاءً	و ف ق. وَفِقَ.يَفِقُ.وَفْقًا	اسم«إن»	ك و ن. كَانَ.يَكُونُ.كَوْنًا		ر ج و. رَجَا.يَرْجُو.رَجْوًا
جَزَآءً	وِفَاقًا (٢٦)	إِنَّهُمْ	كَانُوا۟	لَا	يَرْجُونَ
A recompense	appropriate.	Indeed they	were	not	expecting

a fitting reward. For they never expected any

مفعول به	عطف. ماضٍ.فاعل	جار.مجرور.مضاف.مضاف إليه	مفعول مطلق
ح س ب	ك ذ ب. كَذَّبَ.يُكَذِّبُ.تَكْذِيبًا«تَفْعِيلٌ»	أ ي ي	ك ذ ب. كَذَّبَ.يُكَذِّبُ.تَكْذِيبًا«تَفْعِيلٌ»
حِسَابًا (٢٧)	وَكَذَّبُوا۟	بِـَٔايَـٰتِنَا	كِذَّابًا (٢٨)
an account,	And they denied	Our signs	(with) denial.

reckoning, and totally rejected Our signs.

عطف.مفعول به.مضاف	مضاف إليه	ماضٍ.فاعل.مفعول به	مفعول مطلق	سببية.أمر.فاعل
ك ل ل. كَلَّ.يَكِلُّ.كَلًّا	ش ي أ	ح ص ي. أَحْصَى.يُحْصِي.إِحْصَاءً«إِفْعَالٌ»	ك ت ب	ذ و ق. ذَاقَ.يَذُوقُ.ذَوْقًا
وَكُلَّ	شَىْءٍ	أَحْصَيْنَـٰهُ	كِتَـٰبًا (٢٩)	فَذُوقُوا۟
And every	thing	we have enumerated it	(in) a book.	So taste,

And We have everything recorded precisely. (So the deniers will be told), Taste

تعليل.نفي ونصب واستقبال	مضارع منصوب«نحن».مفعول به أول	حصر	مفعول به ثانٍ	توكيد ونصب
	ز ي د. زَادَ.يَزِيدُ.زَيْدًا		ع ذ ب. عَذَبَ.يَعْذِبُ.عَذْبًا	
فَلَن	نَّزِيدَكُمْ	إِلَّا	عَذَابًا (٣٠)	إِنَّ
and never	We will increse you	except	(in) punishment.	Indeed,

(the punishment), for all you will get from Us is more torment. Indeed,

جار.مجرور«خبر إنَّ»	اسم«إنَّ»مؤخر	بدل من«مفازًا»	عطف.معطوف على«حدائق»	عطف.معطوف على«حدائق»
و ق ي	ف و ز. فَازَ.يَفُوزُ.فَوْزًا	ح د ق	ع ن ب	ك ع ب. كَعَبَ.يَكْعُبُ.كُعُوبًا
لِّلْمُتَّقِينَ	مَفَازًا (٣١)	حَدَآئِقَ	وَأَعْنَـٰبًا (٣٢)	وَكَوَاعِبَ
for the righteous	(is) success,	Gardens	and grapevines,	And splendid companions

the righteous will have salvation—Gardens, vineyards, and full-bosomed maidens

نعت	عطف.معطوف على«حدائق»	نعت	نافية	مضارع مرفوع.فاعل
ت ر ب. تَرِبَ.يَتْرَبُ.تَرَبًا	ك أ س	د ه ق. دَهَقَ.يَدْهَقُ.دَهْقًا		س م ع. سَمِعَ.يَسْمَعُ.سَمْعًا
أَتْرَابًا (٣٣)	وَكَأْسًا	دِهَاقًا (٣٤)	لَّا	يَسْمَعُونَ
well matched,	And a cup	full.	Not	they will hear

of equal age, and full cups of pure wine, never to hear any idle talk

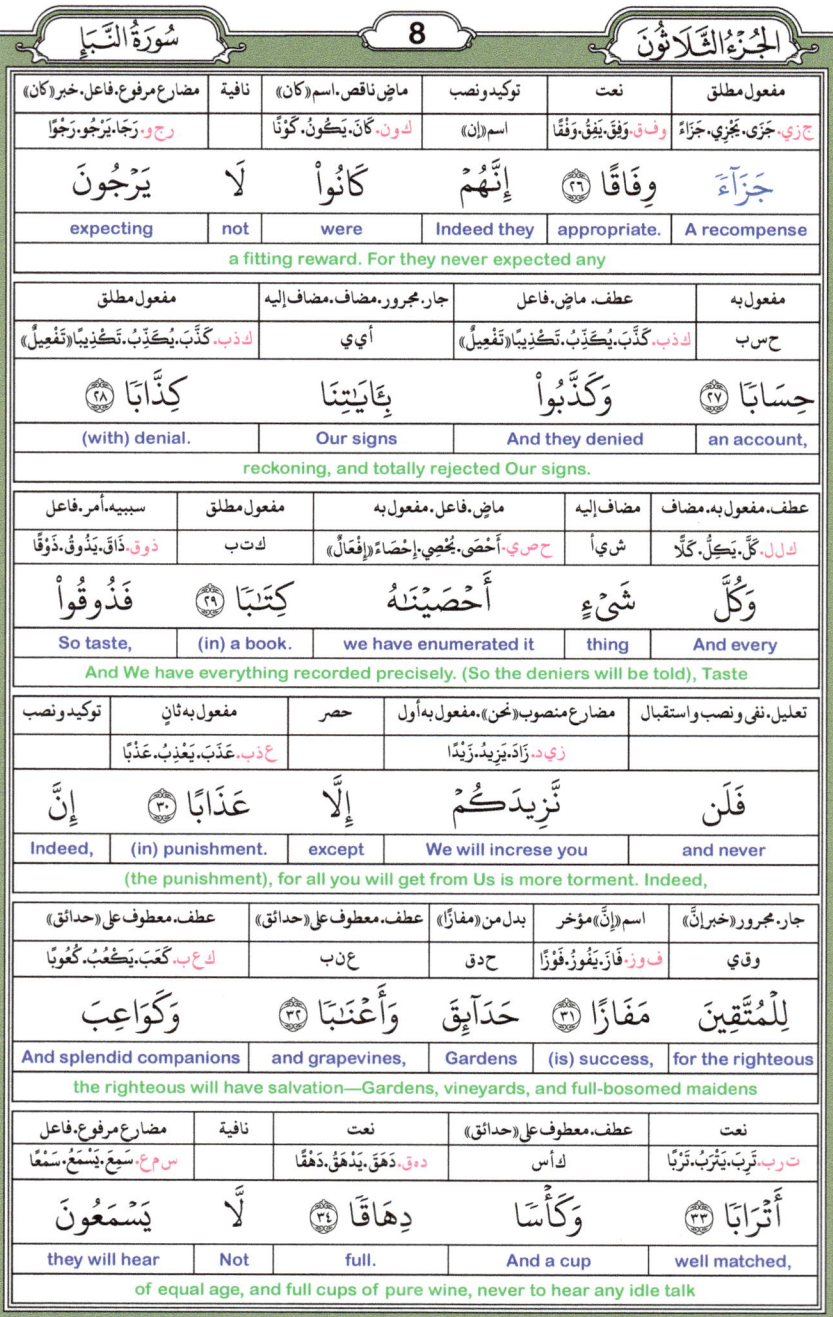

جار. مجرور	مفعول به	عطف. نافية	معطوف على «لغوًا»	مفعول مطلق	جار. مجرور «نعت»	
	ل غ و. لَغِيَ. يَلْغَى. لَغًى	زائدة	ك ذ ب. كَذَّبَ. يُكَذِّبُ. تَكْذِيبًا	ج ز ي. جَزَى. يَجْزِي. جَزَاءً	ر ب ب. رَبَّ. يَرُبُّ. رَبًّا	
فِيهَا	لَغْوًا	وَلَا	كِذَّٰبًا ٣٥	جَزَآءً	مِّن	رَّبِّكَ
therein	any vain talk	and not	any falsehood,	(As) a reward	from	your Lord

or lying therein, a fitting reward as a generous gift from your Lord,

بدل من «جزاء»	نعت	بدل من «ربّك». مضاف	مضاف إليه
ع ط و. عَطَا. يَعْطُو. عَطْوًا	ح س ب. حَاسَبَ. يُحَاسِبُ. حِسَابًا «مُفَاعَلَةً»	ر ب ب. رَبَّ. يَرُبُّ. رَبًّا	س م و. سَمَا. يَسْمُو. سُمُوًّا
عَطَآءً	حِسَابًا ٣٦	رَّبِّ	ٱلسَّمَٰوَٰتِ
a gift	(according to) account,	Lord	(of) the heavens

—the Lord of the heavens and the earth and

عطف. معطوف على «السموات»	عطف. موصول	ظرف مكان «صلة الموصول». مضاف. مضاف إليه	بدل من «ربّ»
أرض		ب ي ن. بَانَ. يَبِينُ. بَيْنًا	ر ح م. رَحِمَ. يَرْحَمُ. رَحْمَةً
وَٱلْأَرْضِ	وَمَا	بَيْنَهُمَا	ٱلرَّحْمَٰنِ ۖ
and the earth	and whatever	(is) between both of them	the Most Gracious,

everything in between, the Most Compassionate.

نافية	مضارع مرفوع. فاعل	جار. مجرور	مفعول به	ظرف زمان	مضارع مرفوع
	م ل ك. مَلَكَ. يَمْلِكُ. مَلْكًا		خ ط ب. خَطَبَ. يَخْطُبُ. خَطْبًا	ي و م	ق و م. قَامَ. يَقُومُ. قَوْمًا
لَا	يَمْلِكُونَ	مِنْهُ	خِطَابًا ٣٧	يَوْمَ	يَقُومُ
not	they have power	from Him	(to) address.	(The) Day	will stand

No one will dare speak to Him on the Day

فاعل. جملة مضاف عليه. عطف. معطوف على «الروح»		حال	نافية	مضارع مرفوع. فاعل	حصر
روح	م ل ك. مَلَكَ. يَمْلِكُ. مَلْكًا	ص ف ف		ك ل م. تَكَلَّمَ. يَتَكَلَّمُ. تَكَلُّمًا «تَفَعُّلٌ»	
ٱلرُّوحُ	وَٱلْمَلَٰٓئِكَةُ	صَفًّا ۖ	لَّا	يَتَكَلَّمُونَ	إِلَّا
the Spirit	and the Angels	(in) rows	not	they will speak	except

the holy spirit and the angels will stand in ranks. None will talk, except

موصول	ماضٍ	جار. مجرور	فاعل. جملة صلة الموصول	عطف. ماضٍ «هو»
	أ ذ ن. أَذِنَ. يَأْذَنُ. إِذْنًا		ر ح م. رَحِمَ. يَرْحَمُ. رَحْمَةً	ق و ل. قَالَ. يَقُولُ. قَوْلًا
مَنْ	أَذِنَ	لَهُ	ٱلرَّحْمَٰنُ	وَقَالَ
(one) who-	permits	[for] him	the most gracious	and he (will) say

those granted permission by the Most Compassionate and whose

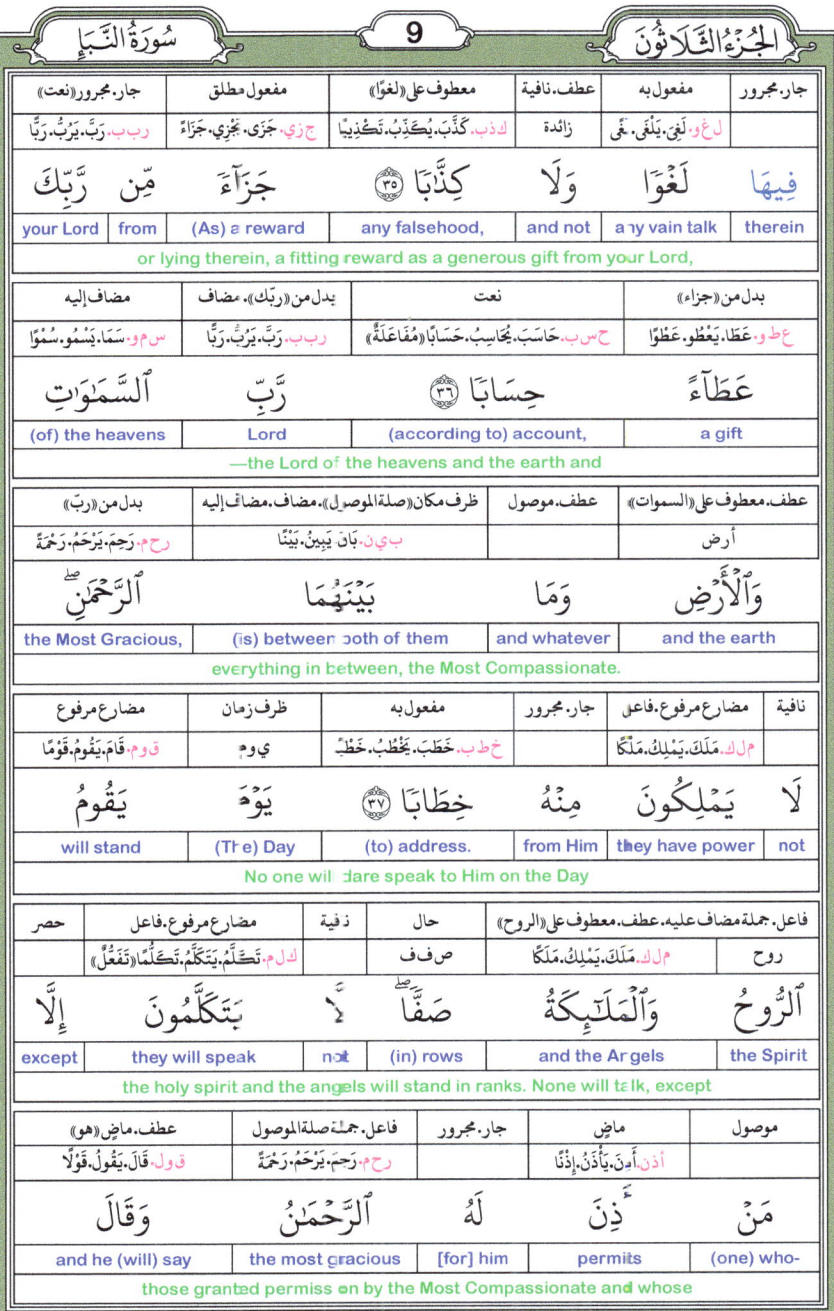

فعل الشرط«هو»	سببيه.اسم الشرط.مبتدأ	نعت	خبر	اسم إشارة.مبتدأ	مفعول به
ش ي أ		ح ق ق	ي و م		ص و ب.صَابَ.يَصُوبُ.صَيْبًا
شَآءَ	فَمَن	ٱلْحَقُّ	ٱلْيَوْمُ	ذَٰلِكَ	صَوَابًا ٣٨
wills	So whoever	the true.	(is) the day	That	(what is) correct.

words are true. That Day is the ultimate truth. So let whoever wills

توكيد ونصب.اسم«إن»	مفعول به	جار.مجرور.مضاف.مضاف إليه		ماضٍ«هو».جواب الشرط
	أ و ب.آبَ.يَؤُوبُ.أَوْبًا	ر ب ب.رَبَّ.يَرُبُّ.رَبًّا		أ خ ذ.أَخَذَ.يَأْخُذُ.أَخْذًا
إِنَّآ	مَـَٔابًا ٣٩	رَبِّهِۦ	إِلَىٰ	ٱتَّخَذَ
Indeed We	a return.	his Lord	towards	let him take

take the path leading back to their Lord. Indeed, We have

مضارع مرفوع	ظرف زمان	نعت	مفعول به ثانٍ	ماضٍ.فاعل.مفعول به أول
ن ظ ر.نَظَرَ.يَنْظُرُ.نَظْرًا		ق ر ب	ع ذ ب.عَذَبَ.يَعْذِبُ.عَذْبًا	ن ذ ر.أَنْذَرَ.يُنْذِرُ.إِنْذَارًا«إِفْعَالٌ»
يَنظُرُ	يَوْمَ	قَرِيبًا	عَذَابًا	أَنذَرْنَٰكُمْ
will see	(the) Day	near	(of) a punishment	[We] have warned you

warned you of an imminent punishment—the Day every person

عطف.مضارع مرفوع	ماضٍ.تانيث.فاعل.مضاف إليه.صلة الموصول		موصولة	فاعل.جملة مضاف إليه
ق و ل.قَالَ.يَقُولُ.قَوْلًا	ي د ي.يَدَى.يَدِي.يَدْيًا	ق د م.قَدَّمَ.يُقَدِّمُ.تَقْدِيمًا«إِفْعَالٌ»	مفعول به	م ر أ
وَيَقُولُ	يَدَاهُ	قَدَّمَتْ	مَا	ٱلْمَرْءُ
and will say	his hands	have sent forth	what	the man

will see the consequences of what their hands have done, and

ماضٍ ناقص.اسم«كان».خبر«كان».خبر«ليت»		نداء.تمنّي.وقاية.اسم«ليت»	فاعل
ت ر ب.تَرِبَ.يَتْرَبُ.تَرَبًا	ك و ن.كَانَ.يَكُونُ.كَوْنًا		ك ف ر.كَفَرَ.يَكْفُرُ.كُفْرًا
تُرَٰبًا ٤٠	كُنتُ	يَٰلَيْتَنِي	ٱلْكَافِرُ
dust!	I were	O wish!	the disbelievers

the disbelievers will cry, I wish I were dust.

سُورَةُ النَّازِعَاتِ

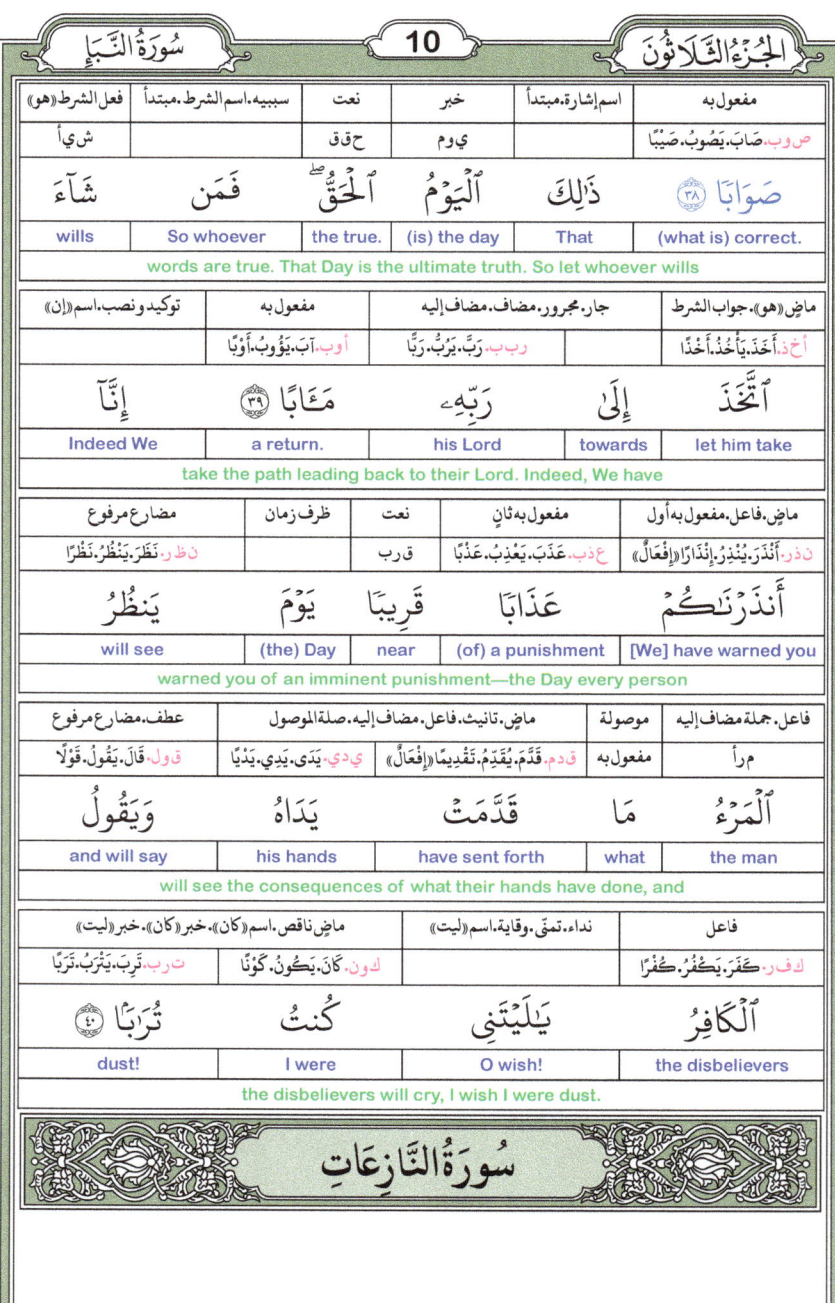

نعت ثانٍ	نعت أول	لفظ الجلالة.مضاف إليه	جار.مجرور.مضاف
رح م.رَحِمَ.يَرْحَمُ.رَحْمَةً	رح م.رَحِمَ.يَرْحَمُ.رَحْمَةً	أ ل ه	س م و.سَمَا.يَسْمُو.سُمُوًّا
ٱلرَّحِيمِ ١	ٱلرَّحْمَٰنِ	ٱللَّهِ	بِسْمِ
the Most Merciful	the Most Gracious	(of) Allah	In (the) name
In the name of Allah, the Most Gracious, the Most Merciful			

مفعول مطلق	عطف.معطوف على«النازعات»	مفعول مطلق	جر وقسم.مجرور
ن ش ط.نَشَطَ.يَنْشُطُ.نَشْطًا	ن ش ط.نَشَطَ.يَنْشَطُ.نَشْطًا	غ ر ق	ن ز ع.نَزَعَ.يَنْزِعُ.نَزْعًا
نَشْطًا ٢	وَٱلنَّٰشِطَٰتِ	غَرْقًا ١	وَٱلنَّٰزِعَٰتِ
gently,	And those who draw out	violently,	By those who extract
By those angels stripping out evil souls harshly, And those pulling out good souls gently,			

عطف.معطوف على«النازعات»	مفعول مطلق	عطف معطوف على«النازعات»
س ب ق.سَبَقَ.يَسْبِقُ.سَبْقًا	س ب ح.سَبَحَ.يَسْبَحُ.سَبْحًا	س ب ح.سَبَحَ.يَسْبَحُ.سَبْحًا
فَٱلسَّٰبِقَٰتِ	سَبْحًا ٣	وَٱلسَّٰبِحَٰتِ
And those who race each other	swimming,	And those who glide
and those gliding through heavens swiftly, And those taking		

مضارع مرفوع	ظرف زمان	مفعول به	عطف.معطوف على«النازعات»	مفعول مطلق
ر ج ف.رَجَفَ.يَرْجُفُ.رَجْفًا	ي و م	أ م ر	د ب ر.دَبَّرَ.يُدَبِّرُ.تَدْبِيرًا«تَفْعِيلٌ»	س ب ق.سَبَقَ.يَسْبِقُ.سَبْقًا
تَرْجُفُ	يَوْمَ	أَمْرًا ٥	فَٱلْمُدَبِّرَٰتِ	سَبْقًا ٤
will quake	(The) day	(the) matter.	And those who arrange,	(in) a race,
the lead vigorously, and those conducting affairs obediently! Consider the Day when				

ظرف زمان.مضاف إليه	مبتدأ أول	فاعل	مضارع مرفوع.مفعول به	فاعل.جملة مضاف إليه
	ق ل ب	ر د ف.رَدِفَ.يَرْدَفُ.رَدْفًا	ت ب ع.تَبِعَ.يَتْبَعُ.تَبَعًا	ر ج ف.رَجَفَ.يَرْجُفُ.رَجْفًا
يَوْمَئِذٍ	قُلُوبٌ	ٱلرَّادِفَةُ ٧	تَتْبَعُهَا	ٱلرَّاجِفَةُ ٦
that Day,	Hearts,	the subsequent,	Follows it	the quaking one,
the quaking Blast will come to pass, followed by a second Blast. The deniers' hearts on that Day				

استفهام.توكيد و	مضارع مرفوع.فاعل	خبر	مبتدأ ثانٍ.مضاف.مضاف إليه	نعت
نصب.اسم«إن»	ق و ل.قَالَ.يَقُولُ.قَوْلًا	خ ش ع.خَشَعَ.يَخْشَعُ.خُشُوعًا	ب ص ر.بَصُرَ.يَبْصُرُ.بَصَارَةً	و ج ف.وَجَفَ.يَجِفُ.وَجْفًا
أَءِنَّا	يَقُولُونَ	خَٰشِعَةٌ ٩	أَبْصَٰرُهَا	وَاجِفَةٌ ٨
Will we	They say,	humbled.	Their eyes	will palpitate,
will be trembling in horror, with their eyes downcast. But now they ask mockingly, Will we				

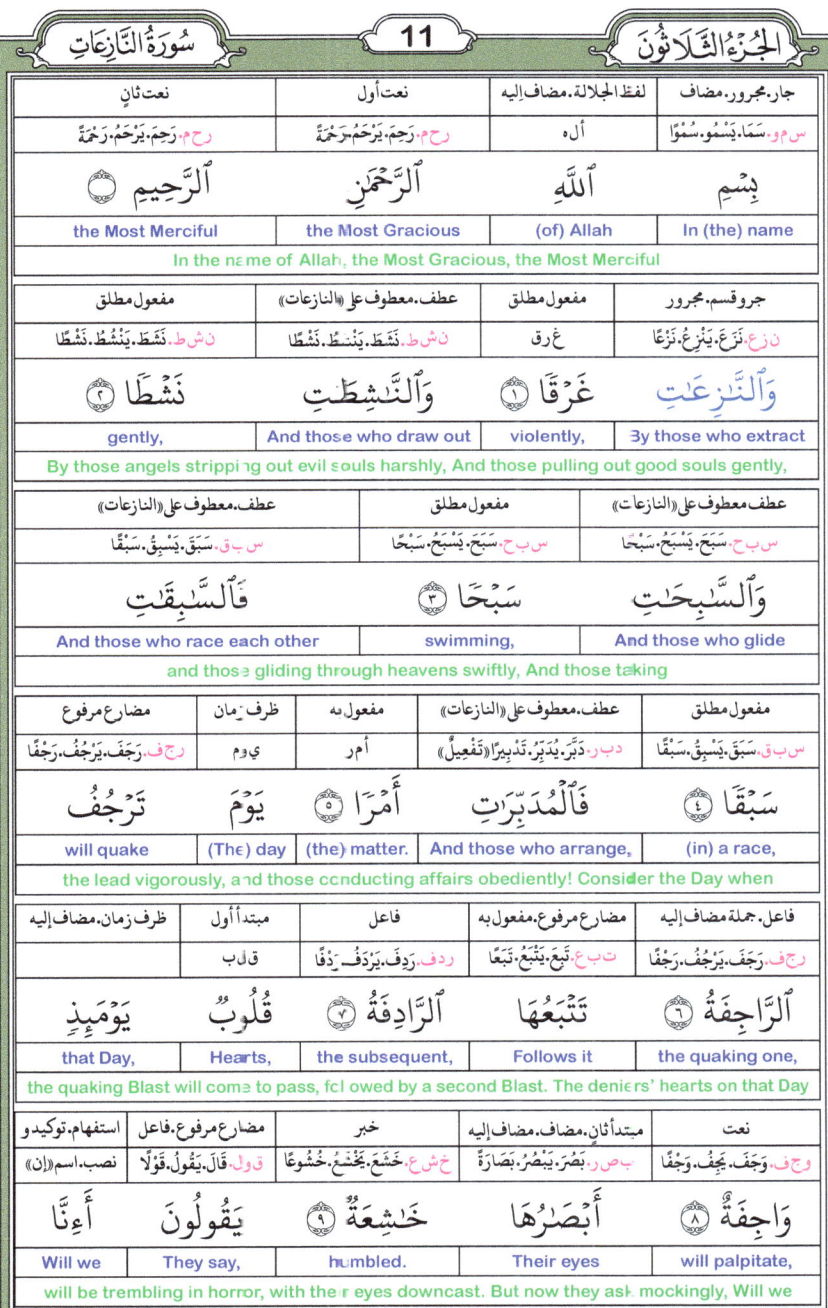

ماضٍ ناقص.اسم«كان».خبر«كان».مضاف إليه		استفهام.ظرف زمان	جار.مجرور		مزحلقة.خبر«إنّ»
ع ظ م	ك و ن.كَانَ.يَكُونُ.كَوْنًا	بمعنى الشرط	ح ف ر.حَفَرَ.يَحْفِرُ.حَفْرًا		ر د د.رَدَّ.يَرُدُّ.رَدًّا
عِظَامًا	كُنَّا	أَءِذَا	ٱلْحَافِرَةِ ١٠	فِي	لَمَرْدُودُونَ
bones	we are	what! when	the former state?	to	indeed be returned

really be restored to our former state, even after we have been reduced to

نعت	خبر	حرف جواب	مبتدأ.إشارة	ماضٍ.فاعل	نعت
خ س ر.خَسِرَ.يَخْسَرُ.خَسْرًا	ك ر ر.كَرَّ.يَكُرُّ.كَرًّا			ق و ل	ن خ ر.نَخِرَ.يَنْخَرُ.نَخَرًا
خَاسِرَةٌ ١٢	كَرَّةٌ	إِذًا	تِلْكَ	قَالُواْ	نَّخِرَةً ١١
losing.	(would be) a return	then	This	They say,	decayed?

decayed bones? Adding, Then such a return would be a total loss for us!

مبتدأ	واقعة في جواب شرط.الفجائية	نعت	خبر	مبتدأ	استئنافية.كافة مكفوفة
		و ح د	ز ج ر.زَجَرَ.يَزْجُرُ.زَجْرًا		
هُم	فَإِذَا	وَاحِدَةٌ ١٣	زَجْرَةٌ	هِيَ	فَإِنَّمَا
they	And behold!	single,	(will be) a shout	it	Then only

But indeed, it will take only one mighty Blast, And at once they will be

ظرف زمان	مضاف إليه	فاعل.مضاف	ماضٍ.مفعول به	استفهام	جار.مجرور«خبر».جواب الشرط
		ح د ث.حَدَثَ.يَحْدُثُ.حُدُوثًا	أ ت ي.أَتَى.يَأْتِي.إِتْيَانًا		س ه ر.سَهِرَ.يَسْهَرُ.سَهَرًا
إِذْ	مُوسَىٰٓ ١٥	حَدِيثُ	أَتَىٰكَ	هَلْ	بِٱلسَّاهِرَةِ ١٤
When	(of) Musa?	(the) story	(there) come to you	Has	(will be) awakend.

above ground. Has the story of Moses reached you (O Prophet)?

بدل	نعت	جار.مجرور	ماضٍ.مفعول به.فاعل.مضاف إليه.مضاف.مضاف إليه	
ط و ي	ق د س.قَدَّسَ.يُقَدِّسُ.تَقْدِيسًا	و د ي.وَدَى.يَدِي.وَدْيًا	ر ب ب.رَبَّ.يَرُبُّ.رَبًّا	ن د ي.نَادَى.يُنَادِي.نِدَاءً«مُفَاعَلَةٌ»
طُوًى ١٦	ٱلْمُقَدَّسِ	بِٱلْوَادِ	رَبُّهُۥ	نَادَىٰهُ
(of) Tuwa,	the sacred	in the valley	his Lord	called him

His Lord called him in the sacred valley of Tuwa,

ماضٍ«هو».خبر«إنّ»	توكيد ونصب	جار.مجرور.ممنوع من الصرف		أمر«أنت»
ط غ ي.طَغَى.يَطْغَى.طُغْيَانًا	اسم«إنّ»			ذ ه ب.ذَهَبَ.يَذْهَبُ.ذَهَابًا
طَغَىٰ ١٧	إِنَّهُۥ	فِرْعَوْنَ	إِلَىٰ	ٱذْهَبْ
(has) transgressed.	Indeed, he	Firaun	to	Go

commanding, Go to Pharaoh, for he has truly transgressed all bounds.

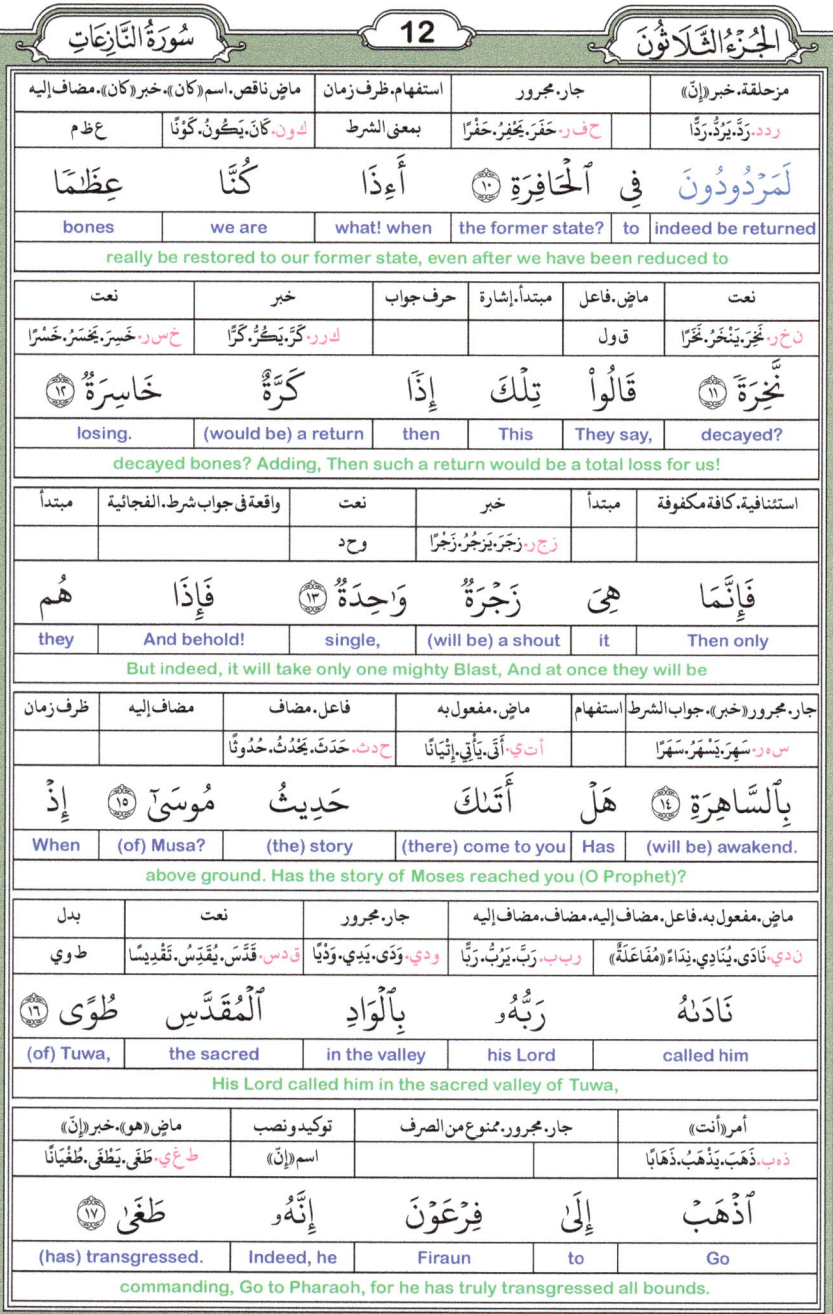

مضارع منصوب«أنت»	مصدري ونصب	جر	جار.مجرور	استفهام	عطف.أمر«أنت»
زكو.تَزَكَّى.يَتَزَكَّى.تَزَكٍّ«تَفَعُّلٌ»					قول.قَالَ.يَقُولُ.قَوْلًا
تَزَكَّىٰ ١٨	أَن	إِلَىٰٓ	لَّكَ	هَل	فَقُل
purify yourself?	[that]	[to]	[for] you	Would	And say,

And say, 'Would you be willing to purify yourself,

عطف.مضارع منصوب«أنت»	جار.مجرور.مضاف.مضاف إليه		عطف.مضارع منصوب«أنا».مفعول به
خشي.خَشِيَ.يَخْشَى.خَشْيَةً	ربب.رَبَّ.يَرُبُّ.رَبًّا		هدي.هَدَى.يَهْدِي.هِدَايَةً
فَتَخْشَىٰ ١٩	رَبِّكَ	إِلَىٰ	وَأَهْدِيَكَ
so you would fear.	your Lord	to	And I will guide you

and let me guide you to your Lord so that you will be in awe of Him?'

عطف.ماضٍ«هو»	نعت	مفعول به ثانٍ	عطف.ماضٍ«هو».مفعول به أول
كذب.كَذَّبَ.يُكَذِّبُ.تَكْذِيبًا«تَفْعِيلٌ»	كبر.كَبُرَ.يَكْبُرُ.كِبَرًا	أي ي	رأي.أَرَى.يُرِي.إِرَاءَةً
فَكَذَّبَ	ٱلْكُبْرَىٰ ٢٠	ٱلْءَايَةَ	فَأَرَىٰهُ
But he denied	the great.	the sign	Then he showed him

Then Moses showed him the great sign, but he denied and

عطف.ماضٍ«هو»	مضارع مرفوع«هو».حال	ماضٍ«هو»	عطف	عطف.ماضٍ«هو»
حشر.حَشَرَ.يَحْشُرُ.حَشْرًا	سعي.سَعَى.يَسْعَى.سَعْيًا	دبر.أَدْبَرَ.يُدْبِرُ.إِدْبَارًا«إِفْعَالٌ»		عصي.عَصَى.يَعْصِي.عِصْيَانًا
فَحَشَرَ	يَسْعَىٰ ٢٢	أَدْبَرَ	ثُمَّ	وَعَصَىٰ ٢١
And he gathered	striving,	he turned his back,	Then	and disobeyed.

disobeyed Allah, then turned his back, striving against the truth. Then he summoned

نعت	خبر.مضاف.مضاف إليه	مبتدأ	عطف.ماضٍ«هو»	عطف.ماضٍ«هو»
علو.عَلَا.يَعْلُو.عُلُوًّا	ربب.رَبَّ.يَرُبُّ.رَبًّا		قول.قَالَ.يَقُولُ.قَوْلًا	ندي.نَادَى.يُنَادِي.نِدَاءً«مُفَاعَلَةٌ»
ٱلْأَعْلَىٰ ٢٤	رَبُّكُمُ	أَنَا۠	فَقَالَ	فَنَادَىٰ ٢٣
the most High.	your Lord,	I am	Then he said,	and called out,

his people and called out, saying, I am your lord, the most high!

عطف.معطوف على«الآخرة»	مضاف إليه	مفعول مطلق.نائب عن المصدر.مضاف	فاعل	عطف.ماضٍ.مفعول به
أول.آلَ.يَئُولُ.أَوْلًا	أخر	نكل.نَكَلَ.يَنْكُلُ.نَكْلَةً	أله	أخذ.أَخَذَ.يَأْخُذُ.أَخْذًا
وَٱلْأُولَىٰٓ ٢٥	ٱلْءَاخِرَةِ	نَكَالَ	ٱللَّهُ	فَأَخَذَهُ
and the first.	(for) the last	with (an) exemplary punishment	Allah	So seized him

So Allah overtook him, making him an example in this life and the next.

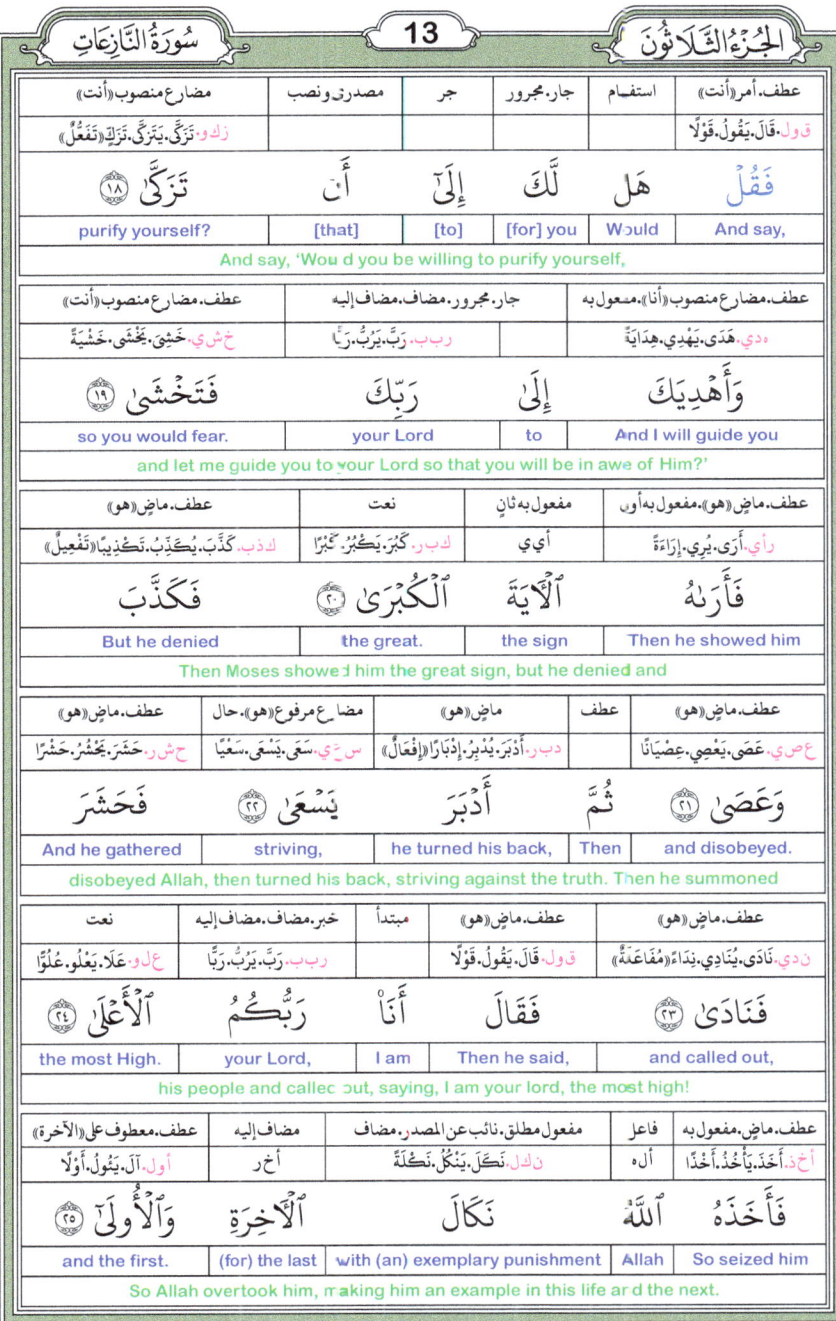

جار. مجرور (نعت)	توكيد. اسم (إن)		جار. مجرور (خبر إنَّ). إشارة	توكيد ونصب
موصول	ع ب ر. عَبَرَ. يَعْبُرُ. عَبْرًا			
لِّمَن	لَعِبْرَةً	ذَٰلِكَ	فِي	إِنَّ
for whoever	surely (is) a lesson	that	in	Indeed,
Surely in this is a lesson for whoever stands in awe of Allah.				

عطف. المتصلة	تمييز	خبر	استفهام. مبتدأ	مضارع مرفوع (هو). صلة الموصول
	خ ل ق. خَلَقَ. يَخْلُقُ. خَلْقًا	ش د د. شَدَّ. يَشُدُّ. شَدًّا		خ ش ي. خَشِيَ. يَخْشَى. خَشْيًا
أَمِ	خَلْقًا	أَشَدُّ	ءَأَنتُمْ	يَخْشَىٰ ٢٦
or	creation	a more difficult	Are you	fears.
Which is harder to create: you				

مفعول به. مضاف. مضاف إليه	ماضٍ (هو)	ماضٍ (هو). مفعول به	مبتدأ
س م ك. سَمَكَ. يَسْمُكُ. سَمْكًا	ر ف ع. رَفَعَ. يَرْفَعُ. رَفْعًا	ب ن ي. بَنَى. يَبْنِي. بِنَاءً	س م و. سَمَا. يَسْمُو. سُمُوًّا
سَمْكَهَا	رَفَعَ	بَنَىٰهَا ٢٧	ٱلسَّمَآءُ
its ceiling	He raised	He constructed it?	the heaven
or the sky? He built it, raising it high and forming			

مفعول به. مضاف. مضاف إليه	عطف. ماضٍ (هو)	عطف. ماضٍ (هو). مفعول به
ل ي ل	غ ط ش. أَغْطَشَ. يُغْطِشُ. إِغْطَاشًا (إِفْعَالٌ)	س و ي. سَوَّى. يُسَوِّي. تَسْوِيَةً (تَفْعِيلٌ)
لَيْلَهَا	وَأَغْطَشَ	فَسَوَّىٰهَا ٢٨
its night	And he darkened	and proportioned it.
it flawlessly. He dimmed its night,		

إشارة. مضاف إليه	ظرف زمان	استئنافية. مفعول به	مفعول به. مضاف. مضاف إليه	عطف. ماضٍ (هو)
	ب ع د	أ ر ض	ض ح ي. ضَحِيَ. يَضْحَى. ضُحًى	خ ر ج. أَخْرَجَ. يُخْرِجُ. إِخْرَاجًا (إِفْعَالٌ)
ذَٰلِكَ	بَعْدَ	وَٱلْأَرْضَ	ضُحَىٰهَا ٢٩	وَأَخْرَجَ
that	after	And the earth	its brightness.	and brought out
and brought forth its daylight. As for the earth, He spread it out				

عطف. مضاف. مضاف إليه	مفعول به. مضاف. مضاف إليه	جار. مجرور	ماضٍ (هو)	ماضٍ (هو). مفعول به
ر ع ي. رَعَى. يَرْعَى. رِعَايَةً	م و ه. مَاهَ. يَمُوهُ. مَوْهًا		خ ر ج. أَخْرَجَ. يُخْرِجُ. إِخْرَاجًا	د ح و. دَحَا. يَدْحُو. دَحْوًا
وَمَرْعَىٰهَا ٣١	مَآءَهَا	مِنْهَا	أَخْرَجَ	دَحَىٰهَآ ٣٠
and its pasture,	its water	from it	He brought forth	He spread it.
as well, bringing forth its water and pastures				

جار.مجرور	مفعول لأجله	ماضٍ«هو».مفعول به	عطف.مفعول به
	م ت ع.مَتَعَ.يَمْتَعُ.مَتُوعًا	ر س و.أَرْسَى.يُرْسِي.إِرْسَاءً«إِفْعَال»	ج ب ل.جَبَلَ.يَجْبُلُ.جَبْلًا
لَّكُمْ	مَتَٰعًا	أَرْسَىٰهَا ٣٢	وَٱلْجِبَالَ
for you	(As) a provision	He made them firm,	And the mountains,

and setting the mountains firmly upon it—all as a means of sustenance for you

ماضٍ.تانيث.فاعل.مضاف إليه		استئنافية.ظرف زمان	عطف.جار.مجرور.مضاف.مضاف إليه
ط م م.طَمَّ.يَطُمُّ.طَمًّا	ج ي أ.جَاءَ.يَجِيءُ.مَجِيءً	بمعنى الشرط	ن ع م.نَعَمَ.يَنْعَمُ.نَعْمَةً
ٱلطَّآمَّةُ	جَآءَتِ	فَإِذَا	وَلِأَنْعَٰمِكُمْ ٣٣
the Overwhelming Calamity	comes	But when	and for your cattle.

and your animals. But, when the Supreme

مفعول به	مضارع مرفوع.فاعل.مضاف إليه		ظرف زمان	نعت
موصولة	ن س.أَنَسَ.يَأْنِسُ.أَنْسًا	ذ ك ر.تَذَكَّرَ.يَتَذَكَّرُ.تَذَكُّرًا«تَفَعُّل»	ي و م	ك ب ر.كَبُرَ.يَكْبُرُ.كِبَرًا
مَا	ٱلْإِنسَٰنُ	يَتَذَكَّرُ	يَوْمَ	ٱلْكُبْرَىٰ ٣٤
what	man	will remember	(The) day	the great,

Disaster comes to pass—the Day every person will remember all their

جار.مجرور مضارع مرفوع«هو».صلة الموصول		نائب فاعل	عطف.ماضٍ للمجهول.تانيث	ماضٍ«هو».صلة الموصول
رأي.رَأَى.يَرَى.رُؤْيَةً	موصول	ج ح م	ب ر ز.بَرَّزَ.يُبَرِّزُ.تَبْرِيزًا«تَفْعِيل»	س ع ي.سَعَى.يَسْعَى.سَعْيًا
يَرَىٰ ٣٦	لِمَن	ٱلْجَحِيمُ	وَبُرِّزَتِ	سَعَىٰ ٣٥
sees,	to (him) who	the Hellfire	And will be made manifest	he strove (for)

striving, and the Hellfire will be displayed for all to see—

مفعول به	عطف.ماضٍ«هو»	ماضٍ«هو».صلة الموصول	مبتدأ.موصول	واقعة في جواب«إذا»
ح ي ي.حَيِيَ.يَحْيَى.حَيَاةً	أ ث ر.آثَرَ.يُؤْثِرُ.إِيثَارًا«إِفْعَال»	ط غ ي.طَغَى.يَطْغَى.طُغْيًا		تفصيل وشرط
ٱلْحَيَوٰةَ	وَءَاثَرَ	طَغَىٰ ٣٧	مَن	فَأَمَّا
the life	And preferred	transgressed,	(him) who	Then as far

then as for those who transgressed and preferred

خبر«إن»	ضمير فصل	اسم«إن»	واقعه في جواب«أما»	نعت
أ و ي.آى.يَأْوِي.إِوَاءً		ج ح م.جَحَمَ.يَجْحَمُ.جُحُومًا	توكيد ونصب	د ن و.دَنِيَ.يَدْنَى.دَنًى
ٱلْمَأْوَىٰ ٣٩	هِيَ	ٱلْجَحِيمَ	فَإِنَّ	ٱلدُّنْيَا ٣٨
(is) the refuge.	it	the Hellfire,	Then indeed,	(of) the world,

the fleeting life of this world, the Hellfire will certainly be their home.

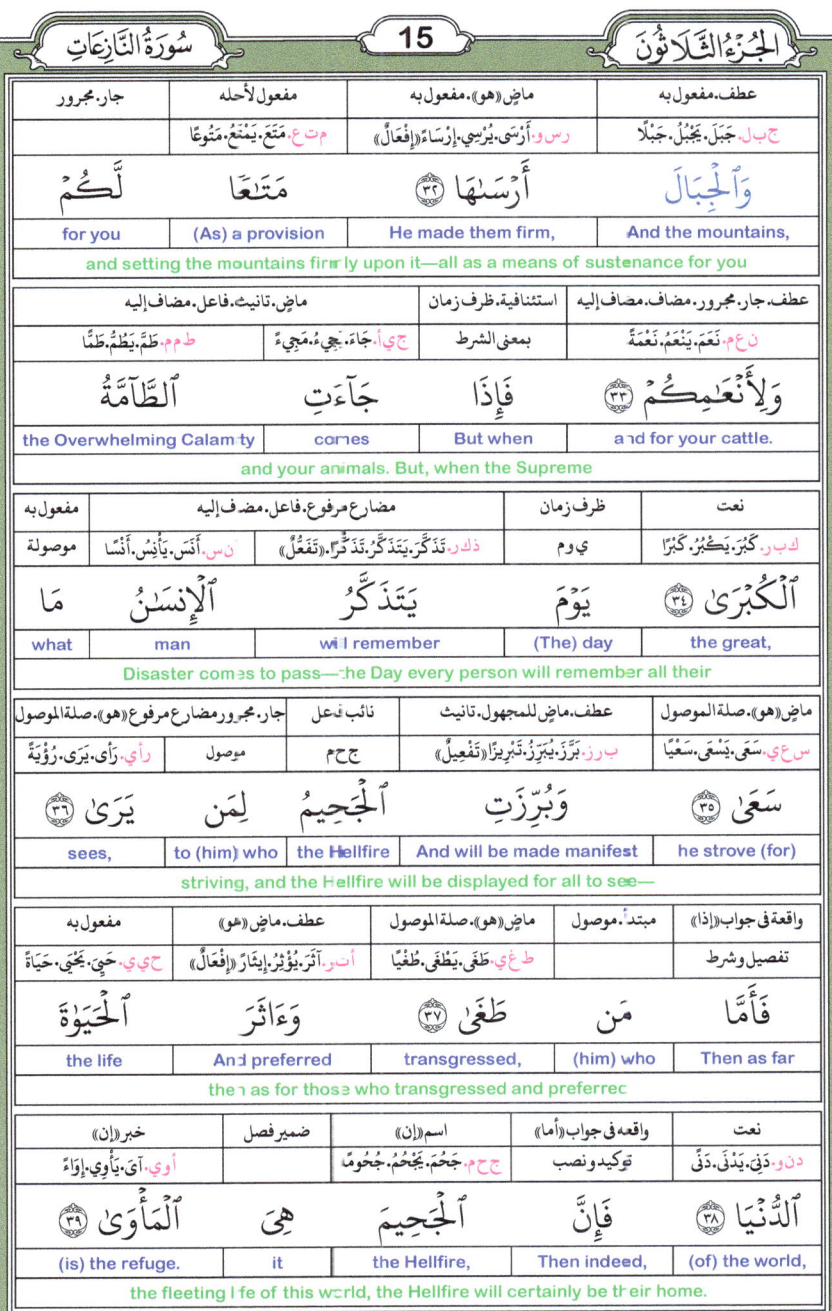

سُورَةُ النَّازِعَاتِ | 16 | الجُزْءُ الثَّلَاثُونَ

مضاف إليه.مضاف.مضاف إليه	مفعول به.مضاف	ماضٍ«هو».صلة الموصول	مبتدأ.موصول	عطف
ربب.رَبَّ.يَرُبُّ.رَبًّا	قوم.قَامَ.يَقُومُ.قِيَامًا	خوف.خَافَ.يَخَافُ.خَوْفًا		تفصيل وشرط
رَبِّهِۦ	مَقَامَ	خَافَ	مَنْ	وَأَمَّا
(before) his Lord	standing	feared	(him) who	But as far

And as for those who were in awe of standing before their Lord

واقعة في جواب«أما».توكيد ونصب	جار.مجرور		مفعول به	عطف.ماضٍ«هو»
	هوي.هَوَى.يَهْوِي.هَوِيًّا		ن ف س	نهي.نَهَى.يَنْهَى.نَهْيًا
فَإِنَّ	ٱلْهَوَىٰ ﴿٤٠﴾	عَنِ	ٱلنَّفْسَ	وَنَهَى
Then indeed,	the vain desires,	from	his soul	and restrained

and restrained themselves from evil desires,

جار-	مضارع مرفوع.فاعل.مفعول به	خبر«إن»	ضمير فصل	اسم«إنّ»
	سأل.سَأَلَ.يَسْأَلُ.سُؤَالًا	أوي.أَوَى.يَأْوِي.إِوَاءً		جنن.جَنَّ.يَجُنُّ.جَنًّا
عَنِ	يَسْـَٔلُونَكَ	ٱلْمَأْوَىٰ ﴿٤١﴾	هِىَ	ٱلْجَنَّةَ
about	They ask you	the refuge.	it (is)	Paradise-

Paradise will certainly be their home. They ask you O "Prophet" regarding

مبتدأ مؤخر	جار.مجرور«خبر مقدم»	مبتدأ.مضاف.مضاف إليه	ظرف«خبر مقدم».استفهام	-مجرور
	استفهام	رسو.أَرْسَى.يُرْسِي.إِرْسَاءً«إفعال»	ءين	سوع
أَنتَ	فِيمَ	مُرْسَىٰهَا ﴿٤٢﴾	أَيَّانَ	ٱلسَّاعَةِ
(are) you	In what	(is) its arrival?	when	the Hour,

the Hour, When will it be? But it is not for you to

مبتدأ.مضاف.مضاف إليه	جار.مجرور«خبر مقدم».مضاف.مضاف إليه		جار.مجرور«خبر».مضاف.مضاف إليه	
نهي.اِنْتَهَى.يَنْتَهِي.اِنْتِهَاءً«افتعال»	ربب.رَبَّ.يَرُبُّ.رَبًّا		ذكر.ذَكَرَ.يَذْكُرُ.ذِكْرًا	
مُنتَهَىٰهَآ ﴿٤٤﴾	رَبِّكَ	إِلَىٰ	ذِكْرَىٰهَآ ﴿٤٣﴾	مِن
(is) its finality.	your Lord	To	(to) mention it?	[of]

tell its time. That knowledge rests with your Lord alone.

مضارع مرفوع«هو».مفعول به.صلة الموصول	مضاف إليه.موصول	خبر.مضاف	مبتدأ	كافة ومكفوفة
خشي.خَشِيَ.يَخْشَى.خَشْيَةً		نذر.أَنْذَرَ.يُنْذِرُ.إِنْذَارًا«إفعال»		
يَخْشَىٰهَا ﴿٤٥﴾	مَن	مُنذِرُ	أَنتَ	إِنَّمَآ
fears it.	(for him) who	(are) a warner	you	Only

Your duty is only to warn whoever is in awe of it.

مضارع مجزوم.فاعل.خبر«كأن»	نفي وجزم وقلب	مضارع مرفوع.فاعل.مفعول به	ظرف زمان	تشبيه ونصب.اسم«كأن»
لبث.لَبِثَ.يَلْبَثُ.لَبْثًا		رأي.رَأَى.يَرَى.رُؤْيَةً	ي و م	
يَلۡبَثُوٓاْ	لَمۡ	يَرَوۡنَهَا	يَوۡمَ	كَأَنَّهُمۡ
they had remained	not	they see it,	(the) day	As though they,

On the Day they see it, it will be as if they had stayed in the world

معطوف على «عشيّة».مضاف.مضاف إليه	عطف	ظرف زمان	استثناء
ضحي.ضَحِيَ.يَضْحَى.ضُحًى		عشو.عَشَا.يَعْشُو.عَشْوًا	
ضُحَىٰهَا ﴿٤٦﴾	أَوۡ	عَشِيَّةً	إِلَّا
a morning there of.	or	an evening	except

no more than one evening or its morning.

سُورَةُ عَبَسَ

نعت ثانٍ	نعت أول	لفظ الجلالة.مضاف إليه	جار.مجرور.مضاف
رحم.رَحِمَ.يَرْحَمُ.رَحْمَةً	رحم.رَحِمَ.يَرْحَمُ.رَحْمَةً	أ ل ه	سمو.سَمَا.يَسْمُو.سُمُوًّا
ٱلرَّحِيمِ	ٱلرَّحۡمَٰنِ	ٱللَّهِ	بِسۡمِ
the Most Merciful	the Most Gracious	(of) Allah	In (the) name

In the name of Allah, the Most Gracious, the Most Merciful

فاعل	ماضٍ.مفعول به	مصدري ونصب	عطف.معطوف على«عبس»	ماضٍ«هو»
عمي.عَمِيَ.يَعْمَى.عَمْيًا	جيأ.جَاءَ.يَجِيءُ.مَجِيءً		ولي.تَوَلَّى.يَتَوَلَّى.تَوَلٍّ«تَفَعُّلٌ»	عبس.عَبَسَ.يَعْبِسُ.عُبُوسًا
ٱلۡأَعۡمَىٰ ﴿٢﴾	جَآءَهُ	أَن	وَتَوَلَّىٰٓ ﴿١﴾	عَبَسَ
the blind man.	came to him	Because	and turned away,	He frowned

He frowned and turned his attention away, simply because the blind man came to him

رُبع الحزب ٥٩

عطف	مضارع مرفوع«هو».خبر«لعل»	الترجّي ونصب.اسم«لعل»	مضارع مرفوع«هو».خبر.مفعول به	عطف.استفهام.مبتدأ
	زكو.تَزَكَّى.يَتَزَكَّى.تَزَكِّيًا«تَفَعُّلٌ»		دري.أَدْرَى.يُدْرِي.إِدْرَاءً«إِفْعَالٌ»	
أَوۡ	يَزَّكَّىٰٓ ﴿٣﴾	لَعَلَّهُۥ	يُدۡرِيكَ	وَمَا
Or	purify himself,	that he might	would make you know	But what

interrupting. You never know "O Prophet", perhaps he may be purified,

مبتدأ.موصول	تفصيل وشرط	فاعل	سببيه.مضارع منصوب.مفعول به	مضارع مرفوع «هو»
		ذ ك ر. ذَكَرَ.يَذْكُرُ.ذِكْرًا	ن ف ع. نَفَعَ.يَنْفَعُ.نَفْعًا	ذ ك ر. تَذَكَّرَ.يَتَذَكَّرُ.تَذَكُّرًا «تَفَعُّلٌ»
مَنِ	أَمَّا	ٱلذِّكْرَىٰٓ ٤	فَتَنفَعَهُ	يَذَّكَّرُ
(him) who	As for	the reminder?	so would benefit him	be reminded

or he may be mindful, benefitting from the reminder. As for the one who was,

مضارع مرفوع «أنت».خبر	جار.مجرور	واقعة في جواب «أما»	ماضٍ «هو».صلة الموصول
ص د ي. تَصَدَّى.يَتَصَدَّى.تَصَدِّيًا «تَفَعُّلٌ»		مبتدأ	غ ن ي. اِسْتَغْنَى.يَسْتَغْنِي.اِسْتِغْنَاءً «اِسْتِفْعَالٌ»
تَصَدَّىٰ ٦	لَهُۥ	فَأَنتَ	ٱسْتَغْنَىٰ ٥
give attention.	to him	So you	considers himself free from need,

indifferent, you gave him your undivided attention,

عطف.تفصيل وشرط	مضارع منصوب «هو»	مصدري ونصب.نافية	جار.مجرور «خبر»	استئنافيه مبتدأ.استفهام
	ز ك و. تَزَكَّى.يَتَزَكَّى.تَزَكِّيًا «تَفَعُّلٌ»			
وَأَمَّا	يَزَّكَّىٰ ٧	أَلَّا	عَلَيْكَ	وَمَا
But as for	he purifies himself.	that not	upon you	And not

even though you are not to blame if he would not be purified.

واقعة في جواب «أما».مبتدأ	مضارع مرفوع «هو».خبر	حالية	مضارع مرفوع «هو».حال	ماضٍ «هو».مفعول به.صلة	مبتدأ
	خ ش ي. خَشِيَ.يَخْشَى.خَشْيًا	مبتدأ	س ع ي	ج ي أ	موصول
فَأَنتَ	يَخْشَىٰ ٩	وَهُوَ	يَسْعَىٰ ٨	جَآءَكَ	مَن
But you	fears,	While he	striving,	came to you	(the) who

But as for the one who came to you, eager to learn, being in awe of Allah,

خبر «إن»	توكيد ونصب.اسم «إن»	ردع وزجر	مضارع مرفوع «أنت».خبر	جار.مجرور
ذ ك ر. ذَكَّرَ.يُذَكِّرُ.تَذْكِرَةً «تَفْعِيلٌ»			ل ه و. تَلَهَّى.يَتَلَهَّى.تَلَهِّيًا «تَفَعُّلٌ»	
تَذْكِرَةٌ ١١	إِنَّهَا	كَلَّآ	تَلَهَّىٰ ١٠	عَنْهُ
(is) a reminder,	Indeed, it	Nay!	(are) distracted.	from him

You were inattentive to him. But no! This revelation is truly a reminder.

نعت أول «صحف»	جار.مجرور «نعت»		ماضٍ «هو».جواب الشرط.مفعول به	ماضٍ «هو».فعل الشرط	عطف.مبتدأ
ك ر م. كَرَّمَ.يُكَرِّمُ.تَكْرِيمًا	ص ح ف		ذ ك ر. ذَكَرَ.يَذْكُرُ.ذِكْرًا	ش ي أ. شَاءَ.يَشَاءُ.مَشِيئَةً	اسم الشرط
مُّكَرَّمَةٍ ١٣	صُحُفٍ	فِى	ذَكَرَهُۥ ١٢	شَآءَ	فَمَن
honored,	sheets	In	may remember it.	wills	So whoever

So let whoever wills be mindful of it. It is written on pages held in honour—

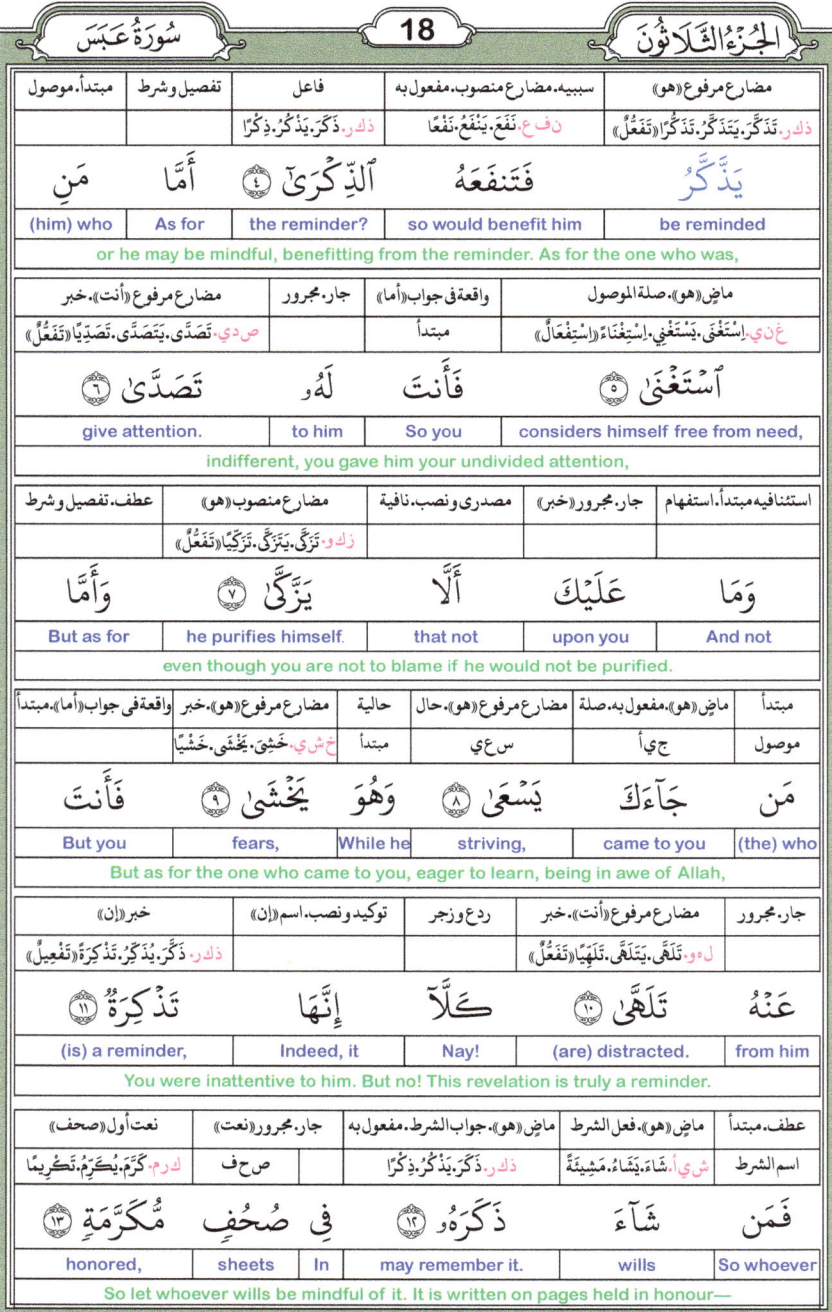

نعت ثانٍ «صحف»	نعت ثالث «صحف»	جار. مجرور. مضاف	مضاف إليه	نعت أول «سفرة»
رف ع	ط ه ر. طَهَّرَ.يُطَهِّرُ.تَطْهِيرًا «تَفْعِيلٌ»	ي د ي. يَدَى. يَدِي. يَدْيًا	س ف ر. سَفَرَ.يَسْفُرُ.سَفْرًا	ك ر م. كَرُمَ.يَكْرُمُ.كَرَامَةً
مَّرْفُوعَةٍ	مُّطَهَّرَةٍ ١٤	بِأَيْدِى	سَفَرَةٍ ١٥	كِرَامٍ
Exalted,	purified,	In (the) hands	(of) scribes.	Noble,

highly esteemed, purified— by the hands of angel-scribes, honourable and virtuous.

نعت ثانٍ «سفرة»	ماضٍ للمجهول	نائب فاعل	مبتدأ. استفهام	ماضٍ «هو». مفعول به. خبر	جار. مجرور	
ب ر ر. بَرَّ.يَبَرُّ.بَرًّا	ق ت ل. قَتَلَ.يَقْتُلُ.قَتْلًا	أ ن س		ك ف ر. أَكْفَرَ.يُكْفِرُ.إِكْفَارًا «إِفْعَالٌ»		مضاف
بَرَرَةٍ ١٦	قُتِلَ	ٱلْإِنسَٰنُ	مَآ	أَكْفَرَهُۥ ١٧	مِنْ	أَىِّ
dutiful.	Is destroyed	[the] man,	how	ungrateful is he!	From	what

Condemned are disbelieving humans! How ungrateful they are to Allah! From what

مضاف إليه	ماضٍ «هو». مفعول به	جار. مجرور		ماضٍ «هو». مفعول به	عطف. ماضٍ «هو». مفعول به
ش ي أ	خ ل ق. خَلَقَ.يَخْلُقُ.خَلْقًا	ن ط ف. نَطَفَ.يَنْطُفُ.نَطْفًا		خ ل ف. خَلَقَ. يَخْلُقُ. خَلَقَةً	ق د ر. قَدَّرَ.يُقَدِّرُ.تَقْدِيرًا «تَفْعِيلٌ»
شَىْءٍ	خَلَقَهُۥ ١٨	مِن	نُّطْفَةٍ	خَلَقَهُۥ	فَقَدَّرَهُۥ ١٩
thing	He created him?	From	a semen-drop	He created him	then He proportioned him

substance did He create them? He created them from a sperm-drop, and ordained their development.

عطف	مفعول به	ماضٍ «هو». مفعول به	عطف	ماضٍ «هو». مفعول به
	س ب ل	ي س ر. يَسَّرَ.يُيَسِّرُ.تَيْسِيرًا «تَفْعِيلٌ»		م و ت. أَمَاتَ.يُمِيتُ.إِمَاتَةً «إِفْعَالٌ»
ثُمَّ	ٱلسَّبِيلَ	يَسَّرَهُۥ ٢٠	ثُمَّ	أَمَاتَهُۥ
Then	the way,	He made easy for him,	Then	He causes him to die

Then He makes the way easy for them, then causes them to die

عطف. ماضٍ «هو». مفعول به	عطف	ظرف زمان	ماضٍ «هو». مضاف إليه	ماضٍ «هو». جواب الشرط. مفعول به
ق ب ر. أَقْبَرَ.يُقْبِرُ.إِقْبَارًا «إِفْعَالٌ»		شرط	ش ي أ. شَاءَ.يَشَاءُ.مَشِيئَةً	ن ش ر. أَنْشَرَ.يُنْشِرُ.إِنْشَارًا «إِفْعَالٌ»
فَأَقْبَرَهُۥ ٢١	ثُمَّ	إِذَا	شَآءَ	أَنشَرَهُۥ ٢٢
and provides a grave for him,	Then	when	He wills,	he will resurrect him.

and be buried. Then when He wills, He will resurrect them.

ردع وزجر	نفى وجزم وقلب	مضارع مجزوم «هو»	موصول. مفعول به	ماضٍ «هو». مفعول به. صلة الموصول
		ق ض ي. قَضَى.يَقْضِي.قَضَاءً		أ م ر. أَمَرَ.يَأْمُرُ.أَمْرًا
كَلَّا	لَمَّا	يَقْضِ	مَآ	أَمَرَهُۥ ٢٣
Nay!	Not	he has accomplished	what	He commanded him.

But no! They have failed to comply with what He ordered.

ماضٍ.فاعل.خبر«أن»	توكيد ونصب	جار.مجرور.مضاف.مضاف إليه		فاعل	استئنافية.لام أمر.مضارع مجزوم
ص ب ب. صَبَّ.يَصُبُّ.صَبًّا	اسم«أن»	ط ع م. أَطْعَمَ-يُطْعِمُ-إِطْعَامًا		أ ن س	ن ظ ر. نَظَرَ.يَنْظُرُ.نَظَرًا
صَبَبْنَا	أَنَّا	طَعَامِهِۦٓ ٢٤	إِلَىٰ	ٱلْإِنسَٰنُ	فَلْيَنظُرِ
[We] poured	That (We)	his food,	at	the man	Then let look

Let people then consider their food: how We pour down

مفعول مطلق	مفعول به	ماضٍ.فاعل	عطف	مفعول مطلق	مفعول به
ش ق ق. شَقَّ.يَشُقُّ.شَقًّا	أ ر ض	ش ق ق. شَقَّ.يَشُقُّ.شَقًّا		ص ب ب. صَبَّ.يَصُبُّ.صَبًّا	م و ه
شَقًّا ٢٦	ٱلْأَرْضَ	شَقَقْنَا	ثُمَّ	صَبًّا ٢٥	ٱلْمَآءَ
splitting,	the earth	We cleaved	Then	(in) abundance,	the water

rain in abundance and meticulously split the earth open 'for sprouts',

عطف.معطوف على«حبًّا»	عطف.معطوف على«حبًّا»	مفعول به	جار.مجرور	عطف.ماضٍ.فاعل
ق ض ب. قَضَبَ.يَقْضِبُ.قَضْبًا	ع ن ب	ح ب ب. حَبَّ.يَحُبُّ.حَبًّا		ن ب ت. أَنْبَتَ.يُنْبِتُ.إِنْبَاتًا«إفعال»
وَقَضْبًا ٢٨	وَعِنَبًا	حَبًّا ٢٧	فِيهَا	فَأَنۢبَتْنَا
and green fodder,	And grapes	grain,	therein	then We caused to grow

causing grain to grow in it, as well as grapes and greens,

نعت	عطف.معطوف على«حبًّا»	عطف.معطوف على«حبًّا»	عطف.معطوف على«حبًّا»
غ ل ب. غَلَبَ.يَغْلِبُ.غَلْبًا	ح د ق. حَدَقَ.يَحْدِقُ.حَدْقًا	ن خ ل. نَخَلَ.يَنْخُلُ.نَخْلًا	ز ي ت. زَاتَ.يَزِيتُ.زَيْتًا
غُلْبًا ٣٠	وَحَدَآئِقَ	وَنَخْلًا ٢٩	وَزَيْتُونًا
(of) thick foliage.	And gardens	and date-palms,	And olive

and olives and palm trees, and dense orchards,

جار.مجرور«نعت»	مفعول مطلق	عطف.معطوف على«حبًّا»	عطف.معطوف على«حبًّا»
	م ت ع. مَتَعَ.يَمْتَعُ.مُتُوعًا	أ ب ب. أَبَّ.يَإِبُّ.أَبًّا	ف ك ه. فَكِهَ.يَفْكَهُ.فَكَهًا
لَّكُمْ	مَّتَٰعًا	وَأَبًّا ٣١	وَفَٰكِهَةً
for you	(As) a provision	and grass,	And fruits

and fruit and fodder—all as a means of sustenance for you

ظرف زمان	ماضٍ.تانيث.فاعل.مضاف إليه		استئنافية.ظرف زمان	جار.مجرور.مضاف.مضاف إليه
ي و م	ص خ خ. صَخَّ.يَصُخُّ.صَخًّا	ج ي أ. جَاءَ.يَجِيءُ.مَجِيءً	معنى الشرط	ن ع م. نَعَمَ.يَنْعَمُ.نَعْمَةً
يَوْمَ	ٱلصَّآخَّةُ ٣٣	جَآءَتِ	فَإِذَا	وَلِأَنْعَٰمِكُمْ ٣٢
(The) Day	the Deafening Blast,	comes	But when	and for your cattle.

and your animals. Then, when the Deafening Blast comes to pass—on that day

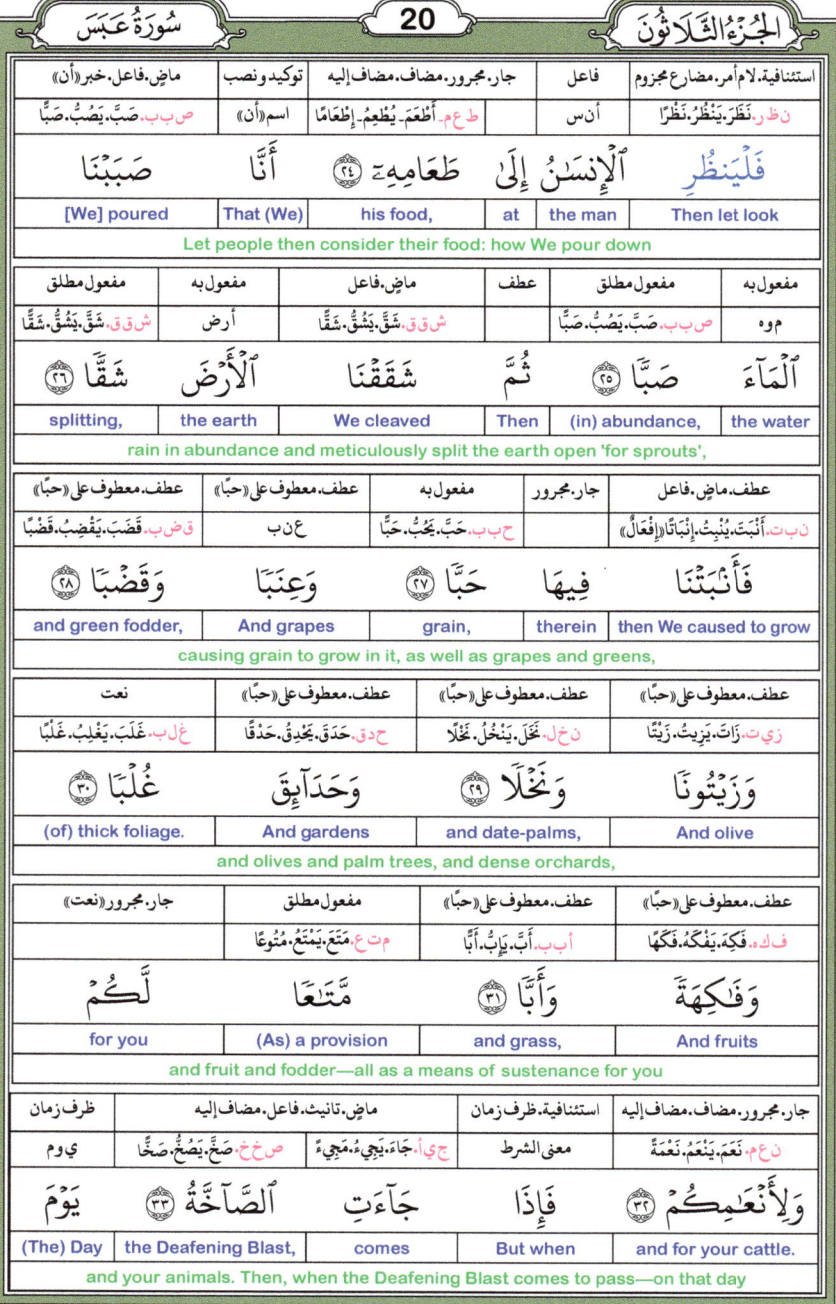

عطف.مضاف.مضاف إليه	عطف.مضاف.مضاف إليه	جار.مجرور.مضاف.مضاف إليه		فاعل	مضارع مرفوع
أ ب و	أ م م.أَمَّ.يَأُمُّ.أَمًّا	أ خ و.أَخَا.يَأْخُو.أُخُوَّةً		م ر أ	ف ر ر.فَرَّ.يَفِرُّ.فِرَارًا
وَأَبِيهِ ٣٥	وَأُمِّهِۦ	أَخِيهِ ٣٤	مِنْ	ٱلْمَرْءُ	يَفِرُّ
and his father,	And his mother	his brother,	from	a man	will flee
every person will flee from their own siblings, and even their mother and father,					

جار.مجرور(نعت)	مضاف إليه	جار.مجرور(خبر مقدم).مضاف	عطف.مضاف.مضاف إليه	عطف.مضاف.مضاف إليه
	م ر أ	ك ل ل.كَلَّ.يَكِلُّ.كَلًّا	ب ن ي	ص ح ب.صَحِبَ.يَصْحَبُ.صُحْبَةً
مِّنْهُمْ	ٱمْرِيٍٕ	لِكُلِّ	وَبَنِيهِ ٣٦	وَصَٰحِبَتِهِۦ
among them	man	For every	and his children,	And his wife
and even their spouse and children. For then everyone will have				

ظرف زمان	مبتدأ	مضارع مرفوع(هو).مفعول به.نعت	مبتدأ مؤخر	ظرف زمان
مضاف إليه	و ج ه.وَجَهَ.يَوْجُهُ.وَجَاهَةً	غ ن ي.أَغْنَى.يُغْنِي.إِغْنَاءً(إفعال)	ش أ ن.شَأَنَ.يَشْأَنُ.شَأْنًا	مضاف إليه
يَوْمَئِذٍ	وُجُوهٌ	يُغْنِيهِ ٣٧	شَأْنٌ	يَوْمَئِذٍ
that day	Faces,	occupying him.	(will be) a matter	that day
enough concern of their own. On that Day some faces				

عطف.مبتدأ أول	خبر ثالث	خبر ثانٍ	خبر أول
و ج ه.وَجُهَ.يَوْجُهُ.وَجَاهَةً	ب ش ر.اِسْتَبْشَرَ.يَسْتَبْشِرُ.اِسْتِبْشَارًا	ض ح ك.ضَحِكَ.يَضْحَكُ.ضَحِكًا	س ف ر.أَسْفَرَ.يُسْفِرُ.إِسْفَارًا(إفعال)
وَوُجُوهٌ	مُّسْتَبْشِرَةٌ ٣٩	ضَاحِكَةٌ	مُّسْفِرَةٌ ٣٨
And faces,	rejoicing at good news.	Laughing,	(will be) bright,
will be bright, laughing and rejoicing,			

مضارع مرفوع.مفعول به.فاعل.خبر ثانٍ(وجوه)		مبتدأ مؤخر	جار.مجرور	ظرف زمان.مضاف إليه
ق ت ر.قَتَرَ.يَقْتُرُ.قَتْرًا	ر ه ق.رَهَقَ.يَرْهَقُ.رَهْقًا	غ ب ر.غَبَرَ.يَغْبُرُ.غُبُورًا	(خبر مقدم)	
قَتَرَةٌ ٤١	تَرْهَقُهَا	غَبَرَةٌ ٤٠	عَلَيْهَا	يَوْمَئِذٍ
darkness.	Will cover them	(will be) dust,	upon them	that day,
while other faces will be dusty,cast in gloom—				

خبر ثانٍ	خبر أول	ضمير فصل	مبتدأ.اسم إشارة
ف ج ر.فَجَرَ.يَفْجُرُ.فَجْرًا	ك ف ر.كَفَرَ.يَكْفُرُ.كُفْرًا		
ٱلْفَجَرَةُ ٤٢	ٱلْكَفَرَةُ	هُمُ	أُوْلَٰٓئِكَ
the wicked ones.	(are) the disbelievers,	[they]	Those
those are the disbelievers, the wicked sinners.			

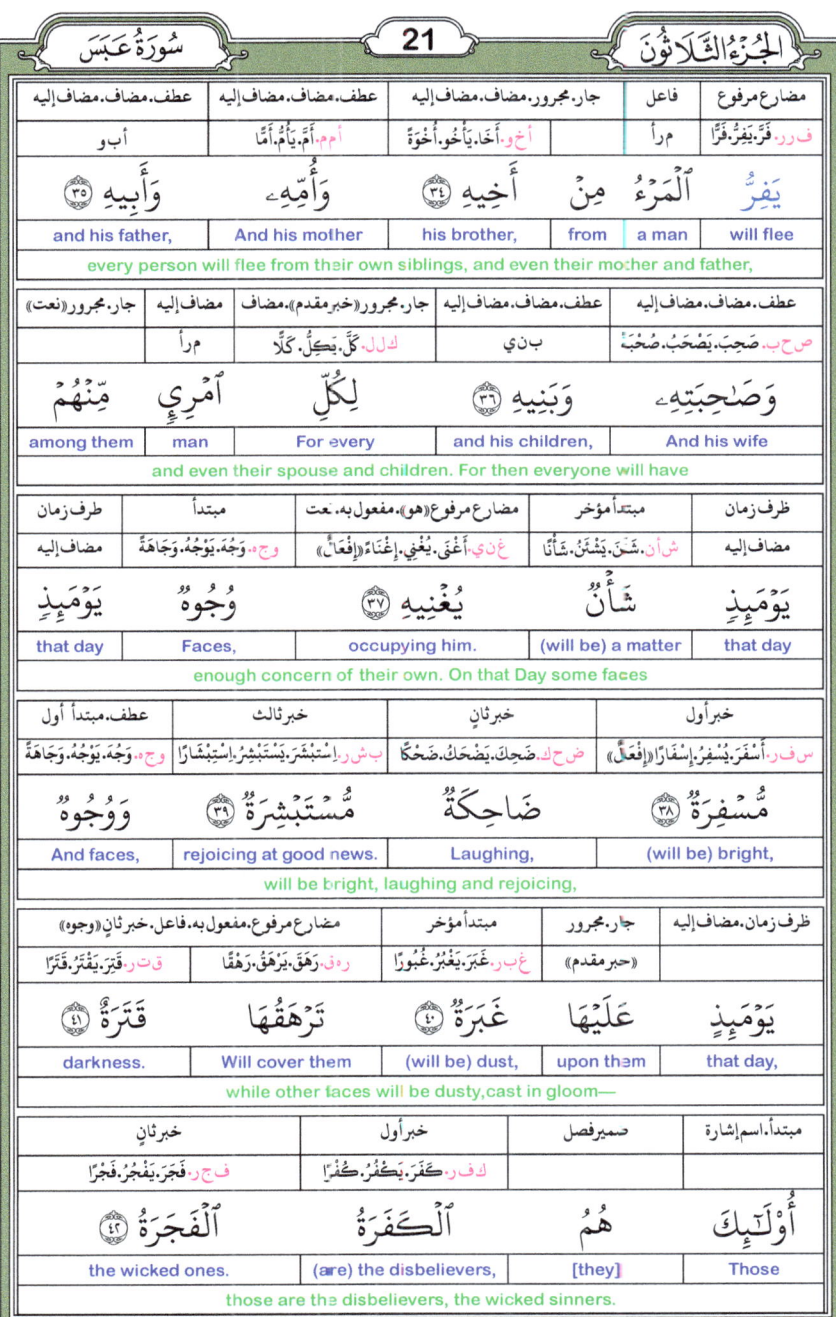

سُورَةُ التَّكْوِيرِ

جار. مجرور. مضاف	لفظ الجلالة. مضاف إليه	نعت أول	نعت ثانٍ
س م و. سَمَا. يَسْمُو. سُمُوًّا	أ ل ه	رح م. رَحِمَ. يَرْحَمُ. رَحْمَةً	رح م. رَحِمَ. يَرْحَمُ. رَحْمَةً
بِسْمِ	ٱللَّهِ	ٱلرَّحْمَٰنِ	ٱلرَّحِيمِ ١
In (the) name	(of) Allah	the Most Gracious	the Most Merciful

In the name of Allah, the Most Gracious, the Most Merciful

ظرف زمان. شرط	نائب فاعل. مضاف إليه	ماضٍ للمجهول «هى»	عطف. ظرف زمان	فاعل. مضاف إليه
	ش م س	ك و ر. كَوَّرَ. يُكَوِّرُ. تَكْوِيرًا «تَفْعِيلٌ»	شرط	ن ج م. نَجَمَ. يَنْجُمُ. نَجْمًا
إِذَا	ٱلشَّمْسُ	كُوِّرَتْ ١	وَإِذَا	ٱلنُّجُومُ
When	the sun	is wrapped up,	And when	the stars

When the sun is put out, and when the stars

ماضٍ «هى»	عطف. ظرف زمان. شرط	نائب فاعل. مضاف إليه	ماضٍ للمجهول «هى»
ك د ر. اِنْكَدَرَ. يَنْكَدِرُ. اِنْكِدَارًا «اِنْفِعَالٌ»		ج ب ل. جَبَلَ. يَجْبُلُ. جَبْلًا	س ي ر. سَيَّرَ. يُسَيِّرُ. تَسْيِيرًا «تَفْعِيلٌ»
ٱنكَدَرَتْ ٢	وَإِذَا	ٱلْجِبَالُ	سُيِّرَتْ ٣
fall losing thair lustre,	And when	the mountains	are moved away,

fall down and when the mountains are blown away,

عطف. ظرف زمان. شرط	نائب فاعل. مضاف إليه	ماضٍ للمجهول «هى»	عطف. ظرف زمان. شرط
	ع ش ر. عَشَرَ. يَعْشُرُ. عَشْرًا	ع ط ل. عَطَّلَ. يُعَطِّلُ. تَعْطِيلًا «تَفْعِيلٌ»	
وَإِذَا	ٱلْعِشَارُ	عُطِّلَتْ ٤	وَإِذَا
And when	the full-term she camels	are left untended;	And when

and when pregnant camels are left untended,

نائب فاعل. مضاف إليه	ماضٍ للمجهول «هى»	عطف. ظرف زمان	نائب فاعل. مضاف إليه	ماضٍ للمجهول «هى»
وح ش. وَحَشَ. يَحِشُ. وَحْشًا	ح ش ر. حَشَرَ. يَحْشُرُ. حَشْرًا	شرط	ب ح ر. بَحَرَ. يَبْحَرُ. بَحْرًا	س ج ر. سَجَّرَ. يُسَجِّرُ. تَسْجِيرًا «تَفْعِيلٌ»
ٱلْوُحُوشُ	حُشِرَتْ ٥	وَإِذَا	ٱلْبِحَارُ	سُجِّرَتْ ٦
the wild beasts	are gathered,	And when	the seas	are made to overflow,

and when wild beasts are gathered together, and when the seas are set on fire,

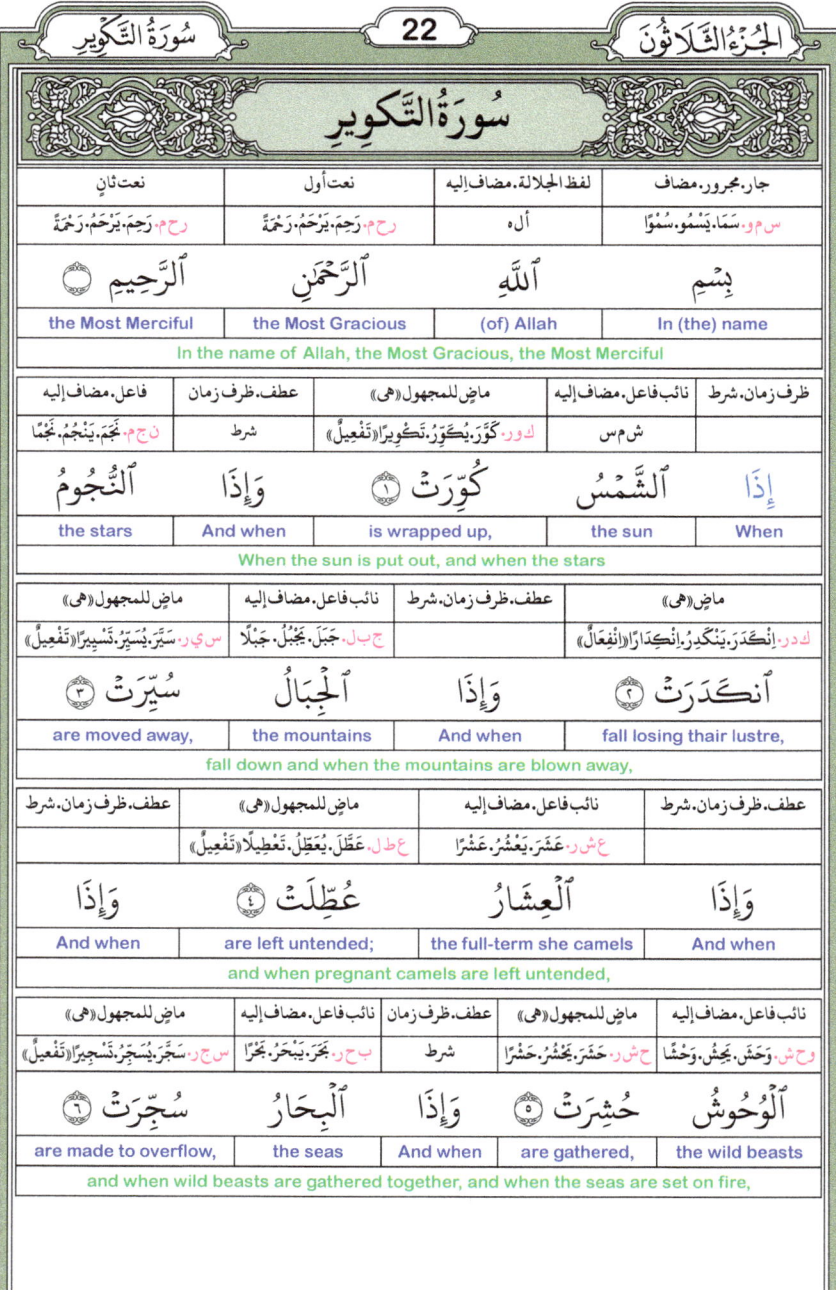

نائب فاعل. مضاف إليه	عطف. ظرف زمان	ماضٍ للمجهول «هى»	نائب فاعل. مضاف إليه	عطف. ظرف زمان
و أ د. وَأَدَ. يَئِدُ. وَأْدًا	معنى الشرط	ز و ج. زَوَّجَ. يُزَوِّجُ. تَزْوِيجًا	ن ف س. نَفَسَ. يَنْفُسُ. نَفْسًا	معنى الشرط
ٱلْمَوْءُۥدَةُ	وَإِذَا	زُوِّجَتْ ٧	ٱلنُّفُوسُ	وَإِذَا
the female infant buried alive	And when	are paired,	the souls	And when
and when the souls 'and their bodies' are paired 'once more', and when baby girls,				

نائب فاعل. مضاف إليه	عطف. ظرف زمان	ماضٍ للمجهول «هى»	مضاف إليه	جار. مجرور. مضاف	ماضٍ للمجهول «هى»
ص ح ف	شرط	ق ت ل. قَتَلَ. يَقْتُلُ. قَتْلًا	ذ ن ب	استفهام	س أ ل. سَأَلَ. يَسْأَلُ. سُؤَالًا
ٱلصُّحُفُ	وَإِذَا	قُتِلَتْ ٩	ذَنۢبٍ	بِأَيِّ	سُئِلَتْ ٨
the pages	And when	she was killed.	sin	For what	is asked
buried alive, are asked for what crime they were put to death, and when the records					

نائب فاعل. مضاف إليه	عطف. ظرف زمان	نائب فاعل. مضاف إليه. ماضٍ للمجهول «هى»		عطف. ظرف زمان	ماضٍ للمجهول «هى»
ج ح م	شرط	ك ش ط. كَشَطَ. يَكْشِطُ. كَشْطًا	س م و	شرط	ن ش ر. نَشَرَ. يَنْشُرُ. نَشْرًا
ٱلْجَحِيمُ	وَإِذَا	كُشِطَتْ ١١	ٱلسَّمَآءُ	وَإِذَا	نُشِرَتْ ١٠
the Hellfire	And when	is stripped away,	the sky	And when	are laid open,
'of deeds' are laid open, and when the sky is stripped away, and when the Hellfire					

ماضٍ للمجهول «هى»	نائب فاعل. مضاف إليه	عطف. ظرف زمان	ماضٍ للمجهول «هى»
ز ل ف. أَزْلَفَ. يُزْلِفُ. إِزْلَافًا «إِفْعَالٌ»	ج ن ن. جَنَّ. يَجُنُّ. جَنًّا	شرط	س ع ر. سَعَّرَ. يُسَعِّرُ. تَسْعِيرًا «تَفْعِيلٌ»
أُزْلِفَتْ ١٣	ٱلْجَنَّةُ	وَإِذَا	سُعِّرَتْ ١٢
is brought near,	Paradise	And when	is set ablaze,
is fiercely flared up, and when Paradise is brought near—			

استئنافية. نافية	ماضٍ «هى». صلة الموصول	مفعول به. موصول	ماضٍ. فاعل. جملة جواب الشرط	
	ح ض ر. أَحْضَرَ. يُحْضِرُ. إِحْضَارًا «إِفْعَالٌ»		ن ف س	ع ل م. عَلِمَ. يَعْلَمُ. عِلْمًا
فَلَآ	أَحْضَرَتْ ١٤	مَّآ	نَفْسٌ	عَلِمَتْ
But nay!	it has brought.	what	a soul	Will know
on that Day each soul will know what deeds it has brought along.				

نعت ثانٍ «الخنس»	نعت أول «الخنس»	جار. مجرور	مضارع مرفوع «أنا»
ك ن س. كَنَسَ. يَكْنُسُ. كُنُوسًا	ج ر ي. جَرَى. يَجْرِي. جَرْيًا	خ ن س. خَنَسَ. يَخْنُسُ. خَنْسًا	ق س م. أَقْسَمَ. يُقْسِمُ. إِقْسَامًا
ٱلْكُنَّسِ ١٦	ٱلْجَوَارِ	بِٱلْخُنَّسِ ١٥	أُقْسِمُ
and disappear,	Those that run	by the retreating planets,	I swear
I do swear by the receding stars which travel and hide,			

عطف.معطوف على «الخنس»	ظرف زمان.شرط	ماضٍ «هو».مضاف إليه	عطف.معطوف على «الخنس»
ل ي ل		ع س ع س. عَسْعَسَ.يُعَسْعِسُ.عَسْعَسًا	ص ب ح. صَبَحَ.يَصْبَحُ.صَبْحًا
وَٱلَّيْلِ	إِذَا	عَسْعَسَ ﴿١٧﴾	وَٱلصُّبْحِ
And the night	when	it departs,	And the dawn

and the night as it falls and the day as it breaks!

ظرف زمان	ماضٍ «هو».مضاف إليه	توكيد ونصب.اسم «إن»	مزحلقة.خبر «إن».مضاف	مضاف إليه
شرط	ن ف س. تَنَفَّسَ.يَتَنَفَّسُ.تَنَفُّسًا «تَفَعُّلٌ»		ق و ل. قَالَ.يَقُولُ.قَوْلًا	ر س ل. رَسِلَ.يَرْسَلُ.رَسَلًا
إِذَا	تَنَفَّسَ ﴿١٨﴾	إِنَّهُۥ	لَقَوْلُ	رَسُولٍ
when	it breathes	Indeed, it	(is) surely a word	(of) a messenger

Indeed, this Quran is the Word of Allah delivered by Gabriel, a noble messenger-angel,

نعت أول	نعت ثانٍ.مضاف	مضاف إليه	ظرف مكان	مضاف إليه.مضاف	مضاف إليه	نعت ثالث
ك ر م		ق و ي	ع ن د		ع ر ش	م ك ن. مَكَنَ.يَمْكُنُ.مَكَانَةً
كَرِيمٍ ﴿١٩﴾	ذِى	قُوَّةٍ	عِندَ	ذِى	ٱلْعَرْشِ	مَكِينٍ ﴿٢٠﴾
noble,	Possessor of	power,	with	(the) owner of	the Throne	secure,

full of power, held in honour by the Lord of the Throne,

نعت رابع	ظرف مكان	نعت خامس	عطف.حجازيه	اسم «ما».مضاف.مضاف إليه	جر زائد.خبر «ما»
ط و ع. أَطَاعَ.يُطِيعُ.إِطَاعَةً		أ م ن. أَمُنَ.يَأْمُنُ.أَمَانَةً		ص ح ب. صَحِبَ.يَصْحَبُ.صُحْبَةً	ج ن ن. جَنَّ.يَجُنُّ.جَنًّا
مُّطَاعٍ	ثَمَّ	أَمِينٍ ﴿٢١﴾	وَمَا	صَاحِبُكُم	بِمَجْنُونٍ ﴿٢٢﴾
One to be obeyed	and	trustworthy,	And not	(is) your companion	mad.

obeyed there in heaven, and trustworthy. And your fellow man is not insane.

عطف.وج ق	ماضٍ «هو».مفعول به	جار.مجرور	نعت	عطف	اسم «ما»	جر
تحقيق	ر أ ي. رَأَى.يَرَى.رَأْيًا	أ ف ق. أَفَقَ.يَأْفِقُ.أَفْقًا	ب ي ن. أَبَانَ.يُبَيِّنُ.إِبَانَةً «إِفْعَالٌ»	حجازية		
وَلَقَدْ	رَءَاهُ	بِٱلْأُفُقِ	ٱلْمُبِينِ ﴿٢٣﴾	وَمَا	هُوَ	عَلَى
And certainly	he saw him	in the horizon	the clear.	And not	he (is)	on

And he did see that angel on the clear horizon, and he does not withhold

مجرور	زائدة.خبر «ما»	عطف.حجازيه	اسم «ما»	زائدة.خبر «ما».مضاف	مضاف إليه	نعت
غ ي ب	ض ن ن. ضَنَّ.يَضِنُّ.ضَنًّا			ق و ل. قَالَ.يَقُولُ.قَوْلًا	ش ط ن	ر ج م
ٱلْغَيْبِ	بِضَنِينٍ ﴿٢٤﴾	وَمَا	هُوَ	بِقَوْلِ	شَيْطَٰنٍ	رَّجِيمٍ ﴿٢٥﴾
the unseen	a withholder.	And not	it	(is the) word	(of) Shaitaan	accursed.

what is revealed to him of the unseen. And this Quran is not the word of an outcast devil.

واقعة فی جواب الشرط	مضارع مرفوع.فاعل.جواب الشرط	حرف نفی	مبتدأ	حصر	خبر
استفهام.ظرف مکان	ذ ه ب. ذَهَبَ.يَذْهَبُ.ذَهَابًا				ذ ك ر. ذَكَرَ.يَذْكُرُ.ذِكْرًا
فَأَيْنَ	تَذْهَبُونَ ٢٦	إِنْ	هُوَ	إِلَّا	ذِكْرٌ
So where	are you going?	Not	it	(is) except	a reminder
So what other path would you take? Surely this Quran is only a reminder					

جار مجرور (نعت)	جر. مجرور. موصول	ماضٍ (هو). صلة الموصول	جار. مجرور (حال)	مصدری و نصب
ع ل م. عَلِمَ.يَعْلَمُ.عِلْمًا		ش ي أ. شَاءَ.يَشَاءُ.مَشِيئَةً		
لِّلْعَٰلَمِينَ ٢٧	لِمَن	شَآءَ	مِنكُمْ	أَن
to the worlds,	For whoever	wills	among you	to
to the whole world - to whoever of you wills				

مضارع منصوب (هو)	استئنافیة. نافیة	مضارع مرفوع. فاعل	حصر	مصدری و نصب
ق و م. اِسْتَقَامَ.يَسْتَقِيمُ.اِسْتِقَامَةً (اِسْتِفْعَالٌ)		ش ي أ. شَاءَ.يَشَاءُ.مَشِيئَةً		
يَسْتَقِيمَ ٢٨	وَمَا	تَشَآءُونَ	إِلَّآ	أَن
take a straight way.	And not	you will	except	that
to take the Straight Way. But you cannot will to do so, except by				

مضارع منصوب	لفظ الجلالة. فاعل	نعت. مضاف	مضاف إليه
ش ي أ. شَاءَ.يَشَاءُ.مَشِيئَةً		ر ب ب. رَبَّ.يَرُبُّ.رَبًّا	ع ل م. عَلِمَ.يَعْلَمُ.عِلْمًا
يَشَآءَ	ٱللَّهُ	رَبُّ	ٱلْعَٰلَمِينَ ٢٩
wills	Allah,	Lord	(of) the worlds.
the Will of Allah, the Lord of all worlds.			

سُورَةُ الانفِطَارِ

جار. مجرور. مضاف	لفظ الجلالة. مضاف إليه	نعت أول	نعت ثانٍ
س م و. سَمَا.يَسْمُو.سُمُوًّا	أ ل ه	ر ح م. رَحِمَ.يَرْحَمُ.رَحْمَةً	ر ح م. رَحِمَ.يَرْحَمُ.رَحْمَةً
بِسْمِ	ٱللَّهِ	ٱلرَّحْمَٰنِ	ٱلرَّحِيمِ ◯
In (the) name	(of) Allah	the Most Gracious	the Most Merciful
In the name of Allah, the Most Gracious, the Most Merciful			

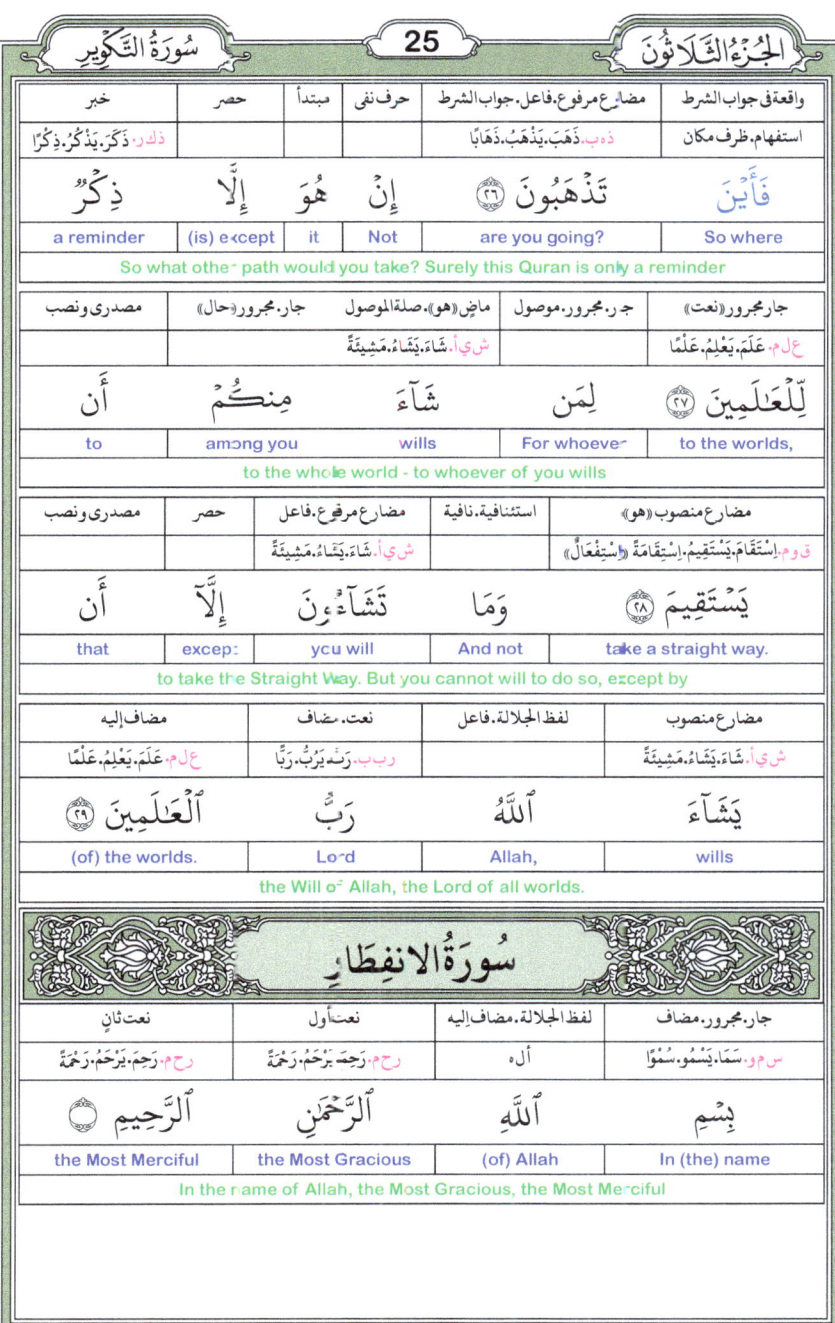

نصف الحزب ٥٩

ظرف زمان	فاعل.مضاف إليه	ماضٍ((هى))	عطف.ظرف زمان	فاعل.مضاف إليه
معنى الشرط	س م و.سَمَا.يَسْمُو.سُمُوًّا	ف ط ر.اِنْفَطَرَ.يَنْفَطِرُ.اِنْفِطَارًا((اِنْفِعَالٌ))	معنى الشرط	ك و ك ب.كَوْكَبَ.يُكَوْكِبُ.كَوْكَبَةً
إِذَا	ٱلسَّمَآءُ	ٱنفَطَرَتْ ١	وَإِذَا	ٱلْكَوَاكِبُ
When	the sky	(is) cleft asunder,	And when	the stars
When the sky splits open, and when the stars				

ماضٍ((هى))	عطف.ظرف زمان.شرط	نائب فاعل.مضاف إليه	ماضٍ للمجهول((هى))
ن ث ر.اِنْتَثَرَ.يَنْتَثِرُ.اِنْتِثَارًا((اِفْتِعَالٌ))		ب ح ر.بَحَرَ.يَبْحَرُ.بَحْرًا	ف ج ر.فَجَّرَ.يُفَجِّرُ.تَفْجِيرًا((تَفْعِيلٌ))
ٱنتَثَرَتْ ٢	وَإِذَا	ٱلْبِحَارُ	فُجِّرَتْ ٣
scatter,	And when	the seas	are made to gush forth,
fall away, and when the seas burst forth,			

عطف.ظرف زمان	نائب فاعل.مضاف إليه	ماضٍ للمجهول((هى))	ماضٍ.فاعل.جواب((إذا))		موصول.مفعول به
معنى الشرط	ق ب ر.قَبَرَ.يَقْبُرُ.قَبْرًا	ب ع ث ر.بَعْثَرَ.يُبَعْثِرُ.بَعْثَرَةً	ع ل م.عَلِمَ.يَعْلَمُ.عِلْمًا	ن ف س	
وَإِذَا	ٱلْقُبُورُ	بُعْثِرَتْ ٤	عَلِمَتْ	نَفْسٌ	مَّا
And when	the graves	are overturned,	Will know	a soul	what
and when the graves spill out, then each soul will know what					

ماضٍ((هى)).صلة الموصول	عطف.ماضٍ((هى))	نداء.منادى.تنبيه	نعت	استفهام.مبتدأ
ق د م.قَدَّمَ.يُقَدِّمُ.تَقْدِيمًا((تَفْعِيلٌ))	أ خ ر.أَخَّرَ.يُؤَخِّرُ.تَأْخِيرًا((تَفْعِيلٌ))		أ ن س.أَنَسَ.يَأْنِسُ.أَنْسًا	
قَدَّمَتْ	وَأَخَّرَتْ ٥	يَـٰٓأَيُّهَا	ٱلْإِنسَـٰنُ	مَا
it has sent forth	and left behind.	O	man!	what
it has sent forth or left behind. O humanity!				

ماضٍ((هو)).مفعول به.خبر	جار.مجرور.مضاف.مضاف إليه	نعت أول	موصول	ماضٍ((هو)).مفعول به.صلة الموصول
غ ر ر.غَرَّ.يَغُرُّ.غُرُورًا	ر ب ب.رَبَّ.يَرُبُّ.رَبًّا	ك ر م.كَرُمَ.يَكْرُمُ.كَرَامَةً	نعت ثانٍ	خ ل ق.خَلَقَ.يَخْلُقُ.خَلْقًا
غَرَّكَ	بِرَبِّكَ	ٱلْكَرِيمِ ٦	ٱلَّذِى	خَلَقَكَ
has deceived you	concerning your Lord	the Most Noble,	Who	created you,
What has emboldened you against your Lord, the Most Generous, Who created you,				

عطف.ماضٍ((هو)).مفعول به	عطف.ماضٍ((هو)).مفعول به	جار.مجرور.مضاف		مضاف إليه	تاكيد
س و ي.سَوَّى.يُسَوِّي.تَسْوِيَةً((تَفْعِيلٌ))	ع د ل.عَدَلَ.يَعْدِلُ.عَدْلًا			ص و ر.صَارَ.يَصُورُ.صَوْرًا	زائدة
فَسَوَّىٰكَ	فَعَدَلَكَ ٧	فِىٓ	أَىِّ	صُورَةٍ	مَّا
then fashioned you	then balanced you?	In	whatever	form	what
fashioned you, and perfected your design, moulding you					

مضارع مرفوع.فاعل	إضراب	ردع وزجر	ماضٍ(هو).مفعول به	ماضٍ(هو).نعت
ك ذ ب. كَذَّبَ.يُكَذِّبُ.تَكْذِيبًا(تَفْعِيلٌ)	لانتقالي		ر ك ب. رَكَّبَ.يُرَكِّبُ.تَرْكِيبًا(تَفْعِيلٌ)	ش ي أ. شَاءَ.يَشَاءُ.مَشِيئَةً
تُكَذِّبُونَ	بَلْ	كَلَّا	رَكَّبَكَ ٨	شَآءَ
you deny	but	Nay!	He assembled you.	He willed,
in whatever form He willed? But no! In fact, you deny				

توكيد.اسم(إنَّ)مؤخر	جار.مجرور(خبر إنَّ)	حالية.توكيد ونصب	جار.مجرور
ح ف ظ. حَفِظَ.يَحْفَظُ.حِفْظًا			د ي ن. دَانَ.يَدِينُ.دِينًا
لَحَٰفِظِينَ ١٠	عَلَيْكُمْ	وَإِنَّ	بِٱلدِّينِ ٩
(are) surely guardians,	over you	And indeed,	the judgement.
the final Judgment, while you are certainly observed by vigilant,			

مضارع مرفوع.فاعل.صلة الموصول	موصول.مفعول به	مضارع مرفوع.فاعل	نعت ثانٍ	نعت أول
ف ع ل. فَعَلَ.يَفْعَلُ.فِعْلًا		ع ل م. عَلِمَ.يَعْلَمُ.عِلْمًا	ك ت ب. كَتَبَ.يَكْتُبُ.كَتْبًا	ك ر م. كَرُمَ.يَكْرُمُ.كَرَامَةً
تَفْعَلُونَ ١٢	مَا	يَعْلَمُونَ	كَٰتِبِينَ ١١	كِرَامًا
you do.	whatever	They know	recording,	Noble
honourable angels, recording everything. They know whatever you do.				

عطف.توكيد ونصب	مزحلقة.جار.مجرور(خبر إن)		اسم(إن)	توكيد ونصب
	ن ع م. نَعِمَ.يَنْعَمُ.نَعْمَةً		ب ر ر. بَرَّ.يَبَرُّ.بِرًّا	
وَإِنَّ	نَعِيمٍ ١٣	لَفِي	ٱلْأَبْرَارَ	إِنَّ
And indeed,	bliss,	(will be) surely in	the righteous	Indeed,
Indeed the virtuous will be in bliss,				

مضارع مرفوع.فاعل.مفعول به	مزحلقة.جار.مجرور(خبر إن)		اسم(إن)
ص ل ي. صَلِيَ.يَصْلَى.صِلِيًّا	ج ح م. جَحَمَ.يَجْحُمُ.جُحُومًا		ف ج ر. فَجَرَ.يَفْجُرُ.فُجُورًا
يَصْلَوْنَهَا	جَحِيمٍ ١٤	لَفِي	ٱلْفُجَّارَ
They will burn (in) it	Hellfire.	(will be) surely in	the wicked
and the wicked will be in Hell, burning			

جار.مجرور	اسم(ما)	عطف.حجازية	مضاف إليه	ظرف زمان
			د ي ن. دَانَ.يَدِينُ.دِينًا	ي و م
عَنْهَا	هُمْ	وَمَا	ٱلدِّينِ ١٥	يَوْمَ
from it	they	And not	(of) the judgement	(on the) day
in it on Judgment Day, and they will have no				

خبر.مضاف	مبتدأ.استفهام	ماضٍ«هو».مفعول به.خبر	استئنافية.استفهام	زائدة.خبر«ما»
ي و م		د ر ي. أَدْرَى.يُدْرِي.إدرَاءً«إِفْعَالٌ»	مبتدأ	غ ي ب. غَابَ.يَغِيبُ.غَيْبًا
يَوْمُ	مَا	أَدْرَىٰكَ	وَمَآ	بِغَآئِبِينَ ١٦
(is the) Day	what	can make you know	And what	(will be) absent.
escape from it. What will make you realize what Judgment Day is?				

خبر.مضاف	مبتدأ	ماضٍ«هو».مفعول به.خبر	استفهام.مبتدأ	عطف	مضاف إليه
ي و م		د ر ي. أَدْرَى.يُدْرِي.إدرَاءً«إِفْعَالٌ»			د ي ن. دَانَ.يَدِينُ.دِينًا
يَوْمُ	مَا	أَدْرَىٰكَ	مَآ	ثُمَّ	ٱلدِّينِ ١٧
(is the) day	what	can make you know	what	Then,	(of) the judgement?
Again, what will make you realize what Judgment Day is?					

مفعول به	جار.مجرور	مضارع مرفوع.فاعل.جملة مضاف إليه		نافية	ظرف زمان	مضاف إليه
ش ي أ. شَاءَ.يَشَاءُ.شَيْئًا	ن ف س	ن ف س	م ل ك. مَلَكَ.يَمْلِكُ.مِلْكًا			د ي ن. دَانَ.يَدِينُ.دِينًا
شَيْـًٔا ۖ	لِّنَفْسٍ	نَفْسٌ	تَمْلِكُ	لَا	يَوْمَ	ٱلدِّينِ ١٨
anything,	for a soul	a soul	will have power	not	(The) day	(of) the judgement?
It is the Day no soul will be of any benefit to another whatsoever,						

جار.مجرور«خبر».لفظ الجلالة	ظرف زمان.مضاف إليه	استئنافية.مبتدأ
أ ل ه		أ م ر. أَمَرَ.يَأْمُرُ.إِمَارَةً
لِّلَّهِ ١٩	يَوْمَئِذٍ	وَٱلْأَمْرُ
(will be) with Allah.	that day	and the Command
for all authority on that Day belongs to Allah entirely.		

سُورَةُ المُطَفِّفِينَ

نعت ثانٍ	نعت أول	لفظ الجلالة.مضاف إليه	جار.مجرور.مضاف
ر ح م. رَحِمَ.يَرْحَمُ.رَحْمَةً	ر ح م. رَحِمَ.يَرْحَمُ.رَحْمَةً	أ ل ه	س م و. سَمَا.يَسْمُو.سُمُوًّا
ٱلرَّحِيمِ ۝	ٱلرَّحْمَٰنِ	ٱللَّهِ	بِسْمِ
the Most Merciful	the Most Gracious	(of) Allah	In (the) name
In the name of Allah, the Most Gracious, the Most Merciful			

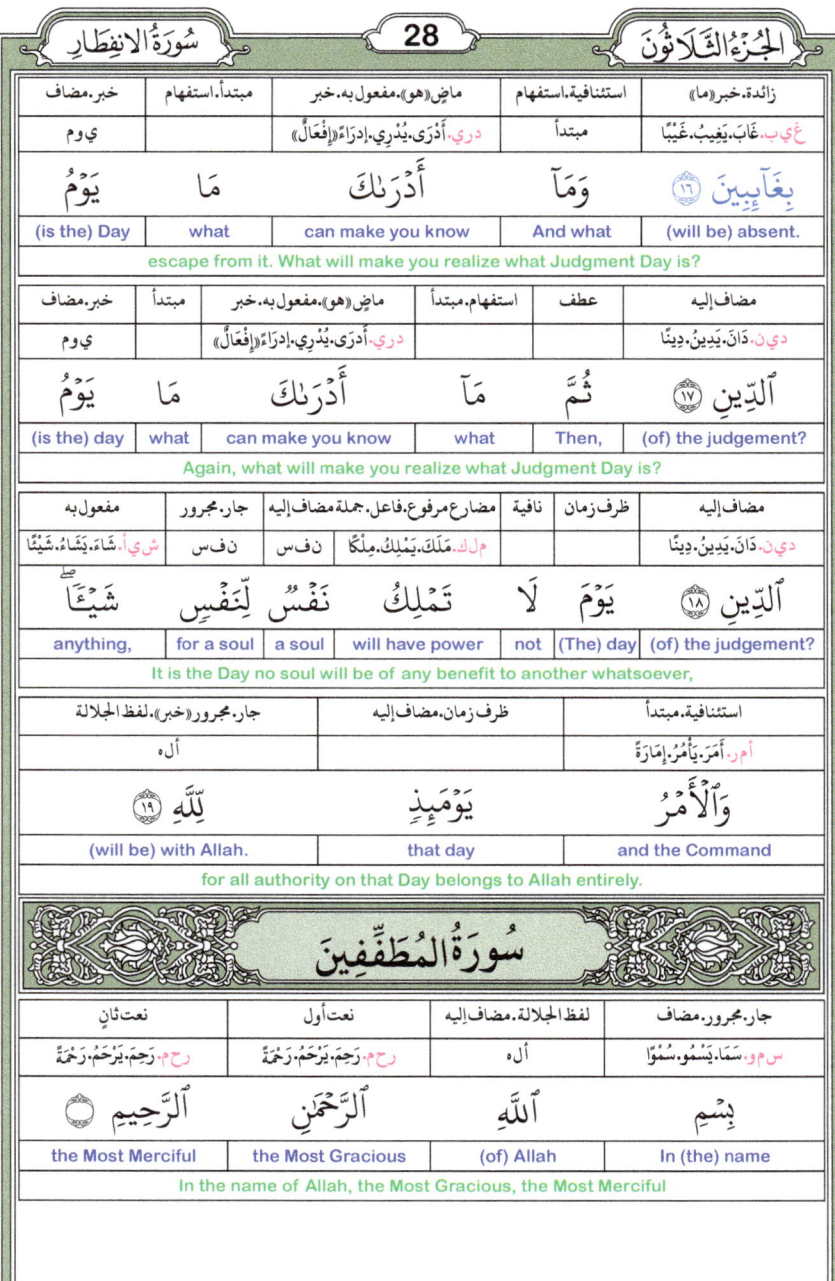

مبتدأ	جار.مجرور((خبر))	موصول.نعت	ظرف زمان	ماضٍ.فاعل.مضاف إليه.صلة الموصول	جار-
	طف ف. طَفَّفَ.يُطَفِّفُ.تَطْفِيفًا ((تَفْعِيلٌ))		مضاف	ك ي ل. اِكْتَالَ.يَكْتَالُ.اِكْتِيَالًا ((اِفْتِعَالٌ))	
وَيْلٌ	لِّلْمُطَفِّفِينَ ١	ٱلَّذِينَ	إِذَا	ٱكْتَالُوا۟	عَلَى
Woe	to those who give less,	Those who	when	they take a measure	from

Woe to the cefrauders! Those who take full measure when they buy,

-مجرور	مضارع مرفوع.فاعل.جواب((إذا))	عطف.ظرف زمان	ماضٍ.فاعل.مفعول به.مضاف إليه
ن و س	وف ي. اِسْتَوْفَى.يَسْتَوْفِي.اِسْتِيفَاءً ((اِسْتِفْعَالٌ))	معنى الشرط	ك ي ل. كَالَ.يَكِيلُ.كَيْلًا
ٱلنَّاسِ	يَسْتَوْفُونَ ٢	وَإِذَا	كَالُوهُمْ
the people,	they take in full,	B t when	they give by measure (to) them

from people, but give less when they measure

عطف	ماضٍ.فاعل.مفعول به	مضارع مرفوع.فاعل.جواب((إذا))	استفهام.نافية	مضارع مرفوع
	وزن. وَزَنَ.يَزِنُ.وَزْنًا	خ س ر. أَخْسَرَ.يُخْسِرُ.إِخْسَارًا ((إِفْعَالٌ))		ظ ن ن. ظَنَّ.يَظُنُّ.ظَنًّا
أَوْ	وَّزَنُوهُمْ	يُخْسِرُونَ ٣	أَلَا	يَظُنُّ
or	they weigh (for) them	they give less.	Do not	think

or weigh for buyers. Do such people not think

فاعل.إشارة	توكيد ونصب.اسم((أَنَّ))	خبر((أَنَّ))	جار.مجرور	نعت	ظرف زمان
		ب ع ث. بَعَثَ.يَبْعَثُ.بَعْثًا	ي و م	ع ظ م. عَظُمَ.يَعْظُمُ.عَظُومَةً	ي و م
أُو۟لَٰٓئِكَ	أَنَّهُم	مَّبْعُوثُونَ ٤	لِيَوْمٍ	عَظِيمٍ ٥	يَوْمَ
those	t hat they	(will be) resurrected,	For a day	Great,	(The) Day

that they will be resurrected for a tremendous Day— the Day

مضارع مرفوع	فاعل	جار.مجرور.مضاف	مضاف إليه	ردع وزجر	توكيد ونصب
ق و م. قَامَ.يَقُومُ.قِيَامًا	ن و س	ر ب ب. رَبَّ.يَرُبُّ.رَبًّا	ع ل م. عَلِمَ.يَعْلَمُ.عِلْمًا		
يَقُومُ	ٱلنَّاسُ	لِرَبِّ	ٱلْعَٰلَمِينَ ٦	كَلَّآ	إِنَّ
will stand	mank nd	before (the) Lord	(of) the w rlds?	Nay!	Indeed,

all people will stand before the Lord of all worlds? Bu: no!

اسم((إِنَّ)).مضاف	مضاف إليه	مزحلقة.جار.مجرور((خبرإنَّ))		استئنافية.استفهام
ك ت ب. كَتَبَ.يَكْتُبُ.كَتْبًا	ف ج ر. فَجَرَ.يَفْجُرُ.فُجُورًا		س ج ن. سَجَنَ.يَسْجُنُ.سَجْنًا	مبتدأ
كِتَٰبَ	ٱلْفُجَّارِ	لَفِى	سِجِّينٍ ٧	وَمَآ
(the) record	(of) the wicked	(is) surely in	Sijjin,	And what

The wicked are certainly bound for Sijjin in the depths of Hell— and what

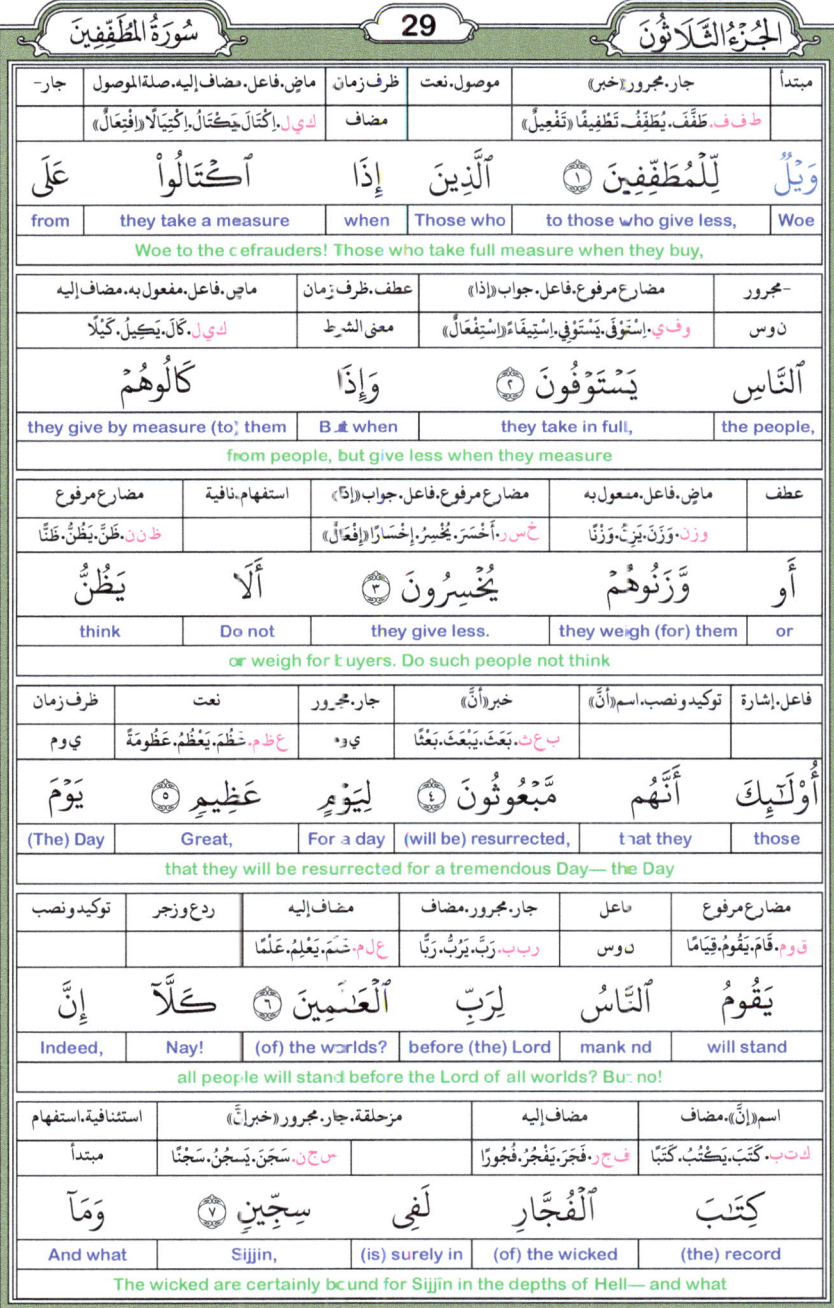

ماضٍ «هو». مفعول به. خبر	استفهام. مبتدأ	خبر	بدل	نعت	مبتدأ
دري. أَدْرَى. يُدْرِي. إِدْرَاءً «إِفْعَالٌ»		س ج ن. سَجَنَ. يَسْجُنُ. سَجْنًا	ك ت ب	رقم. رَقَمَ. يَرْقُمُ. رَقْمًا	
أَدْرَىٰكَ	مَا	سِجِّينٌ ⑧	كِتَٰبٌ	مَّرْقُومٌ ⑨	وَيْلٌ
can make you know	what	(is) Sijjin?	A book	written.	Woe

will make you realize what Sijjīn is?— a fate already sealed. Woe

ظرف زمان	جار. مجرور «خبر»	موصول. نعت	مضارع مرفوع. فاعل. صلة الموصول	جار. مجرور. مضاف
مضاف إليه	ك ذ ب. كَذَّبَ. يُكَذِّبُ. تَكْذِيبًا «تَفْعِيلٌ»		ك ذ ب. كَذَّبَ. يُكَذِّبُ. تَكْذِيبًا «تَفْعِيلٌ»	ي و م
يَوْمَئِذٍ	لِّلْمُكَذِّبِينَ ⑩	ٱلَّذِينَ	يُكَذِّبُونَ	بِيَوْمِ
that day	to the deniers,	Those who	deny	(the) Day

on that Day to the deniers-those who deny

مضاف إليه	استئنافية. نافية	مضارع مرفوع	جار. مجرور	حصر	فاعل. مضاف
د ي ن. دَانَ. يَدِينُ. دِينًا		ك ذ ب. كَذَّبَ. يُكَذِّبُ. تَكْذِيبًا «تَفْعِيلٌ»			ك ل ل
ٱلدِّينِ ⑪	وَمَا	يُكَذِّبُ	بِهِۦٓ	إِلَّا	كُلُّ
(of) the judgement.	And not	can deny	[of] it	except	every

Judgment Day! None would deny it except every

مضاف إليه	نعت	ظرف زمان	مضارع مرفوع للمجهول	جار	نائب فاعل. جملة مضاف إليه
ع د و. إِعْتَدَى. يَعْتَدِي. إِعْتِدَاءً «إِفْتِعَالٌ»	أ ث م. أَثِمَ. يَأْثَمُ. أَثْمًا	معنى الشرط	ت ل و. تَلَا. يَتْلُو. تِلَاوَة	مجرور	أ ي ي
مُعْتَدٍ	أَثِيمٍ ⑫	إِذَا	تُتْلَىٰ	عَلَيْهِ	ءَايَٰتُنَا
transgressor	sinful.	When	are recited	to him	Our Verses,

evildoing transgressor. Whenever Our revelations are recited to them,

ماضٍ «هو». جواب «إذا»	خبر. مضاف	مضاف إليه. جمع مذكر سالم	ردع وزجر	إضراب
ق و ل. قَالَ. يَقُولُ. قَوْلًا	س ط ر. سَطَّرَ. يُسَطِّرُ. تَسْطِيرًا «تَفْعِيلٌ»	أ و ل. آلَ. يَئُولُ. أَوْلًا	ك ل ل. كَلَّ. يَكِلُّ. كَلًّا	
قَالَ	أَسَٰطِيرُ	ٱلْأَوَّلِينَ ⑬	كَلَّا ۖ	بَلْ ۜ
he says,	Stories	(of) the former (people).	Nay!	But

they say, "Ancient fables!" But no! In fact,

ماضٍ	جار. مجرور. مضاف. مضاف إليه		فاعل. موصول	ماضٍ ناقص. اسم «كان»
ر ي ن. رَانَ. يَرِينُ. رَيْنًا		ق ل ب. قَلَبَ. يَقْلِبُ. قَلْبًا		ك و ن. كَانَ. يَكُونُ. كَوْنًا
رَانَ	عَلَىٰ	قُلُوبِهِم	مَّا	كَانُوا۟
(the) stain has covered	[over]	their hearts	(for) what	they used to

their hearts have been stained by all the evil they used to

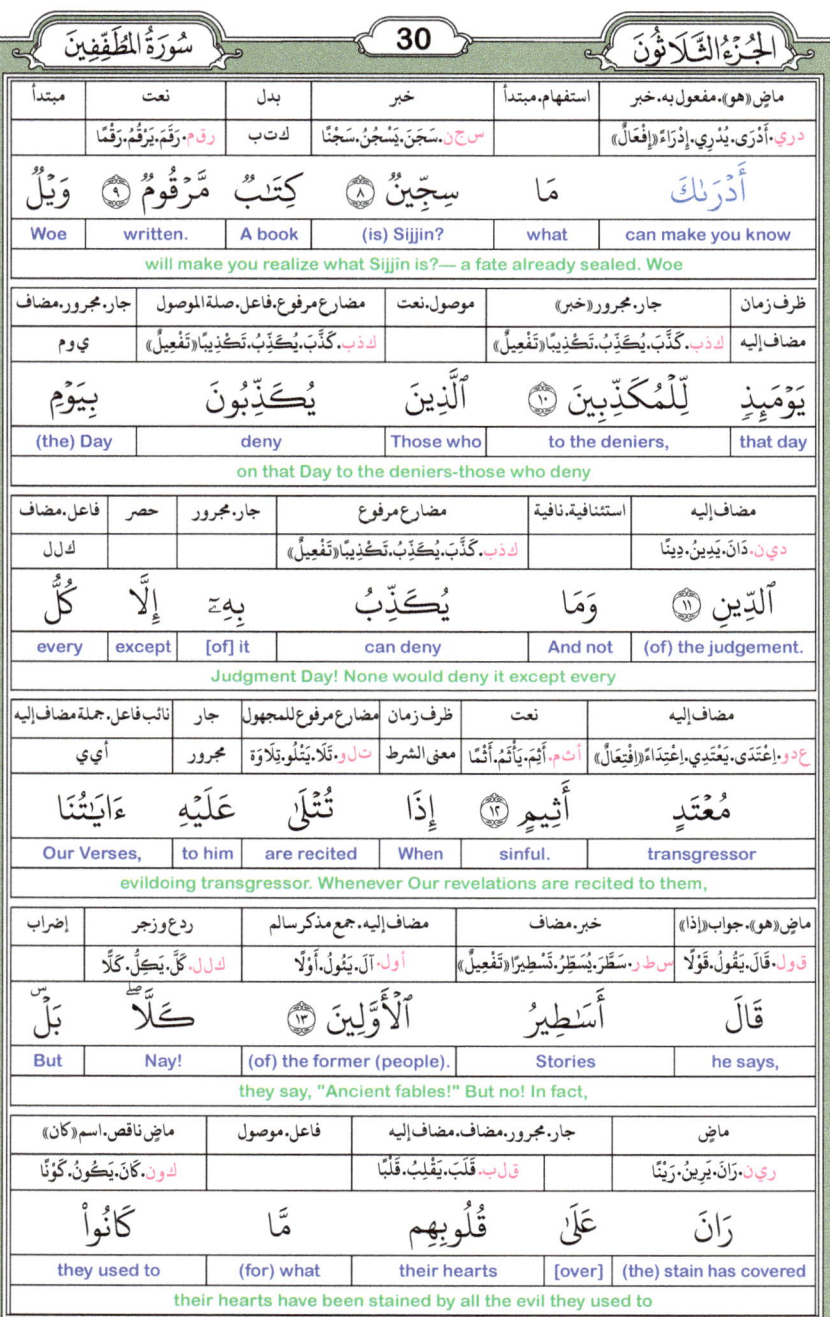

جار. مجرور. مضاف. مضاف إليه		توكيد و نصب. اسم «إنَّ»	ردع وزجر	مضارع مرفوع. فاعل. خبر «كان». صلة الموصول
ر ب ب. رَبَّ. يَرُبُّ. رَبًّا			ك ل ل. كَلَّ. يَكِلُّ. كَلًّا	ك س ب. كَسَبَ. يَكْسِبُ. كَسْبًا
رَبِّهِمْ	عَن	إِنَّهُمْ	كَلَّآ	يَكْسِبُونَ ﴿١٤﴾
their Lord	from	Indeed, they	Nay!	earn.
commit! Undoubtedly, from their Lord,				

مزحلقة. خبر «إنَّ». مضاف	توكيد و نصب. اسم «إنَّ»	عطف	مزحلقة. خبر «إنَّ»	ظرف زمان. مضاف إليه
ص ل ي. صَلِيَ. يَصْلَى. صِلِيًّا			ح ج ب. حَجَبَ. يَحْجُبُ. حَجْبًا	
لَصَالُوا۟	إِنَّهُمْ	ثُمَّ	لَّمَحْجُوبُونَ ﴿١٥﴾	يَوْمَئِذٍ
(surely) will burn	indeed, they	Then	surely will be partioned.	that Day
they will be sealed off on that Day. Moreover, they will surely burn				

جار	ماضٍ ناقص. اسم «كان»	خبر. جملة نائب فاعل	تنبيه. إشارة	مضارع مرفوع للمجهول	عطف	مضاف إليه
مجرور	ك و ن. كَانَ. يَكُونُ. كَوْنًا	موصول	مبتدأ	ق و ل. قَالَ. يَقُولُ. قَوْلًا		ج ح م. جَحَمَ. يَجْحُمُ. جُحُومًا
بِهِۦ	كُنتُم	ٱلَّذِى	هَٰذَا	يُقَالُ	ثُمَّ	ٱلْجَحِيمِ ﴿١٦﴾
[of it]	you used to	(is) what	This	it will be said,	Then	(in) the Hellfire.
in Hell, and then be told, This is what you used to deny.						

مضاف إليه	اسم «إنَّ». مضاف	توكيد و نصب	ردع وزجر	مضارع مرفوع. فاعل. خبر «كان». جملة صلة الموصول
ب ر ر. بَرَّ. يَبَرُّ. بِرًّا	ك ت ب. كَتَبَ. يَكْتُبُ. كِتَابًا		ك ل ل	ك ذ ب. كَذَّبَ. يُكَذِّبُ. تَكْذِيبًا «تَفْعِيل»
ٱلْأَبْرَارِ	كِتَٰبَ	إِنَّ	كَلَّآ	تُكَذِّبُونَ ﴿١٧﴾
(of) the righteous	(the) record	Indeed,	Nay!	deny.
But no! The virtuous are certainly bound for —				

استفهام. مبتدأ	ماضٍ «هو». مفعول به. خبر	استئنافية. مبتدأ. استفهام	مزحلقة. جار. مجرور «خبر إنَّ»	
	د ر ي. أَدْرَى. يُدْرِي. إِدْرَاءً «إِفْعَال»		ع ل و. عَلَا. يَعْلُو. عُلُوًّا	
مَا	أَدْرَىٰكَ	وَمَآ	عِلِّيِّينَ ﴿١٨﴾	لَفِى
what	can make you know	And what	Illiyin.	(will be) surely in
Illiyûn in elevated Gardens-and what will make you realize				

توكيد و نصب	فاعل. نعت ثانٍ	مضارع مرفوع. مفعول به	نعت أول	بدل	خبر. مفعول به ثانٍ
	ق ر ب. قَرَّبَ. يُقَرِّبُ. تَقْرِيبًا «تَفْعِيل»	ش ه د. شَهِدَ. يَشْهَدُ. شَهَادَةً	ر ق م. رَقَمَ. يَرْقُمُ. رَقْمًا	ك ت ب	ع ل و
إِنَّ	ٱلْمُقَرَّبُونَ ﴿٢١﴾	يَشْهَدُهُ	مَّرْقُومٌ ﴿٢٠﴾	كِتَٰبٌ	عِلِّيُّونَ ﴿١٩﴾
Indeed,	those brought near.	Witness it	written,	A book	(is) Illiyun?
what Illiyûn is? a fate already sealed, witnessed by those nearest to Allah. Surely					

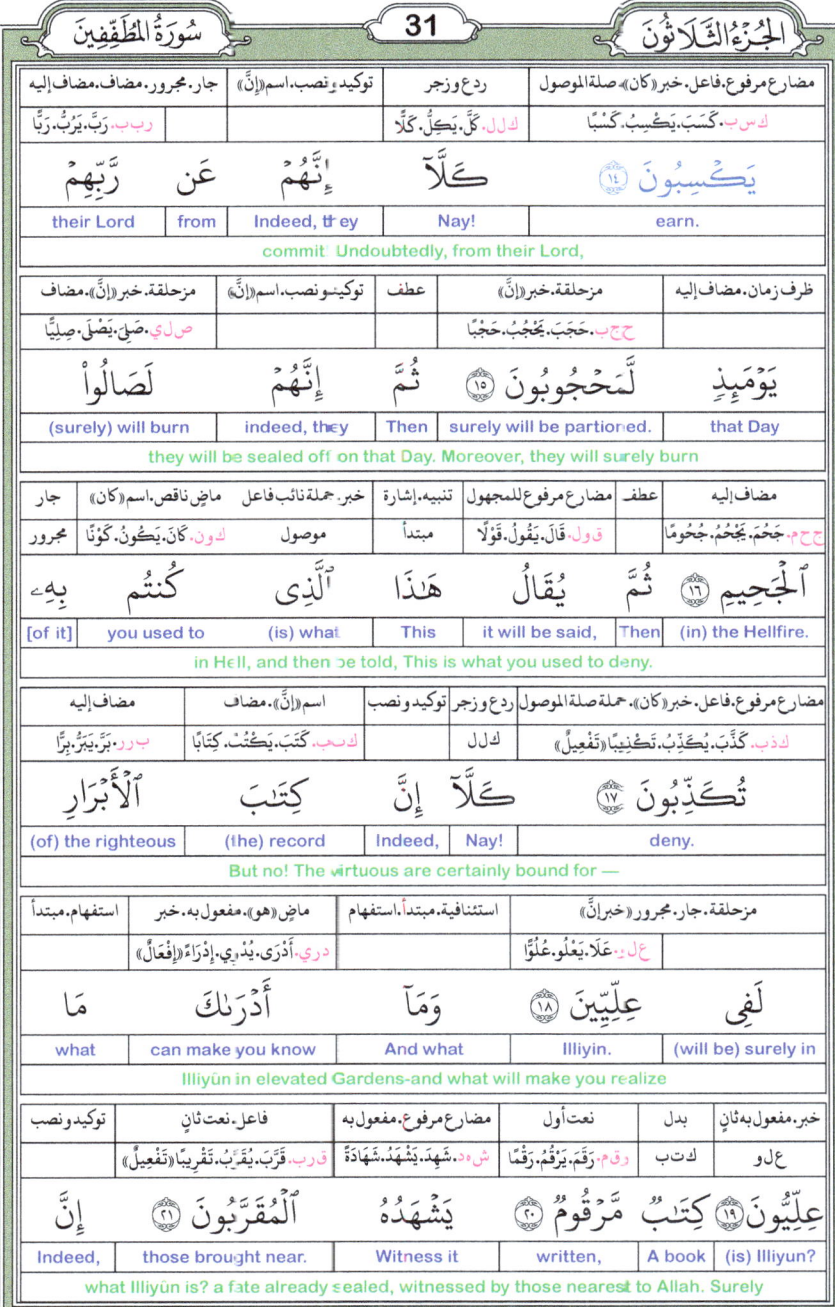

جار.مجرور«حال»		مزحلقة.جار.مجرور«خبرإن»		اسم«إن»
أرك.أَرَكَ.يَأْرُكُ.أُرُوكًا		ن ع م.نَعَمَ.يَنْعَمُ.نَعْمَةً		ب ر ر.بَرَّ.يَبَرُّ.بِرًّا
ٱلْأَرَآئِكِ	عَلَى	نَعِيمٍ ٢٢	لَفِي	ٱلْأَبْرَارَ
thrones	On	bliss,	(will be) surely in	the righteous

the virtuous will be in bliss, seated on canopied couches,

مضاف إليه	مفعول به.مضاف	جار.مجرور.مضاف إليه		مضارع مرفوع«أنت»	مضارع مرفوع.فاعل
ن ع م.نَعَمَ.يَنْعَمُ.نَعْمَةً	ن ض ر.نَضِرَ.يَنْضَرُ.نَضْرَةً	و ج ه		ع ر ف.عَرَفَ.يَعْرِفُ.عِرْفَانًا	ن ظ ر.نَظَرَ.يَنْظُرُ.نَظْرًا
ٱلنَّعِيمِ ٢٤	نَضْرَةَ	وُجُوهِهِمْ	فِي	تَعْرِفُ	يَنظُرُونَ ٢٣
(of) bliss.	(the) radiance	their faces	in	You will recognize	observing.

gazing around. You will recognize on their faces the glow of delight.

مبتدأ.مضاف.مضاف إليه	نعت أول	جار.مجرور		مضارع مرفوع للمجهول.نائب فاعل
خ ت م.خَتَمَ.يَخْتِمُ.خَتْمًا	خ ت م.خَتَمَ.يَخْتِمُ.خَتْمًا	ر ح ق		س ق ي.سَقَى.يَسْقِي.سِقَايَةً
خِتَٰمُهُۥ	مَّخْتُومٍ ٢٥	رَّحِيقٍ	مِن	يُسْقَوْنَ
Its seal	sealed,	a pure wine	of	They will be given to drink

They will be given a drink of sealed, pure wine, whose last sip

فاعل.جمع مذكر سالم	للربط.لام أمر.مضارع مجزوم	مجرور.إشارة	اعتراضية.جار	خبر.نعت ثانٍ
ن ف س.تَنَافَسَ.يَتَنَافَسُ.تَنَافُسًا	ن ف س.تَنَافَسَ.يَتَنَافَسُ.تَنَافُسًا			م س ك.مَسُكَ.يَمْسُكُ.مَسَاكَةً
ٱلْمُتَنَٰفِسُونَ ٢٦	فَلْيَتَنَافَسِ	ذَٰلِكَ	وَفِي	مِسْكٌ ج
the aspirers.	let aspire	that	And for	(will be of) musk.

will smell like musk. So let whoever aspires to this strive diligently.

جار.مجرور	مضارع مرفوع	مفعول به	جار.مجرور«خبر»		عطف.مبتدأ.مضاف.مضاف إليه
	ش ر ب.شَرِبَ.يَشْرَبُ.شُرْبًا	ع ي ن	س ن م		م ز ج.مَزَجَ.يَمْزُجُ.مَزْجًا
بِهَا	يَشْرَبُ	عَيْنًا	تَسْنِيمٍ ٢٧	مِن	وَمِزَاجُهُۥ
from it,	will drink	A spring,	Tasneem,	(is) of	And its mixture

And this drink's flavour will come from Tasnîm—a spring from which

ماضٍ ناقص.اسم«كان»	ماضٍ.فاعل.صلة الموصول	اسم«إن».موصول	توكيد ونصب	فاعل.جمع مذكر سالم
ك و ن.كَانَ.يَكُونُ.كَوْنًا	ج ر م.أَجْرَمَ.يُجْرِمُ.إِجْرَامًا«إِفْعَالٌ»			ق ر ب.قَرَّبَ.يُقَرِّبُ.تَقْرِيبًا«تَفْعِيلٌ»
كَانُوا۟	أَجْرَمُوا۟	ٱلَّذِينَ	إِنَّ	ٱلْمُقَرَّبُونَ ٢٨
used to	committed crimes	those who	Indeed,	those brought near.

those nearest to Allah will drink. Indeed, the wicked used

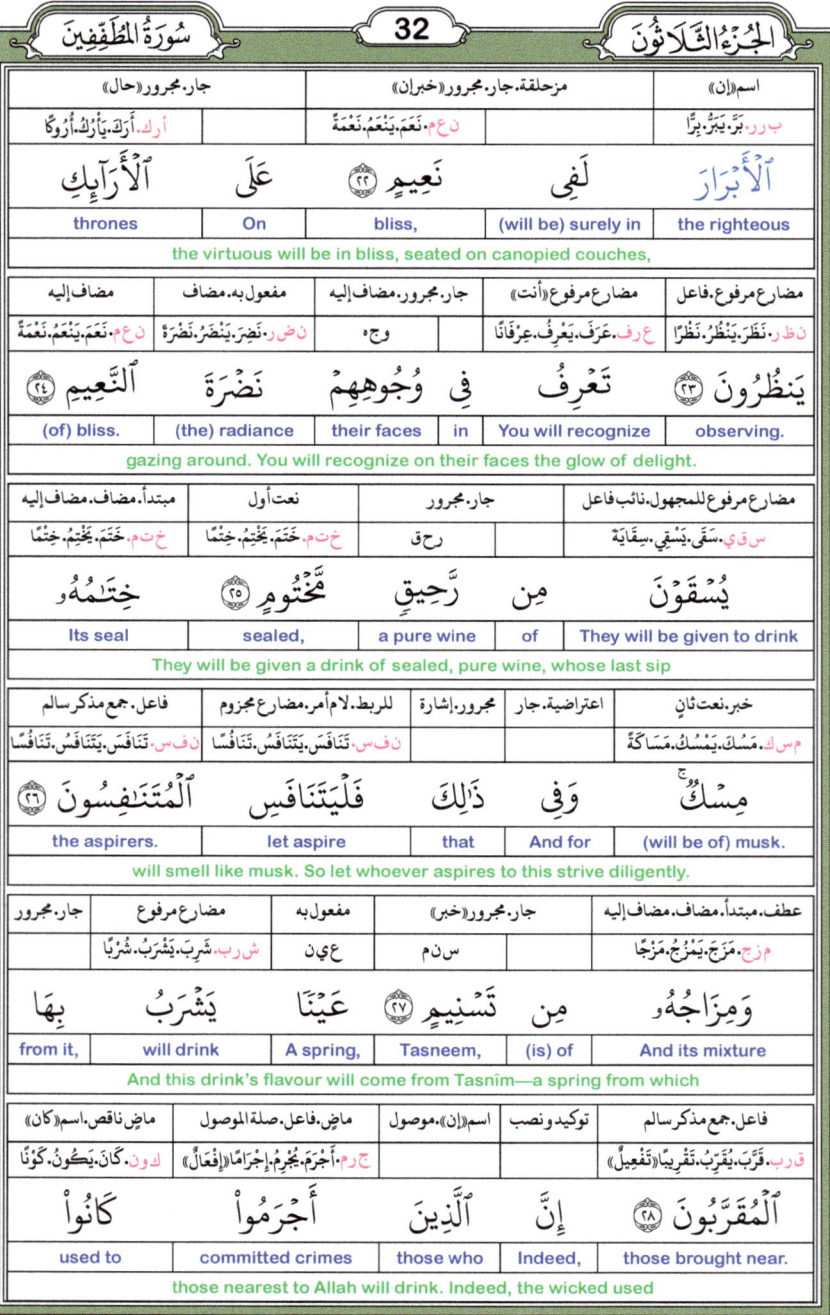

جار.مجرور.موصول		ماضٍ.فاعل.صلة الموصول	مضارع مرفوع.فاعل.خبر«كان»	عطف.ظرف زمان
		أ م ن.آمَنَ.يُؤْمِنُ.إيمَانًا«إفْعَالٌ»	ض ح ك.ضَحِكَ.يَضْحَكُ.ضَحْكًا	معنى الشرط
مِنَ	ٱلَّذِينَ	ءَامَنُوا۟	يَضْحَكُونَ ﴿٢٩﴾	وَإِذَا
at	those who	believed	laugh.	And when

to laugh at the believers,

ماضٍ.فاعل.فعل شرط.مضاف إليه	جار.مجرور	مضارع مرفوع.فاعل.جواب شرط	عطف.ظرف زمان
م ر ر.مَرَّ.يَمُرُّ.مَرًّا		غ م ز.تَغَامَزَ.يَتَغَامَزُ.تَغَامُزًا«تَفَاعُلٌ»	معنى الشرط
مَرُّوا۟	بِهِمْ	يَتَغَامَزُونَ ﴿٣٠﴾	وَإِذَا
they passed	by them,	they winked at one another.	And when

wink to one another whenever they passed by,

ماضٍ.فاعل.فعل الشرط.مضاف إليه	جار.مجرور.مضاف إليه		ماضٍ.فاعل.جواب الشرط	حال.جمع مذكر سالم
ق ل ب.اِنْقَلَبَ.يَنْقَلِبُ.اِنْقِلَابًا«اِنْفِعَالٌ»		أ ه ل.أَهَلَ.يَأْهِلُ.أُهُولًا	ق ل ب.اِنْقَلَبَ.يَنْقَلِبُ.اِنْقِلَابًا«اِنْفِعَالٌ»	ف ك ه.فَكِهَ.يَفْكَهُ.فَكَهًا
ٱنقَلَبُوٓا۟	إِلَىٰٓ	أَهْلِهِمُ	ٱنقَلَبُوا۟	فَكِهِينَ ﴿٣١﴾
they returned	to	their people,	they would return	jesting.

and muse over these exploits upon returning to their own people.

عطف.ظرف زمان	ماضٍ.فاعل.مفعول به.مضاف إليه	ماضٍ.فاعل.جواب«إذا»	توكيد ونصب	تنبيه.إشارة.اسم«إن»
معنى الشرط	ر ء ي.رَأَى.يَرَى.رُؤْيَةً	ق و ل.قَالَ.يَقُولُ.قَوْلًا		
وَإِذَا	رَأَوْهُمْ	قَالُوٓا۟	إِنَّ	هَـٰٓؤُلَآءِ
And when	they saw them,	they said,	Indeed,	these

And when they saw the faithful, they would say, "These people

مزحلقة.خبر«إن»	حال.نافية	ماضٍ للمجهول.نائب فاعل	جار.مجرور	حال.جمع مذكر سالم
ض ل ل.ضَلَّ.يَضِلُّ.ضَلَالًا		ر س ل.أَرْسَلَ.يُرْسِلُ.إِرْسَالًا«إِفْعَالٌ»		ح ف ظ.حَفِظَ.يَحْفَظُ.حِفْظًا
لَضَآلُّونَ ﴿٣٢﴾	وَمَآ	أُرْسِلُوا۟	عَلَيْهِمْ	حَـٰفِظِينَ ﴿٣٣﴾
surely have gone astray.	But not	they had been sent	over them	(as) guardians.

are truly astray", even though they were not sent as keepers over the believers.

استئنافية.ظرف زمان	موصول.مبتدأ	ماضٍ.فاعل.صلة الموصول	جار.مجرور	
ي و م		أ م ن.آمَنَ.يُؤْمِنُ.إيمَانًا«إفْعَالٌ»		ك ف ر.كَفَرَ.يَكْفُرُ.كُفْرًا
فَٱلْيَوْمَ	ٱلَّذِينَ	ءَامَنُوا۟	مِنَ	ٱلْكُفَّارِ
So today	those who	believed-	at	the disbelievers

But on that Day the believers will be laughing at the disbelievers,

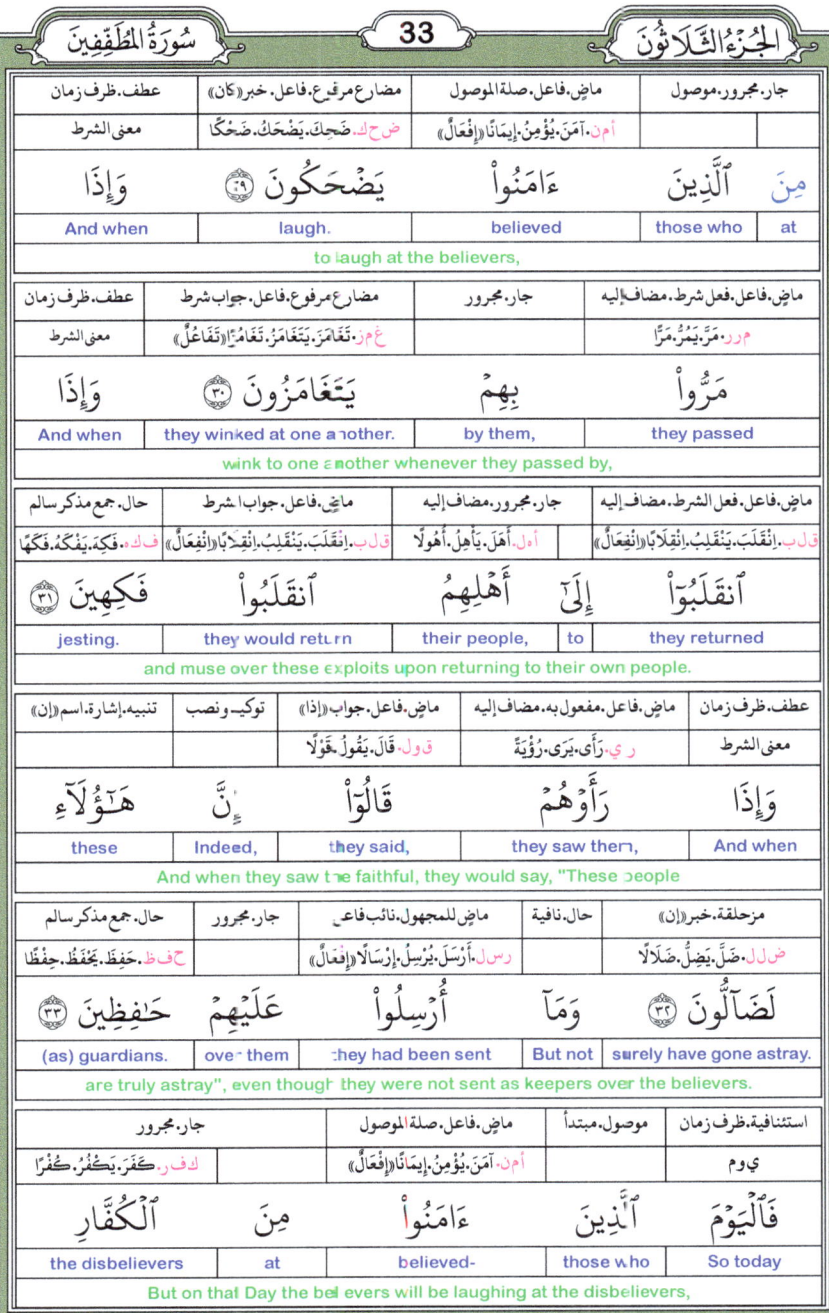

سُورَةُ الانشِقَاقِ | 34 | الجُزْءُ الثَّلَاثُونَ

استفهام	مضارع مرفوع.فاعل	جار.مجرور		مضارع مرفوع.فاعل.خبر
	ن ظ ر.نَظَرَ.يَنْظُرُ.نَظْرًا	أ ر ك.أَرَكَ.يَأْرُكُ.أُرُوكًا		ض ح ك.ضَحِكَ.يَضْحَكُ.ضَحِكًا
هَلْ	يَنظُرُونَ ٣٥	ٱلْأَرَآئِكِ	عَلَى	يَضْحَكُونَ ٣٤
Have (not)	observing.	the thrones	on	they will laugh,
as they sit on canopied couches, looking on. 'The believers will be asked',				

ماض.اسم«كان».مضارع مرفوع.فاعل.خبر«كان».صلة الموصول		موصول	نائب فاعل	ماض للمجهول
ف ع ل.فَعَلَ.يَفْعَلُ.فِعْلًا	ك و ن	مفعول به ثانٍ	ك ف ر.كَفَرَ.يَكْفُرُ.كُفْرًا	ث و ب.ثَوَّبَ.يُثَوِّبُ.تَثْوِيبًا
يَفْعَلُونَ ٣٦	كَانُوا۟	مَا	ٱلْكُفَّارُ	ثُوِّبَ
do?	they used to	(for) what	the disbelievers	been rewarded
"Have the disbelievers 'not' been paid back for what they used to do?"				

سُورَةُ الانشِقَاقِ

نعت ثانٍ	نعت أول	لفظ الجلالة.مضاف إليه	جار.مجرور.مضاف
ر ح م.رَحِمَ.يَرْحَمُ.رَحْمَةً	ر ح م.رَحِمَ.يَرْحَمُ.رَحْمَةً	أ ل ه	س م و.سَمَا.يَسْمُو.سُمُوًّا
ٱلرَّحِيمِ ۝	ٱلرَّحْمَٰنِ	ٱللَّهِ	بِسْمِ
the Most Merciful	the Most Gracious	(of) Allah	In (the) name
In the name of Allah, the Most Gracious, the Most Merciful			

جار.مجرور.مضاف.مضاف إليه	عطف.ماض«هى»	ماض«هى»	فاعل.مضاف إليه	ظرف زمان
ر ب ب.رَبَّ.يَرُبُّ.رَبًّا	أ ذ ن.أَذِنَ.يَأْذَنُ.أَذَنًا	ش ق ق.اِنْشَقَّ.يَنْشَقُّ.اِنْشِقَاقًا«اِنْفِعَالٌ»	س م و	معنى الشرط
لِرَبِّهَا	وَأَذِنَتْ	ٱنشَقَّتْ ١	ٱلسَّمَآءُ	إِذَا
to its Lord	And has listened	is split asunder,	the sky	When
When the sky bursts open, obeying its Lord,				

عطف.ماض«هى»	ماض للمجهول«هى»	نائب فاعل.مضاف إليه	عطف.ظرف زمان	عطف.ماض للمجهول«هى»
ل ق ي.أَلْقَى.يُلْقِي.إِلْقَاءً«إِفْعَالٌ»	م د د.مَدَّ.يَمُدُّ.مَدًّا	أ ر ض	معنى الشرط	ح ق ق.حَقَّ.يَحِقُّ.حَقًّا
وَأَلْقَتْ	مُدَّتْ ٣	ٱلْأَرْضُ	وَإِذَا	وَحُقَّتْ ٢
And has cast out	is spread,	the earth	And when	and was obligated,
as it must, and when the earth is flattened out, and ejects all				

ثلاثة أرباع الحزب ٥٩

سُورَةُ الانشِقَاقِ 35 الجُزْءُ الثَّلَاثُونَ

جار.مجرور.مضاف.مضاف إليه	عطف ماضٍ «هى»	عطف.ماضٍ «هى».صلة الموصول	جار.مجرور	موصول.مفعول به
ر ب ب. رَبَّ.يَرُبُّ.رَبًّا	أ ذ ن.أَذِنَ.يَأْذَنُ.أَذَنًا	خ ل و.تَخَلَّى.يَتَخَلَّى.تَخَلِّيًا «تَفَعُّلٌ»	«صلة الموصول»	
لِرَبِّهَا	وَأَذِنَتْ	وَتَخَلَّتْ ﴿٤﴾	فِيهَا	مَا
to its Lord	And has listened	and become empty,	(is) in it	what

its contents and becomes empty, obeying its Lord as it must, 'surely you will all be judged.'

خبر «إن». جملة جواب النداء	توكيد ونصب.اسم «إن»	نعت	نداء.منادى.تنبيه	عطف.ماضٍ للمجهول «هى»
ك د ح. كَدَحَ.يَكْدَحُ.كَدْحًا		أ ن س.أَنَسَ.يَأْنِسُ.أَنْسًا		ح ق ق.حَقَّ.يَحِقُّ.حَقًّا
كَادِحٌ	إِنَّكَ	ٱلْإِنسَٰنُ	يَٰٓأَيُّهَا	وَحُقَّتْ ﴿٥﴾
(are) laboring	Indeed, you	mankind!	O	and was obligated.

O humanity! Indeed, you are labouring restlessly

مبتدأ.موصول	استئنافية.تفريعية	عطف.مضاف.مضاف إليه	مفعول مطلق	جار.مجرور.مضاف.مضاف إليه	
	تفصيل وشرط	ل ق ي.لَاقَى.يُلَاقِي.مُلَاقَاةً «مُفَاعَلَةٌ»	ك د ح	ر ب ب.رَبَّ.يَرُبُّ.رَبًّا	
مَنْ	فَأَمَّا	فَمُلَٰقِيهِ ﴿٦﴾	كَدْحًا	رَبِّكَ	إِلَىٰ
(him) who	Then as for	and you (will) meet Him.	(with) exertion	your Lord	to

towards your Lord, and will eventually meet the consequences. As for those

واقعة فى جواب الشرط.استقبال	جار.مجرور.مضاف.مضاف إليه	مفعول به.مضاف.مضاف إليه	ماضٍ للمجهول «هو».صلة الموصول
	ي م ن.يَمِنَ.يَيْمَنُ.يَمْنًا	ك ت ب. كَتَبَ.يَكْتُبُ. كِتَابًا	أ ت ي.آتَى.يُؤْتِي.إِيتَاءً «إِفْعَالٌ»
فَسَوْفَ	بِيَمِينِهِۦ ﴿٧﴾	كِتَٰبَهُۥ	أُوتِيَ
Then soon	in his right (hand),	his record	is given

who are given their record in their right hand,

جر	عطف.مضارع مرفوع «هو»	نعت	مفعول مطلق	مضارع مرفوع للمجهول «هو».خبر.جواب الشرط
	ق ل ب.اِنْقَلَبَ.يَنْقَلِبُ.اِنْقِلَابًا «اِنْفِعَالٌ»	ي س ر	ح س ب	ح س ب.حَاسَبَ.يُحَاسِبُ.مُحَاسَبَةً «مُفَاعَلَةٌ»
إِلَىٰٓ	وَيَنقَلِبُ	يَسِيرًا ﴿٨﴾	حِسَابًا	يُحَاسَبُ
to	And he will return	easy,	an account,	his account will be taken

they will have an easy reckoning, and will return

مفعول به.مضاف.مضاف إليه	ماضٍ للمجهول «هو».صلة الموصول	مبتدأ.موصول	عطف	مجرور.مضاف.مضاف إليه.حال	
ك ت ب. كَتَبَ.يَكْتُبُ. كِتَابًا	أ ت ي.آتَى.يُؤْتِي.إِيتَاءً «إِفْعَالٌ»		تفصيل وشرط	س ر ر.سَرَّ.يَسُرُّ.سُرُورًا	أ ه ل
كِتَٰبَهُۥ	أُوتِيَ	مَنْ	وَأَمَّا	مَسْرُورًا ﴿٩﴾	أَهْلِهِۦ
his record	is given	(him) who	But as for	happily.	his people

to their people joyfully. And as for those who are given their record

سُورَةُ الانشِقَاقِ 36 الجُزْءُ الثَّلَاثُونَ

مفعول به	مضارع مرفوع«هو». خبر. جواب الشرط	وج ش. استقبال	مضاف إليه. مضاف. مضاف إليه	ظرف مكان
ث ب ر. ثَبَرَ. يَثْبُرُ. ثُبُورًا	د ع و. دَعَا. يَدْعُو. دُعَاءً		ظ ه ر. ظَهَرَ. يَظْهَرُ. ظُهُورًا	وري
ثُبُورًا ﴿١١﴾	يَدْعُواْ	فَسَوْفَ	ظَهْرِهِۦ ﴿١٠﴾	وَرَآءَ
(for) destruction,	he will call	Then soon	his back,	behind

in their left hand from behind their backs, they will cry for instant destruction,

جار. مجرور«حال». مضاف. مضاف إليه		ماضٍ ناقص«هو»	توكيد ونصب	مفعول به	عطف. مضارع مرفوع«هو»
أ ه ل		ك و ن. كَانَ. يَكُونُ. كَوْنًا	اسم«إن»	س ع ر. سَعَرَ. يَسْعَرُ. سَعْرًا	ص ل ي. صَلِيَ. يَصْلَى. صِلِيًّا
أَهْلِهِۦ	فِى	كَانَ	إِنَّهُۥ	سَعِيرًا ﴿١٢﴾	وَيَصْلَىٰ
his people	among	had been	Indeed, he	(in) a Blaze.	And he will burn

and will burn in the Blazing Fire. For they used to be prideful among their people,

نفى ونصب واستقبال	مخففة من الثقيلة	ماضٍ«هو». خبر«إن»	توكيد ونصب. اسم«إن»	خبر«كان»
		ظ ن ن. ظَنَّ. يَظُنُّ. ظَنًّا		س ر ر. سَرَّ. يَسُرُّ. سُرُورًا
لَّن	أَن	ظَنَّ	إِنَّهُۥ	مَسْرُورًا ﴿١٣﴾
never	that	(had) thought	Indeed, he	happy,

thinking they would never return to Allah.

خبر«كان»	جار	اسم«إن». مضاف. مضاف إليه. ماضٍ ناقص«هو»		توكيد	ايجاب	مضارع منصوب«هو». خبر«أن»
ب ص ر. بَصُرَ. يَبْصُرُ. بَصَارَةً	مجرور	ك و ن. كَانَ. يَكُونُ. كَوْنًا	ر ب ب. رَبَّ. يَرُبُّ. رَبًّا	ونصب		ح و ر. حَارَ. يَحُورُ. حَوْرًا
بَصِيرًا ﴿١٥﴾	بِهِۦ	كَانَ	رَبَّهُۥ	إِنَّ	بَلَىٰٓ ج	يَحُورَ ﴿١٤﴾
All-Seer.	of him	was	his Lord	indeed,	Yes!	he would return.

Yes they would! Surely their Lord has always been All-Seeing of them.

عطف. موصول	عطف. معطوف على«الشفق»	جار. مجرور	مضارع مرفوع«أنا»	استئنافية. زائدة
	ل ي ل	ش ف ق. شَفِقَ. يَشْفَقَ. شَفَقًا	ق س م. أَقْسَمَ. يُقْسِمُ. إِقْسَامًا«إفْعَالٌ»	
وَمَا	وَٱلَّيْلِ	بِٱلشَّفَقِ ﴿١٦﴾	أُقْسِمُ	فَلَآ
and what	And the night	by the twilight glow,	I swear	But nay!

So, I do swear by the twilight! And by the night and whatever

ماضٍ«هو». مضاف إليه	ظرف زمان	عطف. معطوف على«الليل»	ماضٍ«هو». صلة الموصول
ت س ق. اِتَّسَقَ. يَتَّسِقُ. اِتِّسَاقًا«افْتِعَالٌ»		ق م ر	و س ق. وَسَقَ. يَسِقُ. وَسْقًا
ٱتَّسَقَ ﴿١٨﴾	إِذَا	وَٱلْقَمَرِ	وَسَقَ ﴿١٧﴾
it becomes full,	when	And the moon	it envelopes,

it envelops! And by the moon when it waxes full!

وج ق.مضارع مرفوع.«فاعل».توكيد	مفعول به	جار.مجرور«نعت»		استئنافية	جار.مجرور«خبر»	نافية
ركب.رَكِبَ.يَرْكَبُ.رُكُوبًا	طبق	طبق.طَبَقَ.يَطْبَقُ.طَبَقًا		استفهام.مبتدأ		
لَتَرْكَبُنَّ	طَبَقًا	عَن	طَبَقٍ ﴿١٩﴾	فَمَا	لَهُمْ	لَا
you will surely embark	(to) stage	from	stage.	So what	(is) for them	not

You will certainly pass from one state to another. So what is the matter with them

مضارع مرفوع.فاعل	عطف.ظرف زمان	ماضٍ للمجهول	جر.مجرور	نائب فاعل.جملة مضاف إليه	نافية
أمن.آمَنَ.يُؤْمِنُ.إِيمَانًا	معنى الشرط	قرأ.قَرَأَ.يَقْرَأُ.قِرَاءَةً		قرأ.قَرَأَ.يَقْرَأُ.قُرْآنًا	
يُؤْمِنُونَ ﴿٢٠﴾	وَإِذَا	قُرِئَ	عَلَيْهِمُ	الْقُرْآنُ	لَا
they believe,	And when	is recited	to them	the Quran,	not

that they do not believe, and when the Quran is recited to them,

مضارع مرفوع.فاعل.جواب «إذا»	إضراب	موصول.مبتدأ	ماضٍ.فاعل.صلة الموصول
سجد.سَجَدَ.يَسْجُدُ.سُجُودًا			كفر.كَفَرَ.يَكْفُرُ.كُفْرًا
يَسْجُدُونَ ۩ ﴿٢١﴾	بَلِ	الَّذِينَ	كَفَرُوا
they prostrate?	Nay!	Those who	disbelieved

they do not bow down in submission? In fact, the disbelievers persist

سَجْدَة

مضارع مرفوع.فاعل	حالية.لفظ الجلالة.مبتدأ	خبر	جار.مجرور.موصول
كذب.كَذَّبَ.يُكَذِّبُ.تَكْذِيبًا«تفعيل»	أله	علم.عَلِمَ.يَعْلَمُ.عِلْمًا	
يُكَذِّبُونَ ﴿٢٢﴾	وَاللَّهُ	أَعْلَمُ	بِمَا
deny,	And Allah	(is) most knowing	of what

in denial. But Allah knows best whatever

مضارع مرفوع.فاعل.صلة الموصول	استئنافية.أمر«أنت».مفعول به	جار.مجرور	نعت	استثناء
وعي.أَوْعَى.يُوعِي.إِيعَاءً«إفعال»	بشر.بَشَّرَ.يُبَشِّرُ.تَبْشِيرًا	عذب.عَذَبَ.يَعْذِبُ.عَذْبًا	ألم.أَلِمَ.يَأْلَمُ.أَلَمًا	
يُوعُونَ ﴿٢٣﴾	فَبَشِّرْهُم	بِعَذَابٍ	أَلِيمٍ ﴿٢٤﴾	إِلَّا
they keep within themselves	so give them tiding	of a punishment	painful,	Except

they hide So give them good news of a painful punishment. But

اسم موصول	ماضٍ.فاعل.صلة الموصول	عطف.ماضٍ.فاعل	مفعول به	جار.مجرور	مبتدأ مؤخر
	أمن.آمَنَ.يُؤْمِنُ.إِيمَانًا«إفعال»	عمل.عَمِلَ.يَعْمَلُ.عَمَلًا	صلح.صَلَحَ.يَصْلُحُ.صَلَاحًا	«خبر مقدم»	أجر.أَجَرَ.يَأْجُرُ.أَجْرًا
الَّذِينَ	آمَنُوا	وَعَمِلُوا	الصَّالِحَاتِ	لَهُمْ	أَجْرٌ
those who	believe	and do	righteous deeds.	For them	(is) a reward

those who believe and do good will have

مضاف إليه	نعت.مضاف
م ن ن.مَنَّ.يَمُنُّ.مَنًّا	غ ي ر.غَارَ.يَغِيرُ.غَيْرًا
مَمْنُونٍ ٢٥	غَيْرُ
ending.	never
a never-ending reward.	

سُورَةُ الْبُرُوجِ

نعت ثانٍ	نعت أول	لفظ الجلالة.مضاف إليه	جار.مجرور.مضاف
ر ح م.رَحِمَ.يَرْحَمُ.رَحْمَةً	ر ح م.رَحِمَ.يَرْحَمُ.رَحْمَةً	أ ل ه	س م و.سَمَا.يَسْمُو.سُمُوًّا
ٱلرَّحِيمِ ○	ٱلرَّحْمَٰنِ	ٱللَّهِ	بِسْمِ
the Most Merciful	the Most Gracious	(of) Allah	In (the) name
In the name of Allah, the Most Gracious, the Most Merciful			

نعت	عطف.معطوف على «السماء»	مضاف إليه	نعت.مضاف	قسم.جار.مجرور
و ع د.وَعَدَ.يَعِدُ.وَعْدًا	ي و م	ب ر ج.بَرِجَ.يَبْرَجُ.بَرَجًا		س م و.سَمَا.يَسْمُو.سُمُوًّا
ٱلْمَوْعُودِ ٢	وَٱلْيَوْمِ	ٱلْبُرُوجِ ١	ذَاتِ	وَٱلسَّمَآءِ
Promised,	And the day	the constellations,	containing	By the sky,
By the sky full of constellations, and the promised Day of Judgment,				

نائب فاعل.مضاف	ماضٍ للمجهول	عطف.معطوف على «السماء»	عطف.معطوف على «السماء»
ص ح ب.صَحِبَ.يَصْحَبُ.صُحْبَةً	ق ت ل.قَتَلَ.يَقْتُلُ.قَتْلًا	ش ه د.شَهِدَ.يَشْهَدُ.شُهُودًا	ش ه د.شَهِدَ.يَشْهَدُ.شُهُودًا
أَصْحَٰبُ	قُتِلَ	وَمَشْهُودٍ ٣	وَشَاهِدٍ
(the) companions	Destroyed were	and what is witnessed,	And (the) witness
and the witness and what is witnessed! Condemned are the makers			

جار.مجرور	مبتدأ	ظرف زمان	مضاف إليه	نعت.مضاف	بدل اشتمال	مضاف إليه
			و ق د.وَقَدَ.يَقِدُ.وَقْدًا		ن و ر.نَارَ.يَنُورُ.نَوْرًا	خ د د.خَدَّ.يَخُدُّ.خَدًّا
عَلَيْهَا	هُمْ	إِذْ	ٱلْوَقُودِ ٥	ذَاتِ	ٱلنَّارِ	ٱلْأُخْدُودِ ٤
by it	they	When	(of) the fuel,	full	(Of) the fire	(of) the pit,
of the ditch—the fire "pit," filled with fuel— when they sat around it,						

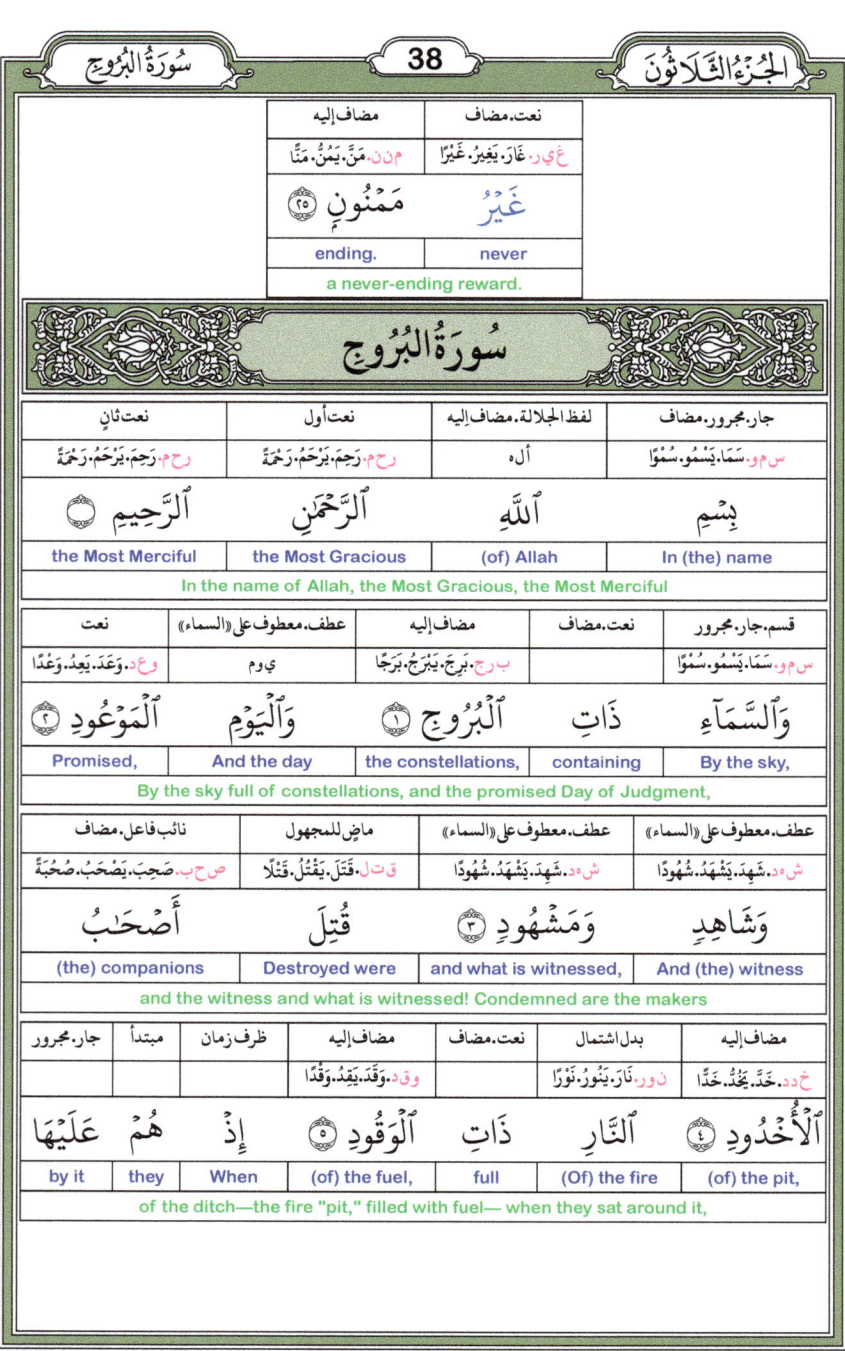

خبر	عطف.مبتدأ	جار.مجرور.موصول		مضارع مرفوع.فاعل.صلة الموصول	جار.مجرور
ق ع د.قَعَدَ.يَقْعُدُ.قُعُودًا				ف ع ل.فَعَلَ.يَفْعَلُ.فِعْلًا	أ م ن.آمَنَ.يُؤْمِنُ.إِيمَانًا«إِفْعَالٌ»
قُعُودٌ ٦	وَهُمْ	عَلَىٰ	مَا	يَفْعَلُونَ	بِٱلْمُؤْمِنِينَ
(were) sitting,	And they	over	what	they were doing	to the believers

watching what they had ordered to be done to the believers,

خبر	عطف.نافية	ماضٍ.فاعل	جار.مجرور	حصر	مصدرى ونصب	مضارع منصوب.فاعل
ش ه د		ن ق م.نَقَمَ.يَنْقِمُ.نَقْمًا				أ م ن.آمَنَ.يُؤْمِنُ.إِيمَانًا«إِفْعَالٌ»
شُهُودٌ ٧	وَمَا	نَقَمُوا۟	مِنْهُمْ	إِلَّآ	أَن	يُؤْمِنُوا۟
witnesses.	And not	they resented	[of] them	except	that	they believed

who they resented for no reason other than belief in Allah—

جار.مجرور.لفظ الجلالة	نعت أول	نعت ثانٍ	موصول.نعت ثالث	جار.مجرور«خبر مقدم»
أ ل ه	ع ز ز.عَزَّ.يَعِزُّ.عِزًّا	ح م د.حَمِدَ.يَحْمَدُ.حَمْدًا		
بِٱللَّهِ	ٱلْعَزِيزِ	ٱلْحَمِيدِ ٨	ٱلَّذِى	لَهُۥ
in Allah	the All-Mighty,	the Praiseworthy,	The One Who	for Him

the Almighty, the Praiseworthy—the One to Whom belongs

مبتدأ مؤخر.مضاف	مضاف إليه.جملة صلة الموصول	عطف.معطوف على«السموات»	استئنافية.لفظ الجلالة.مبتدأ	جر
م ل ك.مَلَكَ.يَمْلِكُ.مُلْكًا	س م و.سَمَا.يَسْمُو.سُمُوًّا	أ ر ض	أ ل ه	
مُلْكُ	ٱلسَّمَٰوَٰتِ	وَٱلْأَرْضِ ج	وَٱللَّهُ	عَلَىٰ
(is) the dominion	(of) the heavens	and the earth;	and Allah	on

the kingdom of the heavens and earth. And Allah is a

مجرور.مضاف	مضاف إليه	خبر	توكيد ونصب	موصول.مبتدأ.اسم«إن»	ماضٍ.فاعل.صلة الموصول
	ش ي أ	ش ه د.شَهِدَ.يَشْهَدُ.شَهَادَةً			ف ت ن.فَتَنَ.يَفْتِنُ.فَتْنًا
كُلِّ	شَىْءٍ	شَهِيدٌ ٩	إِنَّ	ٱلَّذِينَ	فَتَنُوا۟
every	thing	(is) a Witness.	Indeed,	those who	persecuted

Witness over all things. Those who persecute

مفعول به.جمع مذكر سالم	عطف.معطوف على«المؤمنين»	عطف	نفي وجزم وقلب	مضارع مجزوم.فاعل
أ م ن.آمَنَ.يُؤْمِنُ.إِيمَانًا«إِفْعَالٌ»	أ م ن.آمَنَ.يُؤْمِنُ.إِيمَانًا«إِفْعَالٌ»			ت و ب.تَابَ.يَتُوبُ.تَوْبَةً
ٱلْمُؤْمِنِينَ	وَٱلْمُؤْمِنَٰتِ	ثُمَّ	لَمْ	يَتُوبُوا۟
the believing men	and the believing women,	then	not	they repented,

the believing men and women and then do not repent

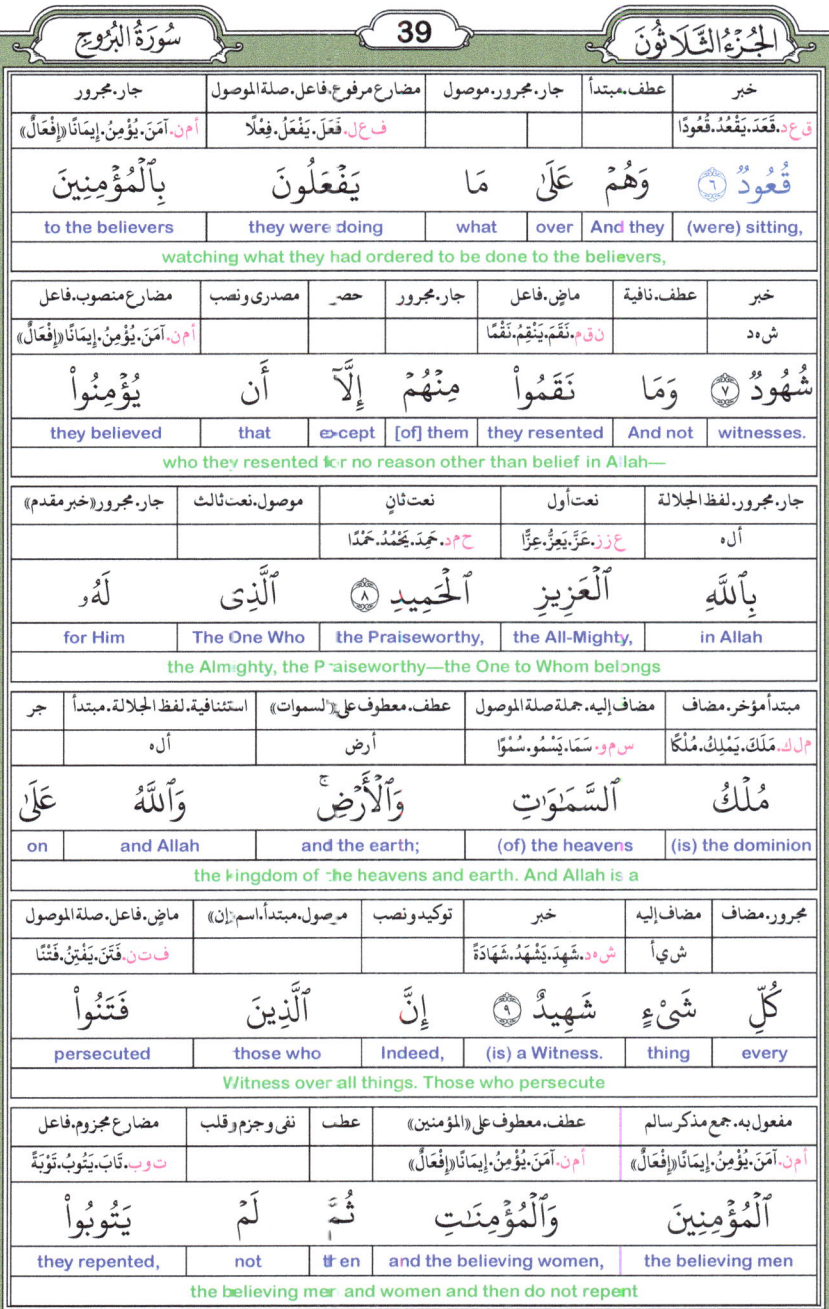

واقعة فى خبر«إن».جار مجرور«خبر مقدم»	مبتدأ مؤخر.مضاف	مضاف إليه	عطف.جار.مجرور«خبر مقدم»	مبتدأ مؤخر.مضاف
	ع ذ ب.عَذَبَ.يَعْذِبُ.عَذْبًا			ع ذ ب.عَذَبَ.يَعْذِبُ.عَذْبًا
فَلَهُمْ	عَذَابُ	جَهَنَّمَ	وَلَهُمْ	عَذَابُ
then for them	(is the) punishment	(of) Hell	and for them	(is the) punishment

will certainly suffer the punishment of Hell and the torment

مضاف إليه	توكيد ونصب	اسم«إن».موصول	ماضٍ.فاعل.صلة الموصول	عطف.ماضٍ.فاعل
ح ر ق.حَرَقَ.يَحْرُقُ.حَرْقًا			أ م ن.آمَنَ.يُؤْمِنُ.إِيمَانًا«إِفْعَالٌ»	ع م ل.عَمِلَ.يَعْمَلُ.عَمَلًا
ٱلْحَرِيقِ (١٠)	إِنَّ	ٱلَّذِينَ	ءَامَنُوا۟	وَعَمِلُوا۟
(of) the Burning Fire.	Indeed,	those who	believe	and do

of burning. Surely those who believe and do

مفعول به.جمع مؤنث سالم	جار.مجرور	مبتدأ مؤخر	مضارع مرفوع	جار.مجرور.مضاف.مضاف إليه	
ص ل ح.صَلَحَ.يَصْلَحُ.صَلَاحًا	«خبر مقدم»	ج ن ن	ج ر ي.جَرَى.يَجْرِي.جَرْيًا		ت ح ت
ٱلصَّٰلِحَٰتِ	لَهُمْ	جَنَّٰتٌ	تَجْرِى	مِن	تَحْتِهَا
the righteous deeds	for them	(will be) Gardens	flow	from	underneath it

good will have Gardens under which

فاعل	إشارة	خبر	نعت	توكيد ونصب	اسم«إن».مضاف
ن ه ر.نَهَرَ.يَنْهَرُ.نَهْرًا	مبتدأ	ف و ز.فَازَ.يَفُوزُ.فَوْزًا	ك ب ر.كَبِرَ.يَكْبَرُ.كِبَرًا		ب ط ش.بَطَشَ.يَبْطِشُ.بَطْشًا
ٱلْأَنْهَٰرُ ج	ذَٰلِكَ	ٱلْفَوْزُ	ٱلْكَبِيرُ (١١)	إِنَّ	بَطْشَ
the rivers.	That	(is) the success	the great.	Indeed,	(the) Grip

rivers flow. That is the greatest triumph. Indeed, the crushing

مضاف إليه.مضاف إليه	مزحلقة.خبر«إن»	توكيد ونصب	مبتدأ	مضارع مرفوع«هو».خبر	عطف.مضارع مرفوع«هو»
ر ب ب.رَبَّ.يَرُبُّ.رَبًّا	ش د د.شَدَّ.يَشُدُّ.شَدًّا	اسم«إن»		ب د أ.أَبْدَأَ.يُبْدِئُ.إِبْدَاءً«إِفْعَالٌ»	ع و د.أَعَادَ.يُعِيدُ.إِعَادَةً«إِفْعَالٌ»
رَبِّكَ	لَشَدِيدٌ (١٢)	إِنَّهُۥ	هُوَ	يُبْدِئُ	وَيُعِيدُ (١٣)
(of) your Lord	(is) surely strong.	Indeed He,	He	originates	and repeats,

grip of your Lord is severe. For He is certainly the One Who originates and resurrects all.

عطف.مبتدأ	خبر أول	خبر ثانٍ	خبر ثالث	مضاف إليه	خبر رابع
	غ ف ر.غَفَرَ.يَغْفِرُ.غُفْرَانًا	و د د.وَدَّ.يَوَدُّ.وُدًّا	مضاف	ع ر ش	م ج د.مَجُدَ.يَمْجُدُ.مَجَادَةً
وَهُوَ	ٱلْغَفُورُ	ٱلْوَدُودُ (١٤)	ذُو	ٱلْعَرْشِ	ٱلْمَجِيدُ (١٥)
And He	(is) the Oft-Forgiving	the Most Loving	Owner (of)	the Throne	the Glorious,

And He is the All-Forgiving, All-Loving— Lord of the Throne, the All-Glorious,

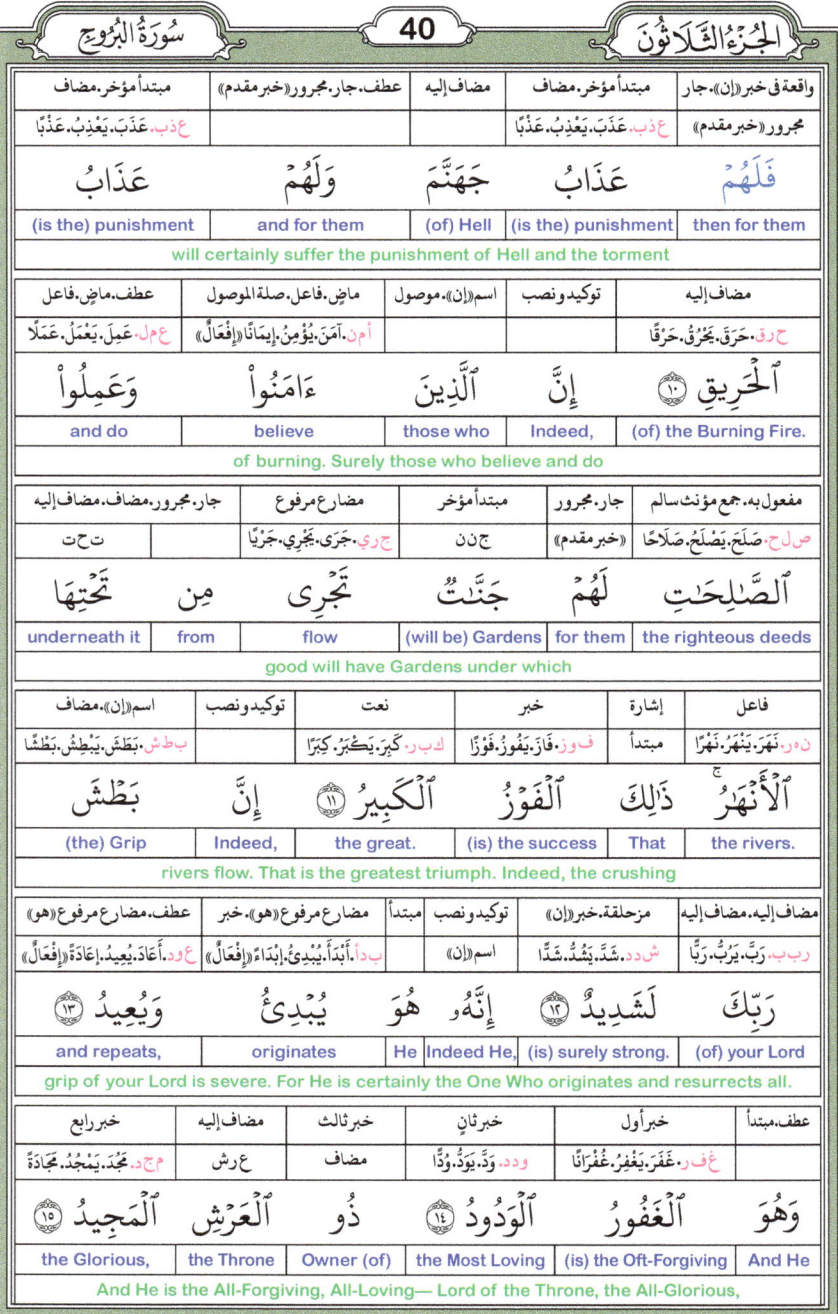

خبر خامس	جار.مجرور	مضارع مرفوع«هو».صلة الموصول	استفهام	ماضٍ.مفعول به	فاعل.مضاف
ف ع ل.فَعَلَ.يَفْعَلُ.فِعْلًا	موصول	رود.أَرَادَ.يُرِيدُ.إِرَادَةً«إِفْعَالٌ»		أ ت ي أَتَى.يَأْتِي.إِتْيَانًا	ح د ث
فَعَّالٌ	لِّمَا	يُرِيدُ ﴿١٦﴾	هَلْ	أَتَىٰكَ	حَدِيثُ
Doer	of what	He intends.	Has	come to you	(the) story

Doer of whatever He wills. Has the story of the destroyed forces reached you (O Prophet) —

مضاف إليه	بدل	عطف.معطوف على«فرعون»	إضراب	موصول.مبتدأ	ماضٍ.فاعل.صلة الموصول
ج ن د					ك ف ر.كَفَرَ.يَكْفُرُ.كُفْرًا
ٱلْجُنُودِ ﴿١٧﴾	فِرْعَوْنَ	وَثَمُودَ ﴿١٨﴾	بَلِ	ٱلَّذِينَ	كَفَرُوا۟
(of) the hosts,	Firaun	and Thamud?	Nay!	Those who	disbelieve

the forces of Pharaoh and Thamûd? Yet the disbelievers

جار.مجرور«خبر»		عطف.لفظ الجلالة.مبتدأ	جار.مجرور.مضاف.مضاف إليه		خبر
	ك ذ ب. كَذَّبَ.يُكَذِّبُ.تَكْذِيبًا	أ ل ه		و ر ي.وَرَى.يَرِي.وَرْيًا	ح و ط.أَحَاطَ.يُحِيطُ.إِحَاطَةً
فِي	تَكْذِيبٍ ﴿١٩﴾	وَٱللَّهُ	مِن	وَرَآئِهِم	مُّحِيطٌۢ ﴿٢٠﴾
(are) in	denial.	But Allah	from	behind them,	encompasses.

still persist in denial. But Allah encompasses them from all sides.

إضراب	مبتدأ	خبر	نعت أول	جار.مجرور«نعت»ثانٍ		نعت
		ق ر أ. قَرَأَ.يَقْرَأُ.قُرْآنًا	م ج د. مَجُدَ.يَمْجُدُ.مَجَادَةً		ل و ح. لَاحَ.يَلُوحُ.لَوْحًا	ح ف ظ. حَفِظَ.يَحْفَظُ.حِفْظًا
بَلْ	هُوَ	قُرْءَانٌ	مَّجِيدٌ ﴿٢١﴾	فِي	لَوْحٍ	مَّحْفُوظٍۭ ﴿٢٢﴾
Nay!	It	(is) a Quran	Glorious,	In	a Tablet,	Guarded.

In fact, this is a glorious Quran, recorded in a Preserved Tablet.

سُورَةُ الطَّارِقِ

جار.مجرور.مضاف	لفظ الجلالة.مضاف إليه	نعت أول	نعت ثانٍ
س م و.سَمَا.يَسْمُو.سُمُوًّا	أ ل ه	ر ح م.رَحِمَ.يَرْحَمُ.رَحْمَةً	ر ح م.رَحِمَ.يَرْحَمُ.رَحْمَةً
بِسْمِ	ٱللَّهِ	ٱلرَّحْمَٰنِ	ٱلرَّحِيمِ ﴿﴾
In (the) name	(of) Allah	the Most Gracious	the Most Merciful

In the name of Allah, the Most Gracious, the Most Merciful

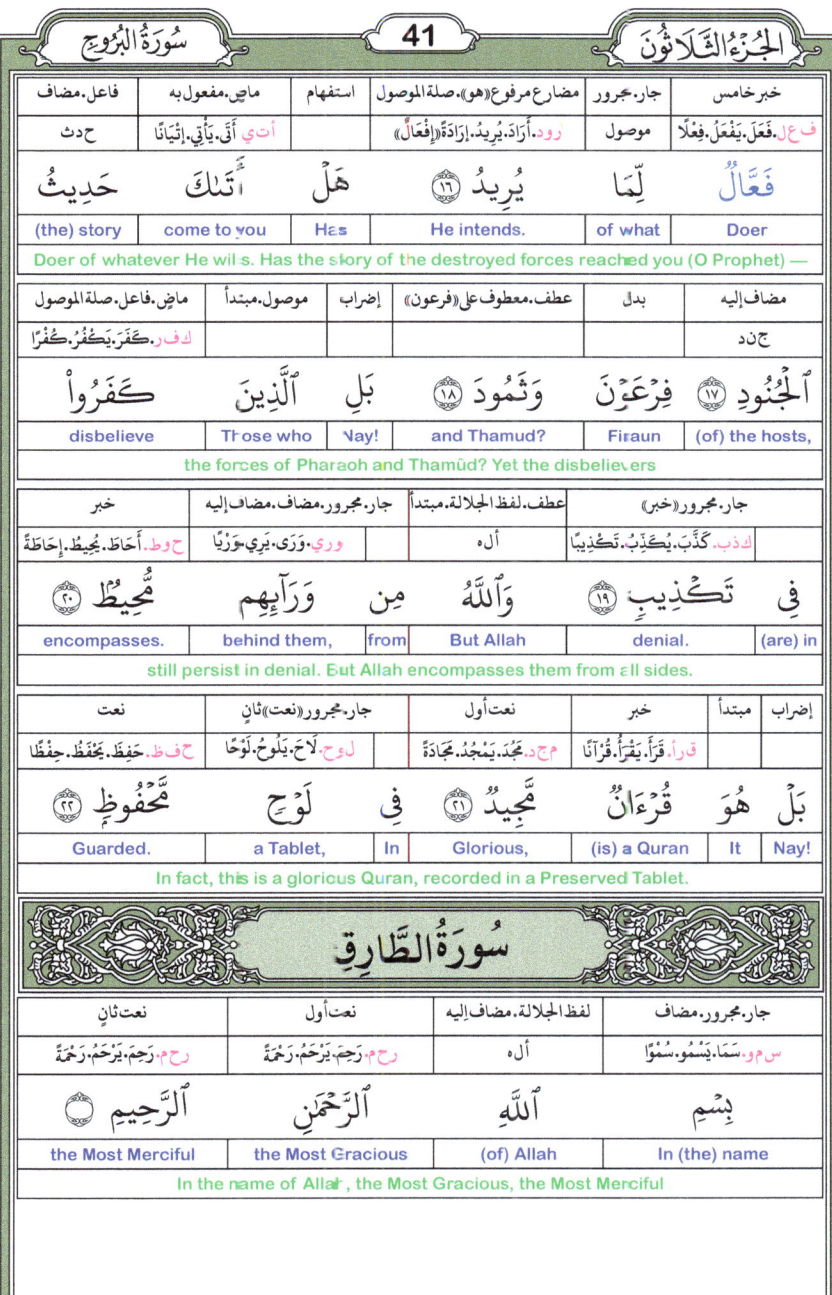

استفهام.مبتدأ	ماضٍ«هو».مفعول به.خبر	اعتراضية.استفهام	عطف.معطوف على «السماء»	جر وقسم.مجرور
	دري.أَدْرَى.يُدْرِي.إِدْرَاءً «إِفْعَالٌ»	مبتدأ	طرق.طَرَقَ.يَطْرُقُ.طُرُوقًا	سمو.سَمَا.يَسْمُو.سُمُوًّا
مَا	أَدْرَىٰكَ	وَمَآ	وَٱلطَّارِقِ ١	وَٱلسَّمَآءِ
what	can make you know	And what	and the night comer,	By the sky

By the heaven and the nightly star! And what will make you realize what

مضاف إليه	مبتدأ.مضاف	نافية	نعت	بدل	خبر
نفس.نَفَسَ.يَنْفُسُ.نَفْسًا	كلل		ثقب.ثَقَبَ.يَثْقُبُ.ثَقْبًا	نجم.نَجَمَ.يَنْجُمُ.نَجْمًا	طرق.طَرَقَ.يَطْرُقُ.طُرُوقًا
نَفْسٍ	كُلُّ	إِن	ٱلثَّاقِبُ ٣	ٱلنَّجْمُ	ٱلطَّارِقُ ٢
soul	(is) every	Not	the piercing!	(It is) the star,	the night comer (is)?

the nightly star is? It is the star of piercing brightness. There is no soul without a vigilant

جار.مجرور	فاعل	استئنافية.لام أمر.مضارع مجزوم	مبتدأ مؤخر	جار.مجرور	حصر
استفهام	أنس.أَنَسَ.يَأْنِسُ.أَنْسًا	نظر.نَظَرَ.يَنْظُرُ.نَظَرًا	حفظ.حَفِظَ.يَحْفَظُ.حِفْظًا	«خبر مقدم»	
مِمَّ	ٱلْإِنسَـٰنُ	فَلْيَنظُرِ	حَافِظٌ ٤	عَلَيْهَا	لَّمَّا
from what	man	So let see	(is) a protector.	over it	but

angel recording everything. Let people then consider what they

جار-	مضارع مرفوع«هو»	نعت	جار.مجرور		ماضٍ للمجهول«هو»	ماضٍ للمجهول«هو»
	خرج.خَرَجَ.يَخْرُجُ.خُرُوجًا	دفق	موه		خلق	خلق.خَلَقَ.يَخْلُقُ.خَلْقًا
مِنۢ	يَخْرُجُ	دَافِقٍ ٦	مَّآءٍ	مِن	خُلِقَ	خُلِقَ ٥
from	Coming forth	ejected,	a water,	from	He is created	he is created.

were created from! They were created from a spurting fluid, stemming from

جار.مجرور.مضاف.مضاف إليه		توكيد ونصب	عطف معطوف على «الصلب»	مضاف إليه	ـ مجرور«حال».مضاف
رجع.رَجَعَ.يَرْجِعُ.رُجُوعًا		اسم«إن»	ترب.تَرِبَ.يَتْرَبُ.تَرَبًا	صلب.صَلَبَ.يَصْلُبُ.صَلْبًا	بين.بَانَ.يَبِينُ.بَيْنًا
رَجْعِهِۦ	عَلَىٰ	إِنَّهُۥ	وَٱلتَّرَآئِبِ ٧	ٱلصُّلْبِ	بَيْنِ
return him	to	Indeed, He	and the ribs.	the backbone	between

between the backbone and the ribcage. Surely He is fully capable of bringing them

جر زائد	جار.مجرور«خبر»	استئنافية.نافية	نائب فاعل	مضارع مرفوع للمجهول	ظرف زمان	مزحلقة.خبر«إن»
			سرر.سَرَّ.يَسُرُّ.سُرُورًا	بلو.بَلَا.يَبْلُو.بَلَاءً	يوم	قدر.قَدَرَ.يَقْدِرُ.قَدْرًا
مِن	لَهُۥ	فَمَا	ٱلسَّرَآئِرُ ٩	تُبْلَى	يَوْمَ	لَقَادِرٌ ٨
any	(is) for him	Then not	the secrets,	will be tested	(The) Day	(is) Able.

back to life on the Day all secrets will be disclosed. Then one will have neither

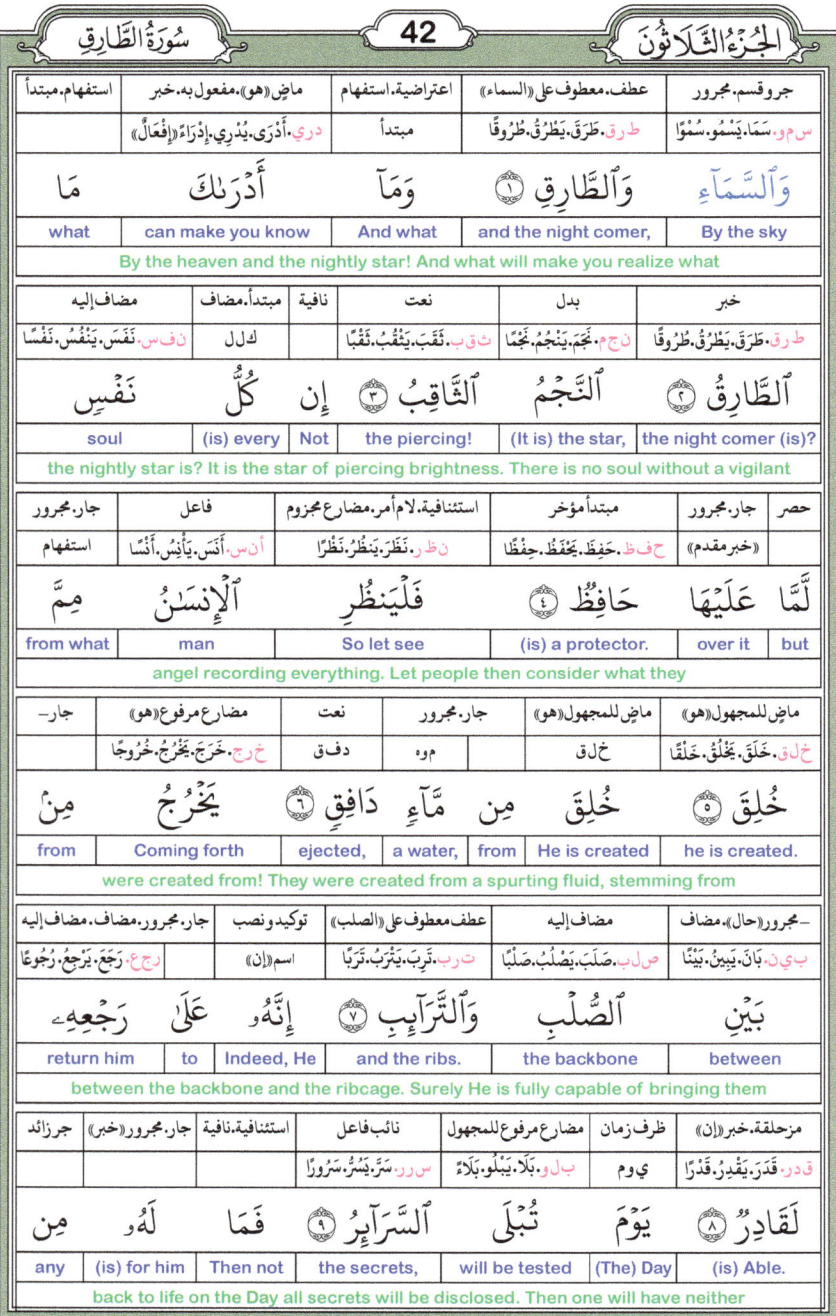

مبتدأ	عطف نافية	معطوف على «قوة»	قسم.جار.مجرور	نعت.مضاف	مضاف إليه
ق و ي.قَوِيَ.يَقْوَى.قُوَّةً		ن ص ر.نَصَرَ.يَنْصُرُ.نَصْرًا	س م و		ر ج ع.رَجَعَ.يَرْجِعُ.رُجُوعًا
قُوَّةٍ	وَلَا	نَاصِرٍ ﴿١٠﴾	وَالسَّمَاءِ	ذَاتِ	الرَّجْعِ ﴿١١﴾
power	and not	any helper.	By the sky	which	returns,
power nor any helper. By the sky with its recurring cycles,					

عطف.معطوف على «السماء»	نعت.مضاف	مضاف إليه	توكيد ونصب.اسم «ن»	مزحلقة.خبر «إن»
أ ر ض		ص د ع.صَدَعَ.يَصْدَعُ.صَدْعًا		ق و ل.قَالَ.يَقُولُ.قَوْلًا
وَالْأَرْضِ	ذَاتِ	الصَّدْعِ ﴿١٢﴾	إِنَّهُ	لَقَوْلٌ
And the earth	which	cracks open,	Indeed, it	(is) surely a Word
and the earth with its sprouting plants! Surely this Quran is a				

نعت	عطف.حجازيه	اسم «ما»	حرزائد.خبر «ما»	توكيد ونصب.اسم «إن»
ف ص ل.فَصَلَ.يَفْصِلُ.فَصْلًا			ه ز ل.هَزَلَ.يَهْزِلُ.هَزْلًا	
فَصْلٌ ﴿١٣﴾	وَمَا	هُوَ	بِالْهَزْلِ ﴿١٤﴾	إِنَّهُمْ
decisive,	And not	it	(is) for amusement.	Indeed, they
decisive word, and is not to be taken lightly. They are certainly				

مضارع مرفوع.فاعل	مفعول مطلق	عطف.مضارع مرفوع «أنا»	مفعول مطلق	استئنافية.أمر «أنت»
ك ي د.كَادَ.يَكِيدُ.كَيْدًا	ك ي د	ك ي د.كَادَ.يَكِيدُ.كَيْدًا	ك ي د	م ه ل.مَهَّلَ.يُمَهِّلُ.تَمْهِيلًا «تفعيل»
يَكِيدُونَ	كَيْدًا ﴿١٥﴾	وَأَكِيدُ	كَيْدًا ﴿١٦﴾	فَمَهِّلِ
are plotting	a plot,	But I am planning	a plan.	So give respite
devising evil plans, but I too am planning. So bear with				

مفعول به	أمر «أنت».مفعول به	مفعول مطلق
ك ف ر.كَفَرَ.يَكْفُرُ.كُفْرًا	م ه ل.أَمْهَلَ.يُمْهِلُ.إِمْهَالًا «إفعال»	ر و د.رَادَ.يَرُودُ.رَوْدًا
الْكَافِرِينَ	أَمْهِلْهُمْ	رُوَيْدًا ﴿١٧﴾
(to) the disbelievers.	Give respite to them-	little.
the disbelievers (O Prophet). Let them be for just a little while.		

سُورَةُ الأَعْلَى

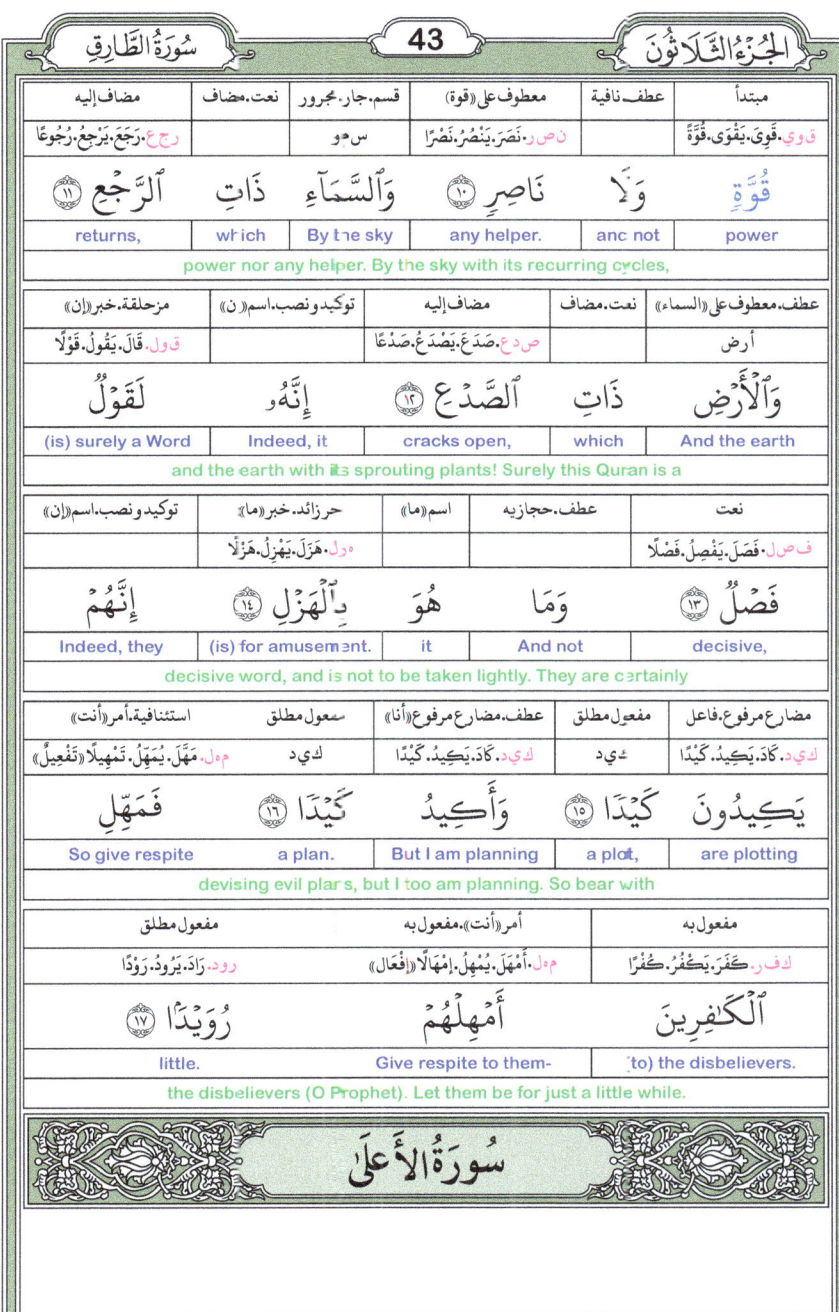

جار.مجرور.مضاف	لفظ الجلالة.مضاف إليه	نعت أول	نعت ثانٍ
س م و. سَمَا. يَسْمُو. سُمُوًّا	أ ل ه	ر ح م. رَحِمَ. يَرْحَمُ. رَحْمَةً	ر ح م. رَحِمَ. يَرْحَمُ. رَحْمَةً
بِسْمِ	ٱللَّهِ	ٱلرَّحْمَٰنِ	ٱلرَّحِيمِ
In (the) name	(of) Allah	the Most Gracious	the Most Merciful
In the name of Allah, the Most Gracious, the Most Merciful			

أمر«أنت»	مفعول به.مضاف	مضاف إليه.مضاف.مضاف إليه	نعت	موصول.نعت
س ب ح. سَبَّحَ. يُسَبِّحُ. تَسْبِيحًا	س م و. سَمَا. يَسْمُو. سُمُوًّا	ر ب ب. رَبَّ. يَرُبُّ. رَبًّا	ع ل و. عَلَا. يَعْلُو. عُلُوًّا	
سَبِّحِ	ٱسْمَ	رَبِّكَ	ٱلْأَعْلَى ١	ٱلَّذِى
Glorify	(the) name	(of) your Lord	the Most High,	The One Who
Glorify the name of your Lord the Most High, Who				

ماضٍ«هو».صلة الموصول	عطف.ماضٍ«هو»	عطف.موصول	ماضٍ«هو».صلة الموصول
خ ل ق. خَلَقَ. يَخْلُقُ. خَلْقًا	س و ي. سَوَّى. يُسَوِّي. تَسْوِيَةً«تَفْعِيلٌ»		ق د ر. قَدَّرَ. يُقَدِّرُ. تَقْدِيرًا«تَفْعِيلٌ»
خَلَقَ	فَسَوَّىٰ ٢	وَٱلَّذِى	قَدَّرَ
created,	then propotioned,	And the One Who	measured
created and "perfectly" fashioned "all," and Who ordained precisely			

عطف.ماضٍ«هو»	عطف.موصول	ماضٍ«هو».صلة الموصول	مفعول به
ه د ي. هَدَى. يَهْدِي. هِدَايَةً		خ ر ج. أَخْرَجَ. يُخْرِجُ. إِخْرَاجًا«إِفْعَالٌ»	ر ع ي. رَعَى. يَرْعَى. رِعَايَةً
فَهَدَىٰ ٣	وَٱلَّذِىٓ	أَخْرَجَ	ٱلْمَرْعَىٰ ٤
then guided,	And the One Who	brings forth	the pasture,
and inspired accordingly, and who brings forth green pasture,			

عطف.ماضٍ«هو».مفعول به	مفعول به ثانٍ	نعت	استقبال.مضارع مرفوع«نحن».مفعول به
ج ع ل. جَعَلَ. يَجْعَلُ. جَعْلًا	غ ث و. غَثَا. يَغْثُو. غَثْوًا	ح و ي. حَوِيَ. يَحْوَى. حَوًى	ق ر أ. أَقْرَأَ. يُقْرِئُ. إِقْرَاءً«إِفْعَالٌ»
فَجَعَلَهُۥ	غُثَآءً	أَحْوَىٰ ٥	سَنُقْرِئُكَ
And then makes it	stubble,	dark.	We will make you recite
then reduce to withered chaff. We will have you 'recite the Quran, O Prophet',			

عطف.نافية	مضارع مرفوع«أنت»	حصر	موصول.مفعول به	ماضٍ.لفظ الجلالة.فاعل.صلة الموصول	
	ن س ي. نَسِيَ. يَنْسَى. نِسْيَانًا			ش ي أ. شَاءَ. يَشَاءُ. مَشِيئَةً	أ ل ه
فَلَا	تَنسَىٰٓ ٦	إِلَّا	مَا	شَآءَ	ٱللَّهُ
so not	you will forget,	Except	what	wills	Allah
so you will not forget 'any of it', unless Allah wishes otherweise.					

توكيد و نصب.اسم«إن»	مضارع مرفوع«هو».خبر«إن»	مفعول به	عطف.موصول	مضارع مرفوع«هو».صلة الموصول
	ع ل م.عَلِمَ.يَعْلَمُ.عِلْمًا	ج ه ر.جَهَرَ.يَجْهَرُ.جَهْرًا		خ ف ي.خَفِيَ.يَخْفَى.خِفَاءً
إِنَّهُۥ	يَعْلَمُ	ٱلْجَهْرَ	وَمَا	يَخْفَى ٧
Indeed, He	knows	the manifest	and what	is hidden.

He surely knows both what is open and what is hidden.

عطف.مضارع مرفوع«نحن».مفعول به	جار.مجرور	عطف.أمر«أنت»	شرط	ماضٍ.فعل الشرط
ي س ر.يَسَّرَ.يُيَسِّرُ.تَيْسِيرًا«تَفْعِيلٌ»	ي س ر.يَسَرَ.يَسِرُ.يَسْرًا	ذ ك ر.ذَكَّرَ.يُذَكِّرُ.تَذْكِيرًا«تَفْعِيلٌ»		ن ف ع.نَفَعَ.يَنفَعُ.نَفْعًا
وَنُيَسِّرُكَ	لِلْيُسْرَىٰ ٨	فَذَكِّرْ	إِن	نَّفَعَتِ
And we will ease you	to the ease.	So remind	if	benefits

We will facilitate for you the Way of Ease. So 'always' remind with the Quran 'even' if the reminder is

فاعل	استقبل.مضارع مرفوع	موصول	مضارع مرفوع«هو».صلة	عطف.مضارع مرفوع.مفعول به
ذ ك ر.ذَكَرَ.يَذْكُرُ.ذِكْرًا	ذ ك ر.اِذَّكَّرَ.يَذَّكَّرُ.اِذَّكُّرًا«تَفَعُّلٌ»	فاعل	خ ش ي	ج ن ب.تَجَنَّبَ.يَتَجَنَّبُ.تَجَنُّبًا«تَفَعُّلٌ»
ٱلذِّكْرَىٰ ٩	سَيَذَّكَّرُ	مَن	يَخْشَىٰ ١٠	وَيَتَجَنَّبُهَا
the reminder.	He will pay heed	(one) who	fears (Allah).	And will avoid it

beneficial 'only to some'. Those in awe 'of Allah' will be mindful 'of it'. But it will be shunned

فاعل	موصول.نعت	مضارع مرفوع«هو».صلة الموصول	مفعول به	نعت	عطف
ش ق و.شَقِوَ.يَشْقَا.شَقًا		ص ل ي.صَلِيَ.يَصْلَى.صِلِيًّا	ن و ر.نَارَ.يَنُورُ.نَوْرًا	ك ب ر.كَبِرَ.يَكْبَرُ.كِبَرًا	
ٱلْأَشْقَى ١١	ٱلَّذِى	يَصْلَى	ٱلنَّارَ	ٱلْكُبْرَىٰ ١٢	ثُمَّ
the wretched one.	The one who	will burn	(in) the Fire	[the] great.	Then

by the most wretched, who will burn in the greatest Fire, where

نافية	مضارع مرفوع«هو»	جار.مجرور	عطف.نافية	مضارع مرفوع«هو»	تحقيق
	م و ت.مَاتَ.يَمُوتُ.مَوْتًا			ح ي ي.حَيِيَ.يَحْيَى.حَيَاةً	
لَا	يَمُوتُ	فِيهَا	وَلَا	يَحْيَىٰ ١٣	قَدْ
not	he will die	therein	and not	will live.	Certainly,

they will not 'be able to' live or die. Successful indeed

ماضٍ	موصول	ماضٍ«هو».صلة الموصول	عطف.ماضٍ«هو»	مفعول به.مضاف
ف ل ح.أَفْلَحَ.يُفْلِحُ.إِفْلَاحًا«إِفْعَالٌ»	فاعل	ز ك و.تَزَكَّى.يَتَزَكَّى.تَزَكِّيًا«تَفَعُّلٌ»	ذ ك ر.ذَكَرَ.يَذْكُرُ.ذِكْرًا	س م و.سَمَا.يَسْمُو.سُمُوًّا
أَفْلَحَ	مَن	تَزَكَّىٰ ١٤	وَذَكَرَ	ٱسْمَ
has succeded	(one) who	purifies (himself),	And remembers	(the) name

are those who purify themselves, remember the Name of their

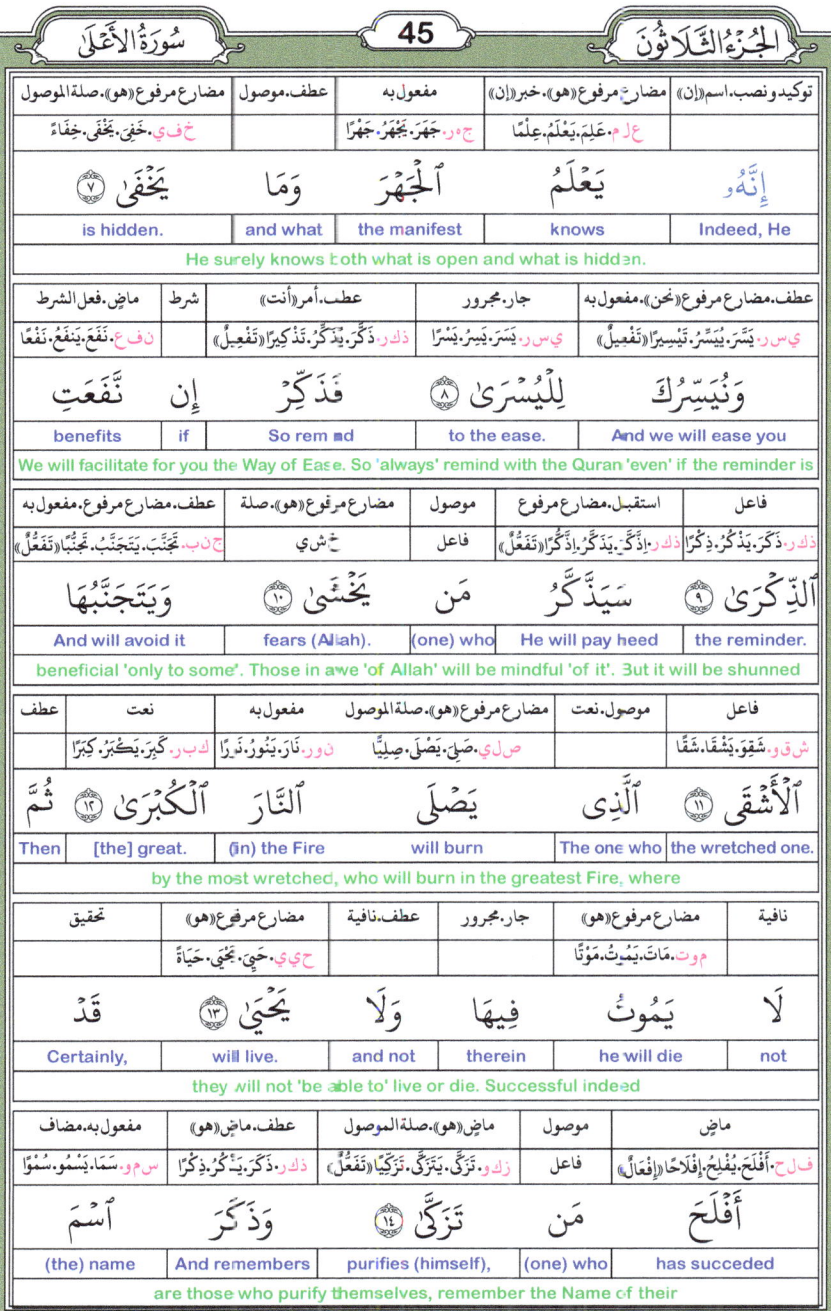

مضاف إليه.مضاف.مضاف إليه	عطف.ماضٍ«هو»	إضراب	مضارع مرفوع.فاعل	مفعول به	نعت
ر ب ب. رَبَّ.يَرُبُّ.رَبًّا	ص ل و. صَلَّى.يُصَلِّي.صَلَاةً		أ ث ر. آثَرَ.يُؤْثِرُ.إِيثَارًا	ح ي ي. حَيِيَ.يَحْيَى.حَيَاةً	د ن و. دَنِيَ.يَدْنَى.دَنَى
رَبِّهِۦ	فَصَلَّىٰ ١٥	بَلْ	تُؤْثِرُونَ	ٱلْحَيَوٰةَ	ٱلدُّنْيَا ١٦
(of) his Lord	and prays.	Nay!	You prefer	the life	(of) the world,

Lord, and pray. But you 'deniers only' prefer the life of this world,

حالية.مبتدأ	خبر	عطف.معطوف على «خير»	توكيد ونصب	اسم إشارة	مزحلقة.جار-
أ خ ر	خ ي ر	ب ق ي. بَقِيَ.يَبْقَى.بَقَاءً		اسم «إن»	
وَٱلْـَٔاخِرَةُ	خَيْرٌ	وَأَبْقَىٰٓ ١٧	إِنَّ	هَٰذَا	لَفِى
While the hereafter	(is) better	and everlasting.	Indeed,	this	surely (is) in

even though the Hereafter is far better and more lasting. This is certainly 'mentioned' in

-مجرور «خبر إن»	نعت	بدل.مضاف	مضاف إليه	عطف.معطوف على «إبراهيم»
ص ح ف	أ و ل. آلَ.يَؤُلُ.أَوْلًا	ص ح ف		
ٱلصُّحُفِ	ٱلْأُولَىٰ ١٨	صُحُفِ	إِبْرَٰهِيمَ	وَمُوسَىٰ ١٩
the Scriptures	[the] former,	(The) Scripturs	(of) Ibrahim	and Musa.

in the earlier Scriptures - The Scriptures of Abraham and Moses.

سُورَةُ الغَاشِيَةِ

جار.مجرور.مضاف	لفظ الجلالة.مضاف إليه	نعت أول	نعت ثانٍ
س م و. سَمَا.يَسْمُو.سُمُوًّا	أ ل ه	ر ح م. رَحِمَ.يَرْحَمُ.رَحْمَةً	ر ح م. رَحِمَ.يَرْحَمُ.رَحْمَةً
بِسْمِ	ٱللَّهِ	ٱلرَّحْمَٰنِ	ٱلرَّحِيمِ
In (the) name	(of) Allah	the Most Gracious	the Most Merciful

In the name of Allah, the Most Gracious, the Most Merciful

استفهام	ماضٍ.مفعول به	فاعل.مضاف	مضاف إليه	مبتدأ	ظرف زمان
	أ ت ي. أَتَى.يَأْتِي.إِتْيَانًا	ح د ث	غ ش و. غَشِيَ.يَغْشَى.غَشَاوَةً	و ج ه. وَجُهَ.يَوْجُهُ.وَجَاهَةً	مضاف إليه
هَلْ	أَتَىٰكَ	حَدِيثُ	ٱلْغَٰشِيَةِ ١	وُجُوهٌ	يَوْمَئِذٍ
Has	(there) come to you	(the) news	(of) the overwhelming?	Faces	that Day

Has the news of the Overwhelming Event reached you (O Prophet)? On that Day

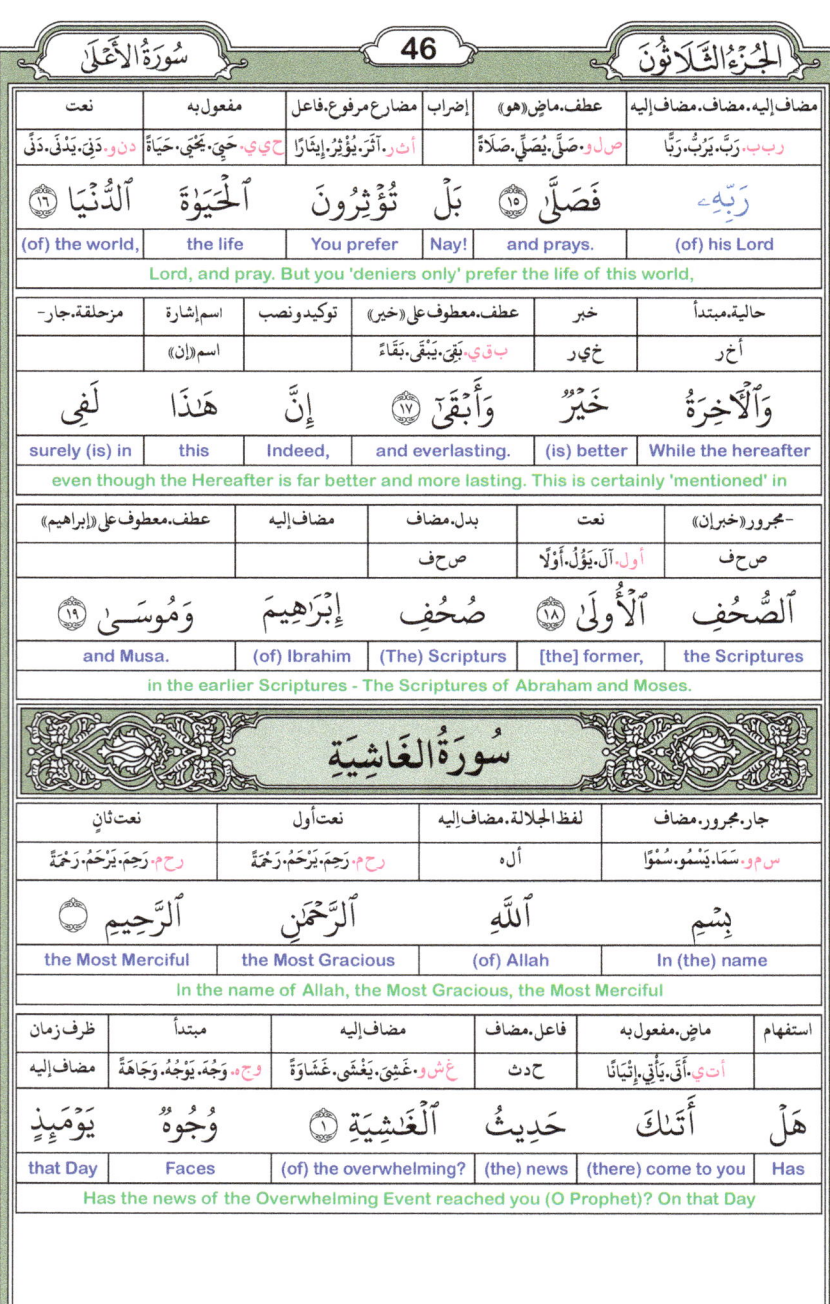

خبر أول	خبر ثانٍ	خبر ثالث	مضارع مرفوع «هي». خبر رابع	مفعول به
خ ش ع. خَشَعَ. يَخْشَعُ. خُشُوعًا	ع م ل	ن ص ب. نَصِبَ. يَنْصَبُ. نَصَبًا	ص ل ي. صَلَى. يَصْلِي. صَلْيًا	ن و ر. نَارَ. يَنُورُ. نَوْرًا
خَٰشِعَةٌ ٢	عَامِلَةٌ	نَّاصِبَةٌ ٣	تَصْلَىٰ	نَارًا
(will be) humbled,	Laboring,	exhausted.	They will burn	(in) a Fire

some faces will be downcast, totally overburdened, exhausted, burning

نعت	مضارع مرفوع للمجهول «هي». خبر خامس	جار. مجرور		نعت
ح م ي. حَمَا. يَحْمِي. حَمْيًا	س ق ي. سَقَى. يَسْقِي. سَقْيًا		ع ي ن. عَانَ. يَعِينُ. عَيْنًا	أ ن ي. أَنَى. يَأْنِي. إِنًى
حَامِيَةً ٤	تُسْقَىٰ	مِنْ	عَيْنٍ	ءَانِيَةٍ ٥
intensley hot.	They will be given to drink	from	a spring,	boiling.

in a scorching Fire, left to drink from a scalding spring.

ماضٍ جامد ناقص	جار. مجرور	اسم «ليس»	استثناء	جار. مجرور «نعت»		نافية
ل ي س	«خبر ليس»	ط ع م. أَطْعَمَ. يُطْعِمُ. إِطْعَامًا			ض ر ع. ضَرَعَ. يَضْرَعُ. ضَرَاعَةً	
لَّيْسَ	لَهُمْ	طَعَامٌ	إِلَّا	مِن	ضَرِيعٍ ٦	لَّا
Not is	for them	food	except	from	a bitter thorny plant.	Not

They will have no food except a foul, thorny shrub, neither

مضارع مرفوع «هو». نعت	عطف. نافية	مضارع مرفوع «هو»	جار. مجرور	
س م ن. أَسْمَنَ. يُسْمِنُ. إِسْمَانًا «إِفْعَالٌ»		غ ن ي. أَغْنَى. يُغْنِي. إِغْنَاءً «إِفْعَالٌ»		ج و ع. جَاعَ. يَجُوعُ. جَوْعًا
يُسْمِنُ	وَلَا	يُغْنِي	مِن	جُوعٍ ٧
it nourishes	and not	it avails	from	hunger.

nourishing nor satisfying hunger.

مبتدأ	ظرف زمان. مضاف إليه	خبر أول	جار. مجرور. مضاف. مضاف إليه	خبر ثانٍ	جر
و ج ه		ن ع م. نَعِمَ. يَنْعَمُ. نَعْمًا	س ع ي. سَعَى. يَسْعَى. سَعْيًا	ر ض و. رَضِيَ. يَرْضَى. رِضًى	
وُجُوهٌ	يَوْمَئِذٍ	نَّاعِمَةٌ ٨	لِّسَعْيِهَا	رَاضِيَةٌ ٩	فِي
Faces	that Day	(will be) joyful.	With their effort	satisfied,	In

On that Day other faces will be glowing with bliss, fully pleased with their striving,

مجرور «خبر ثالث»	نعت أول	نافية	مضارع مرفوع «أنت». نعت ثانٍ	جار. مجرور	مفعول به
ج ن ن	ع ل و. عَلَا. يَعْلُو. عُلُوًّا		س م ع. سَمِعَ. يَسْمَعُ. سَمْعًا		ل غ و. لَغِيَ. يَلْغَى. لَغًى
جَنَّةٍ	عَالِيَةٍ ١٠	لَّا	تَسْمَعُ	فِيهَا	لَٰغِيَةً ١١
a garden	elevated.	Not	they will hear	therein	vain talks.

in an elevated Garden, where no idle talk will be heard.

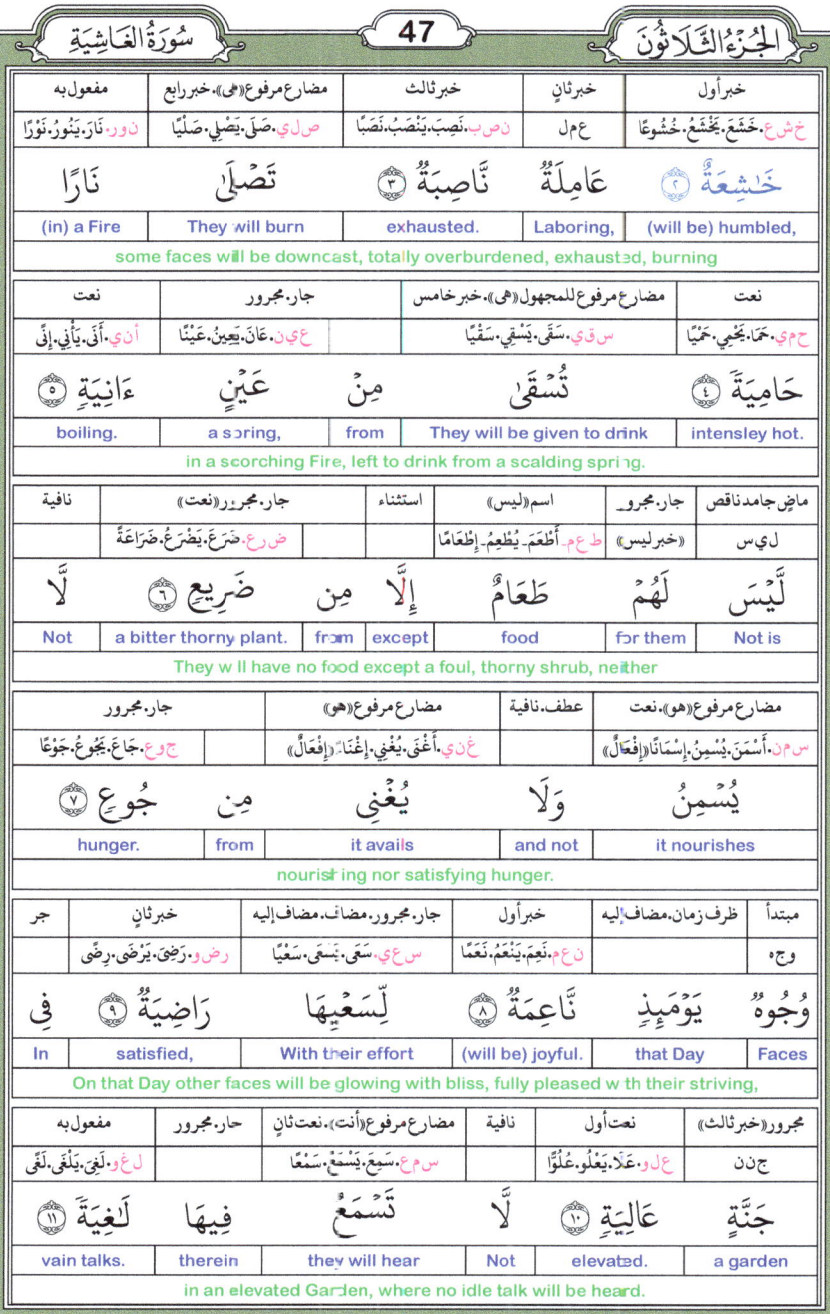

جار. مجرور «خبر مقدم». مبتدأ مؤخر. نعت ثالث		نعت «جنة»	جار. مجرور «خبر مقدم». مبتدأ مؤخر. نعت رابع	
	ع ي ن. عَانَ. يَعِينُ. عَيْنًا	ج ر ي. جَرَى. يَجْرِي. جَرْيًا		س ر ر. سَرَّ. يَسُرُّ. سُرُورًا
فِيهَا	عَيْنٌ	جَارِيَةٌ ﴿١٢﴾	فِيهَا	سُرُرٌ
Therein	(will be) a spring	flowing,	Therein	(will be) thrones

In it will be a running spring, along with thrones

نعت «سرر»	عطف. معطوف على «سرر»	نعت	عطف. معطوف على «سرر»
ر ف ع. رَفَعَ. يَرْفَعُ. رَفْعًا	ك و ب. كَابَ. يَكُوبُ. كَوْبًا	و ض ع. وَضَعَ. يَضَعُ. وَضْعًا	
مَّرْفُوعَةٌ ﴿١٣﴾	وَأَكْوَابٌ	مَّوْضُوعَةٌ ﴿١٤﴾	وَنَمَارِقُ
raised high,	And cups	put in place,	And cushions

raised high, and cups set at hand, and fine cushions

نعت	عطف. معطوف على «سرر»	نعت	استفهام. عطف. نافية	مضارع مرفوع. فاعل
ص ف ف. صَفَّ. يَصُفُّ. صَفًّا		ب ث ث. بَثَّ. يَبُثُّ. بَثًّا		ن ظ ر. نَظَرَ. يَنْظُرُ. نَظْرًا
مَصْفُوفَةٌ ﴿١٥﴾	وَزَرَابِيُّ	مَبْثُوثَةٌ ﴿١٦﴾	أَفَلَا	يَنظُرُونَ
lined up,	And carpets	spread out.	Then do not	they look

lined up, and splendid carpets spread out. Do they not ever reflect

جار. مجرور		استفهام. حال	ماضٍ للمجهول «هى»	عطف. جار. مجرور		استفهام
	أ ب ل	ك ي ف	خ ل ق. خَلَقَ. يَخْلُقُ. خَلْقًا		س م و	ك ي ف
إِلَى	ٱلْإِبِلِ	كَيْفَ	خُلِقَتْ ﴿١٧﴾	وَإِلَى	ٱلسَّمَآءِ	كَيْفَ
towards	the camels,	how	they are created?	And towards	the sky,	how

on camels—how they were 'masterfully' created; and the sky—how it was

ماضٍ للمجهول «هى»	عطف. جار. مجرور		استفهام	ماضٍ للمجهول «هى»	عطف. جار-
ر ف ع. رَفَعَ. يَرْفَعُ. رَفْعًا		ج ب ل. جَبَلَ. يَجْبُلُ. جَبْلًا	ك ي ي	ن ص ب. نَصَبَ. يَنْصُبُ. نَصْبًا	
رُفِعَتْ ﴿١٨﴾	وَإِلَى	ٱلْجِبَالِ	كَيْفَ	نُصِبَتْ ﴿١٩﴾	وَإِلَى
it is raised?	And towards	the mountains,	how	they are fixed?	And towards

raised 'high'; and the mountains—how they were firmly set up; and

-مجرور	استفهام. حال	ماضٍ للمجهول «هى»	عطف. أمر «أنت»	كافة مكفوفة	مبتدأ
أ ر ض	ك ي ف	س ط ح. سَطَحَ. يَسْطَحُ. سَطْحًا	ذ ك ر. ذَكَّرَ. يُذَكِّرُ. تَذْكِيرًا «تفعيل»		
ٱلْأَرْضِ	كَيْفَ	سُطِحَتْ ﴿٢٠﴾	فَذَكِّرْ	إِنَّمَآ	أَنتَ
the earth,	how	it is spread out?	So remind,	only	you

the earth— how it was levelled out? So, continue to remind all, O Prophet,

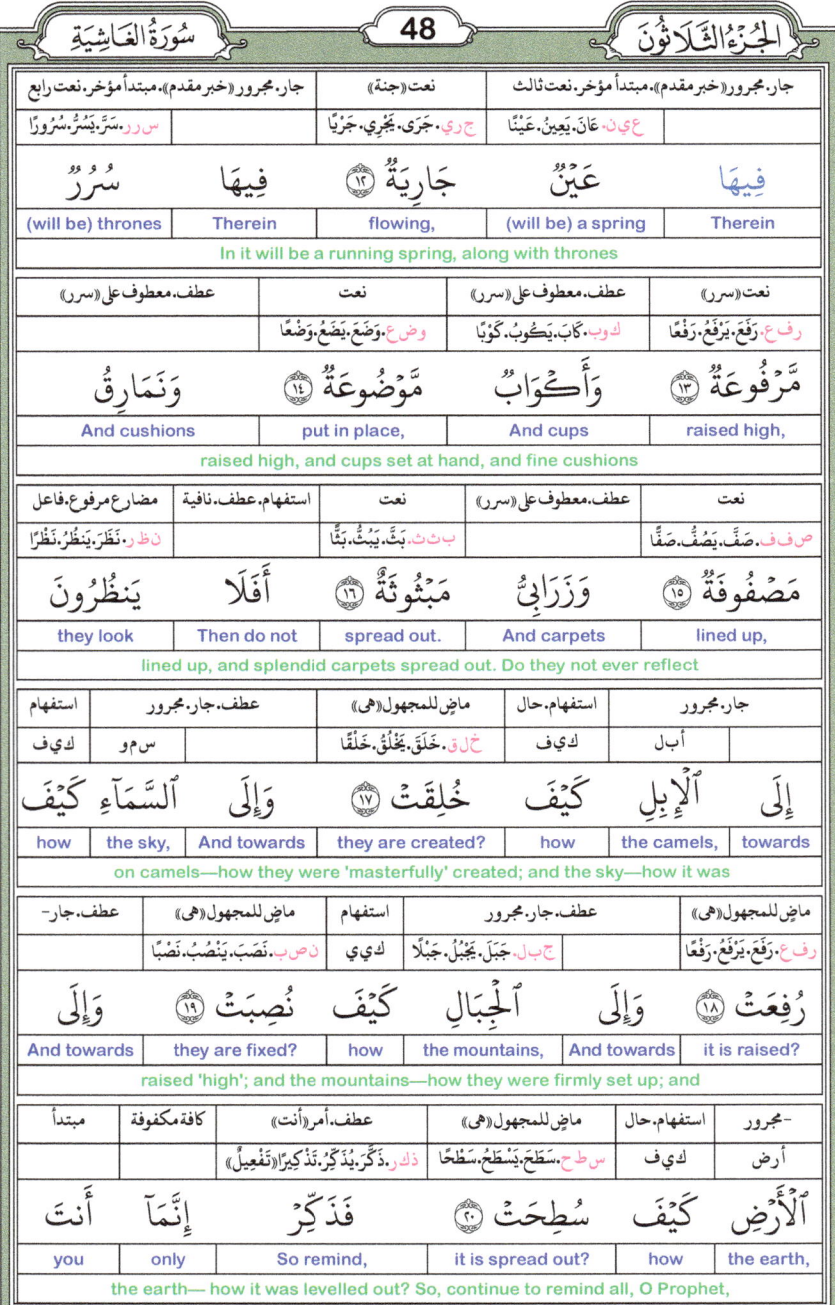

موصول	استثناء	حرزائد.خبر«ليس»	جار.مجرور	ماضٍ ناقص جامد.اسم«ليس»	خبر
		س ي ط ر. سَيْطَرَ.يُسَيْطِرُ.يَسْطَرَةً		ل ي س	ذ ك ر. ذَكَّرَ.يُذَكِّرُ.تَذْكِيرًا«تَفْعِيلٌ»
مَن	إِلَّا	بِمُصَيْطِرٍ ٢٢	عَلَيْهِم	لَّسْتَ	مُذَكِّرٌ ٢١
whoever	But	a controller,	over them	You are not	(are) a reminder.
for your duty is only to remind. You are not there to compel them to believe. But whoever					

لفظ الجلالة.فاعل	استئنافية.مضارع مرفوع.مفعول به	عطف.ماضٍ«هو»	ماضٍ«هو».صلة الموصول
ء ل ه	ع ذ ب. عَذَّبَ.يُعَذِّبُ.تَعْذِيبًا«تَفْعِيلٌ»	ك ف ر. كَفَرَ.يَكْفُرُ.كُفْرًا	و ل ي. تَوَلَّى.يَتَوَلَّى.تَوَلِّيًا«تَفَعُّلٌ»
ٱللَّهُ	فَيُعَذِّبُهُ	وَكَفَرَ ٢٣	تَوَلَّىٰ
Allah	Then will punish him	and disbelieves,	turns away
turns away, persisting in disbelief, then Allah will inflict upon them			

جار.مجرور«خبر إنَّ»	توكيد ونصب	نعت	مفعول مطلق
		ك ب ر. كَبُرَ.يَكْبُرُ.كِبَرًا	ع ذ ب. عَذَبَ.يَعْذِبُ.عَذْبًا
إِلَيْنَآ	إِنَّ	ٱلْأَكْبَرَ ٢٤	ٱلْعَذَابَ
to Us	Indeed,	greatest.	(with) the punishment
the major punishment. Surely to Us is			

اسم«إنَّ».مضاف.مضاف إليه	جار.مجرور«خبر إنَّ»	توكيد ونصب	عطف	اسم«إنَّ».مضاف.مضاف إليه
ح س ب. حَاسَبَ.يُحَاسِبُ.حِسَابًا«مُفَاعَلَةٌ»				أ و ب. آبَ.يَؤُوبُ.أَوْبًا
حِسَابَهُم ٢٦	عَلَيْنَا	إِنَّ	ثُمَّ	إِيَابَهُمْ ٢٥
(is) their account.	upon Us	indeed,	Then	(will be) their return,
their return, then surely with Us is their reckoning.				

سُورَةُ الفَجْرِ

نعت ثانٍ	نعت أول	لفظ الجلالة.مضاف إليه	جار.مجرور.مضاف
ر ح م. رَحِمَ.يَرْحَمُ.رَحْمَةً	ر ح م. رَحِمَ.يَرْحَمُ.رَحْمَةً	ء ل ه	س م و. سَمَا.يَسْمُو.سُمُوًّا
ٱلرَّحِيمِ ○	ٱلرَّحْمَٰنِ	ٱللَّهِ	بِسْمِ
the Most Merciful	the Most Gracious	(of) Allah	In (the) name
In the name of Allah, the Most Gracious, the Most Merciful			

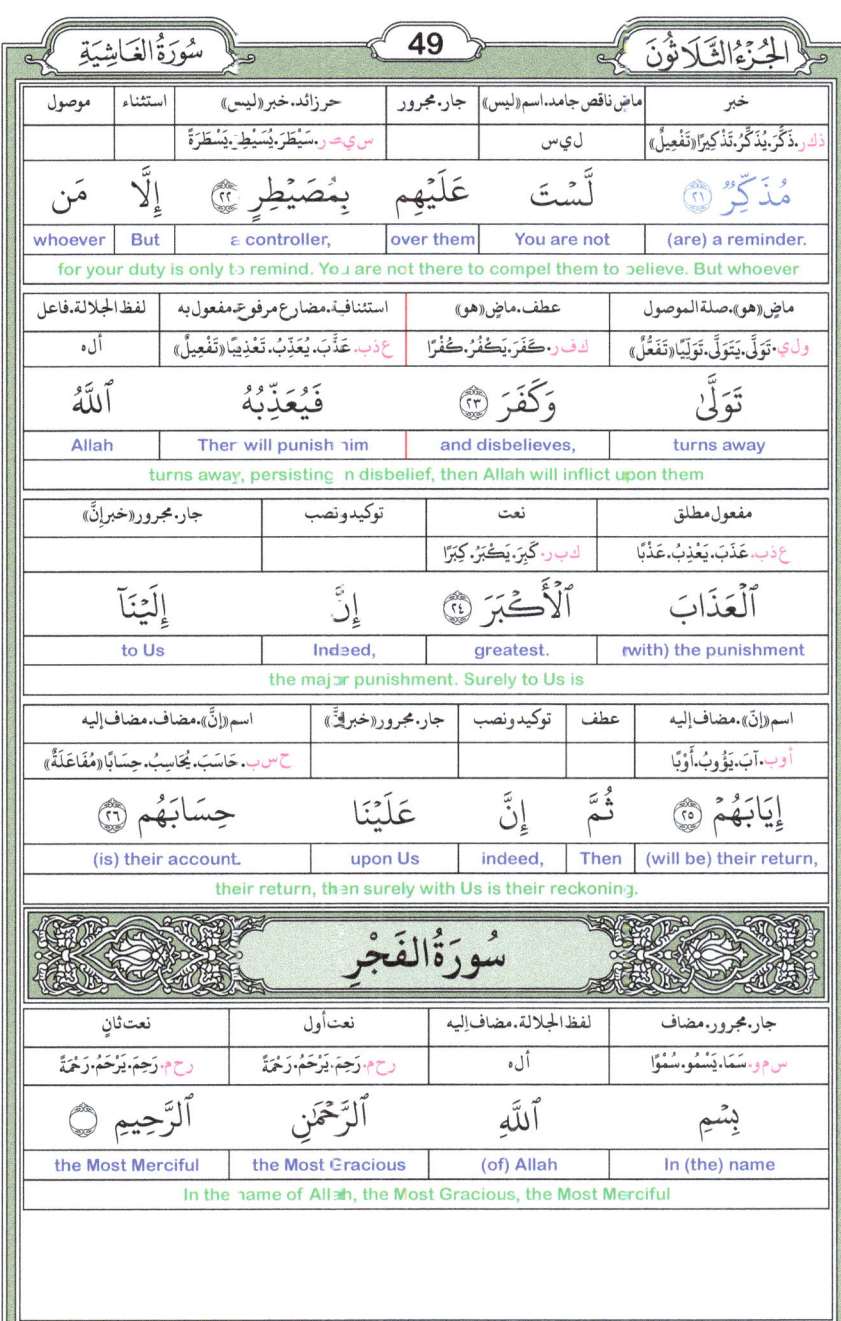

جر وقسم. مجرور	عطف. معطوف على «الفجر»	نعت	عطف. معطوف على «الفجر»
ف ج ر. فَجَرَ. يَفْجُرُ. فَجْرًا	ل ي ل	ع ش ر	ش ف ع. شَفَعَ. يَشْفَعُ. شَفْعًا
وَٱلْفَجْرِ ١	وَلَيَالٍ	عَشْرٍ ٢	وَٱلشَّفْعِ
By the dawn,	And the nights	ten.	And the even
By the dawn, and the ten nights, and the even			

عطف. معطوف على «الفجر»	عطف. معطوف على «الفجر»	ظرف زمان	مضارع مرفوع «هو». مضاف إليه	استفهام
و ت ر. وَتَرَ. يَتِرُ. وَتْرًا	ل ي ل	مضاف	س ر ي. سَرَى. يَسْرِي. سَرْيًا	
وَٱلْوَتْرِ ٣	وَٱلَّيْلِ	إِذَا	يَسْرِ ٤	هَلْ
and the odd,	And the night	when	it passes.	Is
and the odd, and the night when it passes!				

جار. مجرور «خبر مقدم»		مبتدأ مؤخر	جار. مجرور «نعت». مضاف	مضاف إليه
	إشارة	ق س م. قَسَمَ. يَقْسِمُ. قَسْمًا		ح ج ر. حَجَرَ. يَحْجُرُ. حَجْرًا
فِي	ذَٰلِكَ	قَسَمٌ	لِّذِي	حِجْرٍ ٥
in	that	(not) an oath	for those	who understand?
Is all this not a sufficient oath for those who have sense?				

استفهام. نفي وجزم	مضارع مجزوم	استفهام. حال	ماضٍ	فاعل. مضاف. مضاف إليه	جار. مجرور
وقلب	ر أ ي. رَأَى. يَرَى. رُؤْيَةً	ك ي ف	ف ع ل. فَعَلَ. يَفْعَلُ. فِعْلًا	ر ب ب. رَبَّ. يَرُبُّ. رَبًّا	ع و د
أَلَمْ	تَرَ	كَيْفَ	فَعَلَ	رَبُّكَ	بِعَادٍ ٦
Did not	you see	how	dealt	your Lord	with Aad,
Did you not see how your Lord dealt with ’Ad—					

عطف بيان	نعت أول. مضاف	مضاف إليه	موصول. نعت ثانٍ	نفي وجزم وقلب	مضارع للمجهول مجزوم
		ع م د. عَمَدَ. يَعْمِدُ. عَمْدًا			خ ل ق. خَلَقَ. يَخْلُقُ. خَلْقًا
إِرَمَ	ذَاتِ	ٱلْعِمَادِ ٧	ٱلَّتِي	لَمْ	يُخْلَقْ
Iram,	possessors (of),	lofty pillars,	Which	not	had been created
the people of Iram—with their great stature, unmatched in					

نائب فاعل. جار. مجرور. جملة صلة الموصول			عطف	موصول. نعت	ماضٍ. فاعل. صلة الموصول	مفعول به
مضاف إليه		ب ل د. بَلَدَ. يَبْلُدُ. بُلُودًا	معطوف على «عاد»		ج و ب. جَابَ. يَجُوبُ. جَوْبًا	ص خ ر
مِثْلُهَا	فِي	ٱلْبِلَٰدِ ٨	وَثَمُودَ	ٱلَّذِينَ	جَابُوا۟	ٱلصَّخْرَ
like them	in	the cities,	And Thamud,	who	carved out	the rocks
any other land; and Thamûd who carved their homes into the rocks in the Stone						

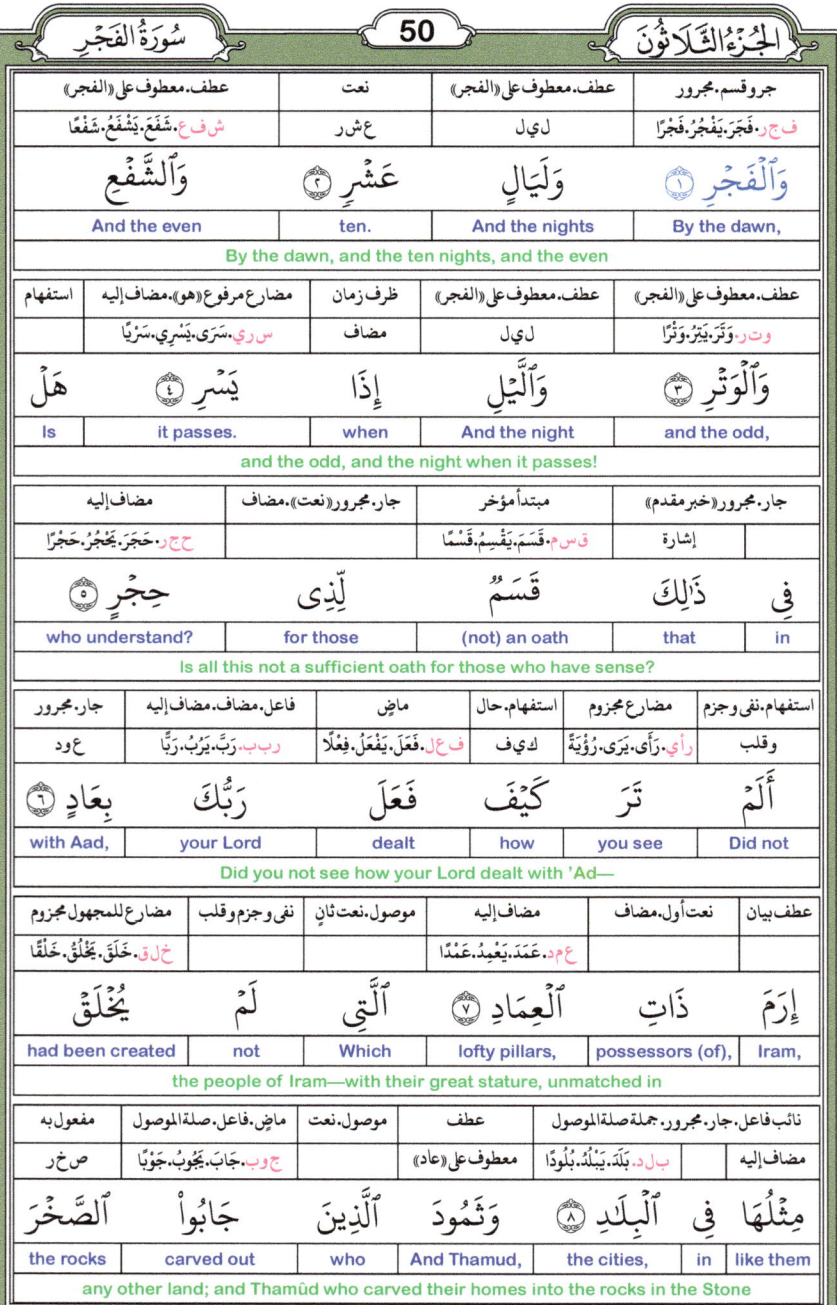

جار.مجرور	عطف.معطوف على«عاد»	نعت.مضاف	مضاف إليه	موصول.نعت	ماضٍ.فاعل.صلة الموصول
ودي.وَدَى.يَدِي.وَدْيًا			وتد.وَتَدَ.يَتِدُ.وَتْدًا		طغي.طَغَى.يَطْغَى.طُغْيًا
بِٱلْوَادِ (٩)	وَفِرْعَوْنَ	ذِى	ٱلْأَوْتَادِ (١٠)	ٱلَّذِينَ	طَغَوْا۟
in the valley,	And Firaun,	owner of	stakes?	Who	transgressed

Valley; and the Pharaoh of mighty structures? They all transgressed throughout

جار.مجرور		عطف.ماضٍ.فاعل	جار.مجرور	مفعول به	عطف.ماضٍ
بلد.بَلَدَ.يَبْلُدُ.بُلُودًا		كثر.أَكْثَرَ.يُكْثِرُ.إِكْثَارًا«إِفْعَالٌ»		فسد.فَسَدَ.يَفْسُدُ.فَسَادًا	صبب.صَبَّ.يَصُبُّ.صَبًّا
فِى	ٱلْبِلَٰدِ (١١)	فَأَكْثَرُوا۟	فِيهَا	ٱلْفَسَادَ (١٢)	فَصَبَّ
in	the lands,	And (made) much	therein	corruption.	So poured

the land, spreading much corruption there. So your Lord

جار.مجرور	فاعل.مضاف إليه	مفعول به.مضاف	مضاف إليه	توكيد ونصب	اسم«إن».مضاف إليه
	ربب.رَبَّ.يَرُبُّ.رَبًّا	س و ط	عذب.عَذَبَ.يَعْذِبُ.عَذْبًا		ربب.رَبَّ.يَرُبُّ.رَبًّا
عَلَيْهِمْ	رَبُّكَ	سَوْطَ	عَذَابٍ (١٣)	إِنَّ	رَبَّكَ
on them	your Lord	scourge	(of) punishment.	Indeed,	your Lord

unleashed on them a scourge of punishment. For your Lord is

مزحلقة.جار.مجرور«خبر إن»	استئنافية تفريعية	مبتدأ	ظرف زمان.شرط	زائدة
رصد.رَصَدَ.يَرْصُدُ.رَصْدًا	تفصيل وشرط	أنس.أَنَسَ.يَأْنِسُ.أَنْسًا	مضاف	
لَبِٱلْمِرْصَادِ (١٤)	فَأَمَّا	ٱلْإِنسَٰنُ	إِذَا	مَا
(is) surely ever Watchful.	And as for	man,	when	does

truly vigilant. Now, whenever a human being is

ماضٍ.مفعول به.فاعل.مضاف إليه.مضاف.مضاف إليه		عطف.ماضٍ«هو».مفعول به	عطف.ماضٍ«هو».مفعول به
بلو.اِبْتَلَى.يَبْتَلِي.اِبْتِلَاءً«افْتِعَالٌ»	ربب.رَبَّ.يَرُبُّ.رَبًّا	كرم.أَكْرَمَ.يُكْرِمُ.إِكْرَامًا«إِفْعَالٌ»	نعم.نَعَّمَ.يُنَعِّمُ.تَنْعِيمًا«تَفْعِيلٌ»
ٱبْتَلَىٰهُ	رَبُّهُۥ	فَأَكْرَمَهُۥ	وَنَعَّمَهُۥ
try him	his Lord	and is generous to him	and favours him,

tested by their Lord through His generosity and blessings,

وج«أما».مضارع مرفوع«هو».خبر	مبتدأ.مضاف.مضاف إليه	ماضٍ«هو».خبر.وقاية.مفعول به	عطف	ظرف زمان
قول.قَالَ.يَقُولُ.قَوْلًا	ربب.رَبَّ.يَرُبُّ.رَبًّا	كرم.أَكْرَمَ.يُكْرِمُ.إِكْرَامًا«إِفْعَالٌ»	تفصيل وشرط	معنى الشرط
فَيَقُولُ	رَبِّىٓ	أَكْرَمَنِ (١٥)	وَأَمَّآ	إِذَا
he says,	My Lord	has honored me.	But	when

they boast, My Lord has deservedly honoured me! But when

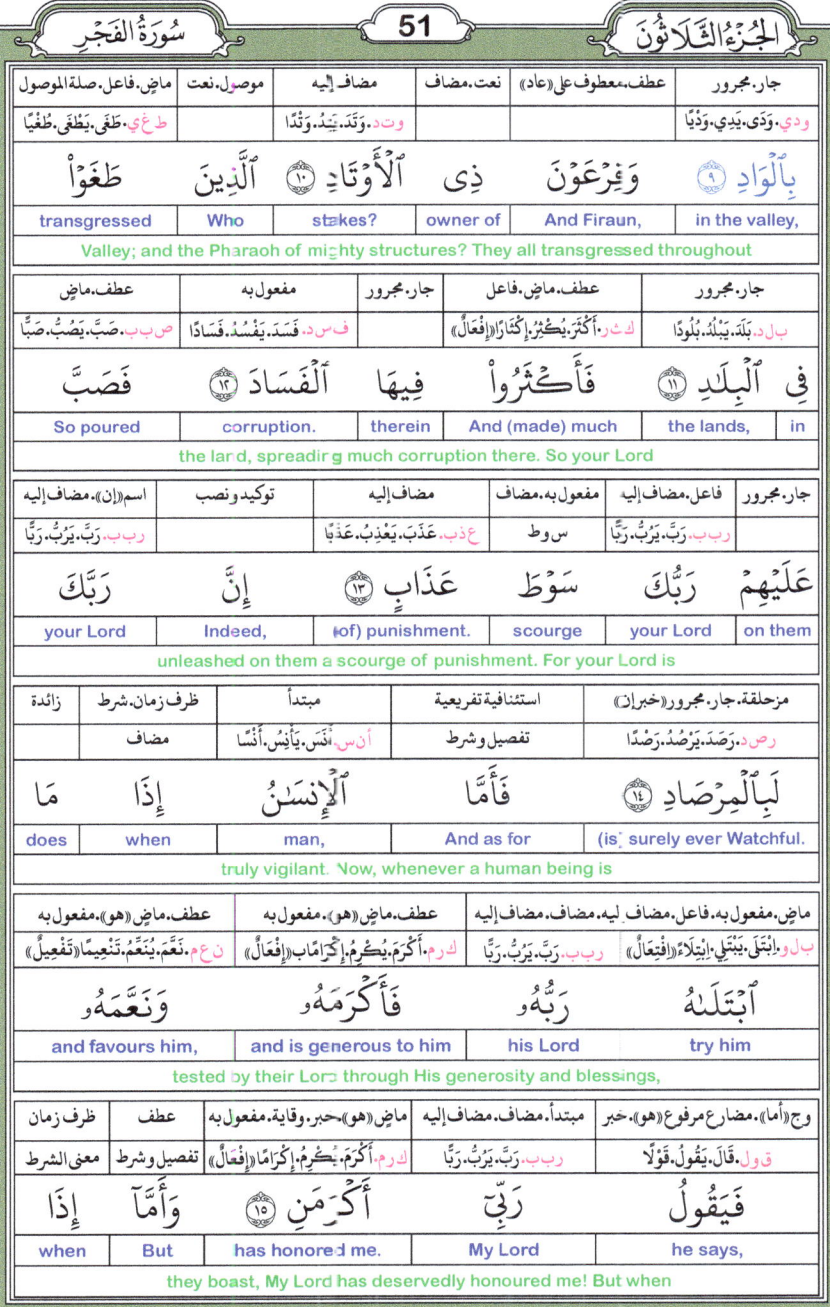

مفعول به.مضاف.مضاف إليه	جار.مجرور	عطف.ماضٍ(هو).مفعول به	ماضٍ(هو).مفعول به.مضاف إليه	زائدة
رزق.رَزَقَ.يَرْزُقُ.رِزْقًا		ق د ر.قَدَرَ.يَقْدِرُ.قَدْرًا	ب ل و.اِبْتَلَى.يَبْتَلِي.اِبْتِلَاءً(اِفْتِعَالٌ)	
رِزْقَهُۥ	عَلَيْهِ	فَقَدَرَ	ٱبْتَلَىٰهُ	مَا
his provision,	for him	and restricts	He try him	does

He tests them by limiting their provision,

نافية	إضراب	ردع وزجر	ماضٍ(هو).خبر	مبتدأ.مضاف.مضاف إليه	واقعة في جواب(أما).مضارع مرفوع(هو)
			ه و ن.أَهَانَ.يُهِينُ.إِهَانَةً(إِفْعَالٌ)	ر ب ب.رَبَّ.يَرُبُّ.رَبًّا	ق و ل.قَالَ.يَقُولُ.قَوْلًا
لَّا	بَل	كَلَّا ۖ	أَهَٰنَنِ ﴿١٦﴾	رَبِّىٓ	فَيَقُولُ
not	But	Nay!	has humiliated me.	My Lord	then he says

they protest, My Lord has undeservedly humiliated me! Absolutely not! in fact,

جار.مجرور.مضاف		مضارع مرفوع.فاعل	عطف	مفعول به	مضارع مرفوع.فاعل
ط ع م.أَطْعَمَ.يُطْعِمُ.إِطْعَامًا		ح ض ض.تَحَاضَّ.يَتَحَاضُّ.تَحَاضًّا(تَفَاعُلٌ)	نافية	ي ت م.يَتِمَ.يَيْتَمُ.يُتْمًا	ك ر م.أَكْرَمَ.يُكْرِمُ.إِكْرَامًا
طَعَامِ	عَلَىٰ	تَحَٰٓضُّونَ	وَلَا	ٱلْيَتِيمَ ﴿١٧﴾	تُكْرِمُونَ
feed	to	you feel the urge	And not	the orphan,	you honor

you are not even gracious to the orphan, nor do you urge

نعت	مفعول مطلق	مفعول به	استئنافية.مضارع مرفوع.فاعل	مضاف إليه
ل م م.لَمَّ.يَلُمُّ.لَمًّا	أ ك ل	و ر ث.وَرِثَ.يَرِثُ.وِرْثًا	أ ك ل.أَكَلَ.يَأْكُلُ.أَكْلًا	س ك ن.سَكَنَ.يَسْكُنُ.سُكُونَةً
لَّمًّا ﴿١٩﴾	أَكْلًا	ٱلتُّرَاثَ	وَتَأْكُلُونَ	ٱلْمِسْكِينِ ﴿١٨﴾
altogether,	devouring	the inheritance	And you consume	the poor.

one another to feed the poor. And you devour others’ inheritance greedily,

ردع وزجر	نعت	مفعول مطلق	مفعول به	عطف.مضارع مرفوع.فاعل
ك ل ل.كَلَّا.يَكِلُّ.كَلًّا	ج م م.جَمَّ.يَجِمُّ.جَمًّا	ح ب ب.حَبَّ.يَحِبُّ.حُبًّا	م و ل	ح ب ب.أَحَبَّ.يُحِبُّ.إِحْبَابًا(إِفْعَالٌ)
كَلَّآ ۖ	جَمًّا ﴿٢٠﴾	حُبًّا	ٱلْمَالَ	وَتُحِبُّونَ
Nay!	immense.	(with) love	wealth	And you love

and love wealth fervently. Enough!

عطف.ماضٍ	توكيد	مفعول مطلق	ماضٍ للمجهول.نائب فاعل.مضاف إليه		ظرف زمان
ج ي أ.جَاءَ.يَجِيءُ.مَجِيءً	د ك ك	د ك ك	أ ر ض	د ك ك.دَكَّ.يَدُكُّ.دَكًّا	
وَجَآءَ	دَكًّا ﴿٢١﴾	دَكًّا	ٱلْأَرْضُ	دُكَّتِ	إِذَا
And comes	(and) crushed,	pounded	the earth,	is leveled	When

When the earth is entirely crushed over and over,

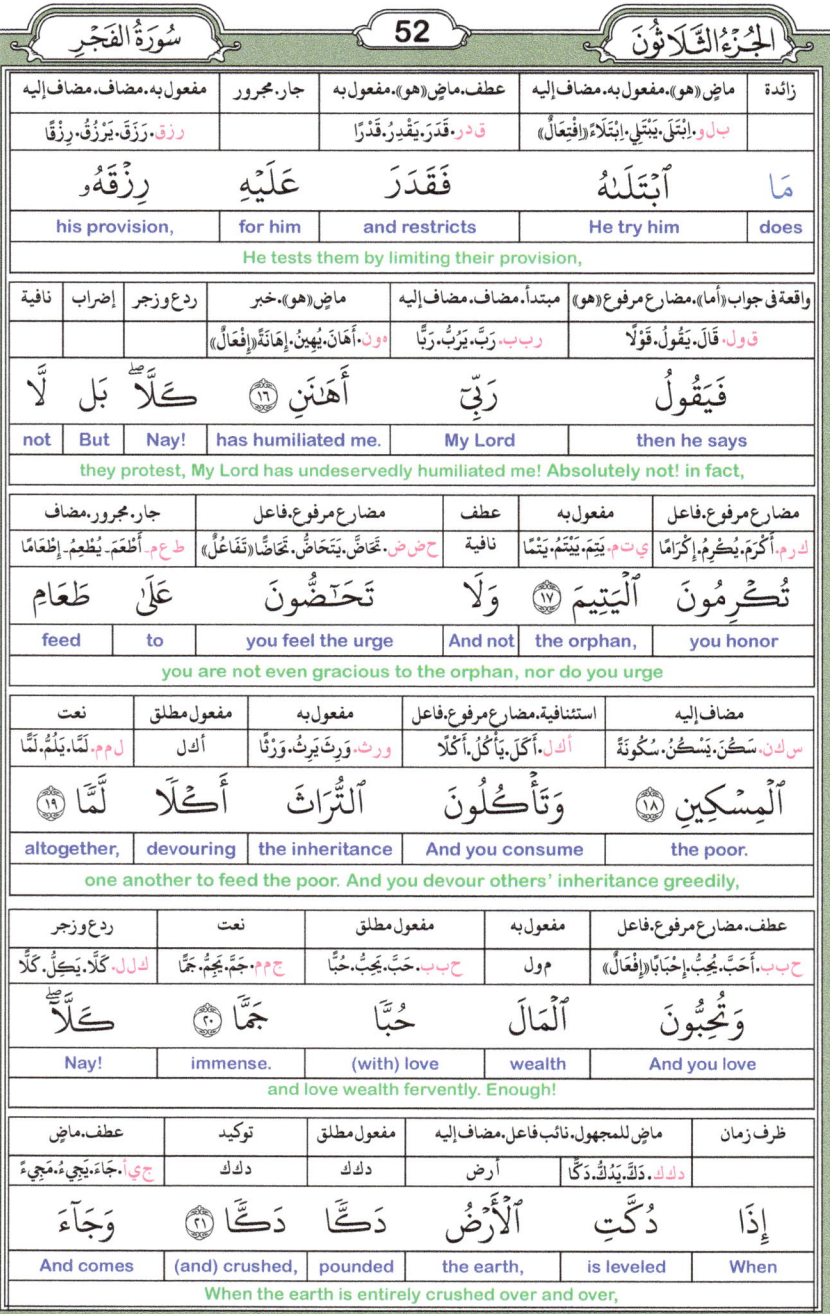

عطف.ماضٍ للمجهول	تاكيد	مفعول مطلق	عطف.فاعل	فاعل.مضاف إليه
ج ي أ.جَاءَ.يَجِيءُ.مَجِيءً	ص ف ف	ص ف ف.صَفَّ.يَصُفُّ.صَفًّا	م ل ك.مَلَكَ.يَمْلِكُ.مَلَكًا	ر ب ب.رَبَّ.يَرُبُّ.رَبًّا
وَجِاْيٓءَ	صَفًّا ﴿٢٢﴾	صَفًّا	وَٱلْمَلَكُ	رَبُّكَ
And is brought,	(upon) rank,	rank	and the Angels,	your Lord

and your Lord comes to judge with angels, rank upon rank, and Hell is brought forth

فاعل	مضارع مرفوع	ظرف زمان.مضاف إليه	جار.مجرور(نائب فاعل)	ظرف زمان.مضاف إليه
أ ن س	ذ ك ر.تَذَكَّرَ.يَتَذَكَّرُ.تَذَكُّرًا(تَفَعُّلٌ)			
ٱلْإِنسَٰنُ	يَتَذَكَّرُ	يَوْمَئِذٍ	بِجَهَنَّمَ	يَوْمَئِذٍ
man,	will remember	That Day	Hell.	that Day,

on that Day—this is when every disbelieving person will remember their own sins.

نداء.تمنّى.اسم(ليت).وقاية	مضارع مرفوع(هو)	مبتدأ مؤخر	جار.مجرور	حالية.استفهام
	ق و ل.قَالَ.يَقُولُ.قَوْلًا	ذ ك ر.ذَكَرَ.يَذْكُرُ.ذِكْرًا		ظرف مكان(خبر مقدم)
يَٰلَيْتَنِى	يَقُولُ	ٱلذِّكْرَىٰ ﴿٢٣﴾	لَهُ	وَأَنَّىٰ
O I wish	He will say,	the remembrance?	(will be) for him	but how

But what is the use of remembering then? They will cry, I wish

نافية	استئنافية.ظرف زمان.مضاف إليه	جار.مجرور.مضاف.مضاف إليه	ماضٍ.فاعل.خبر(ليت)
		ح ي ي.حَيِيَ.يَحْيَى.حَيَاةً	ق د م.قَدَّمَ.يُقَدِّمُ.تَقْدِيمًا(تَفْعِيلٌ)
لَّا	فَيَوْمَئِذٍ	لِحَيَاتِى ﴿٢٤﴾	قَدَّمْتُ
not	So that day	for my life.	I had sent forth

I had sent forth something good for my true life. On that Day

عطف.نافية	فاعل	مفعول مطلق.مضاف إليه	مضارع مرفوع
	أ ح د	ع ذ ب.عَذَبَ.يَعْذِبُ.عَذْبًا	ع ذ ب.عَذَّبَ.يُعَذِّبُ.تَعْذِيبًا(تَفْعِيلٌ)
وَلَا	أَحَدٌ ﴿٢٥﴾	عَذَابَهُۥٓ	يُعَذِّبُ
And not	anyone.	(as) His punishment	will punish,

He will punish them severely, like no other,

نعت(أي)	نداء.منادى	فاعل	مفعول مطلق.مضاف.مضاف إليه	مضارع مرفوع
ن ف س.نَفَسَ.يَنْفُسُ.نَفْسًا	تنبيه	أ ح د	و ث ق.وَثَقَ.يَوْثَقُ.وَثَاقًا	و ث ق.أَوْثَقَ.يُوثِقُ.إِيثَاقًا(إِفْعَالٌ)
ٱلنَّفْسُ	يَٰٓأَيَّتُهَا	أَحَدٌ ﴿٢٦﴾	وَثَاقَهُۥٓ	يُوثِقُ
soul!	O	anyone.	(as) his binding	will bind

and bind them tightly, like no other. Allah will say to the righteous,

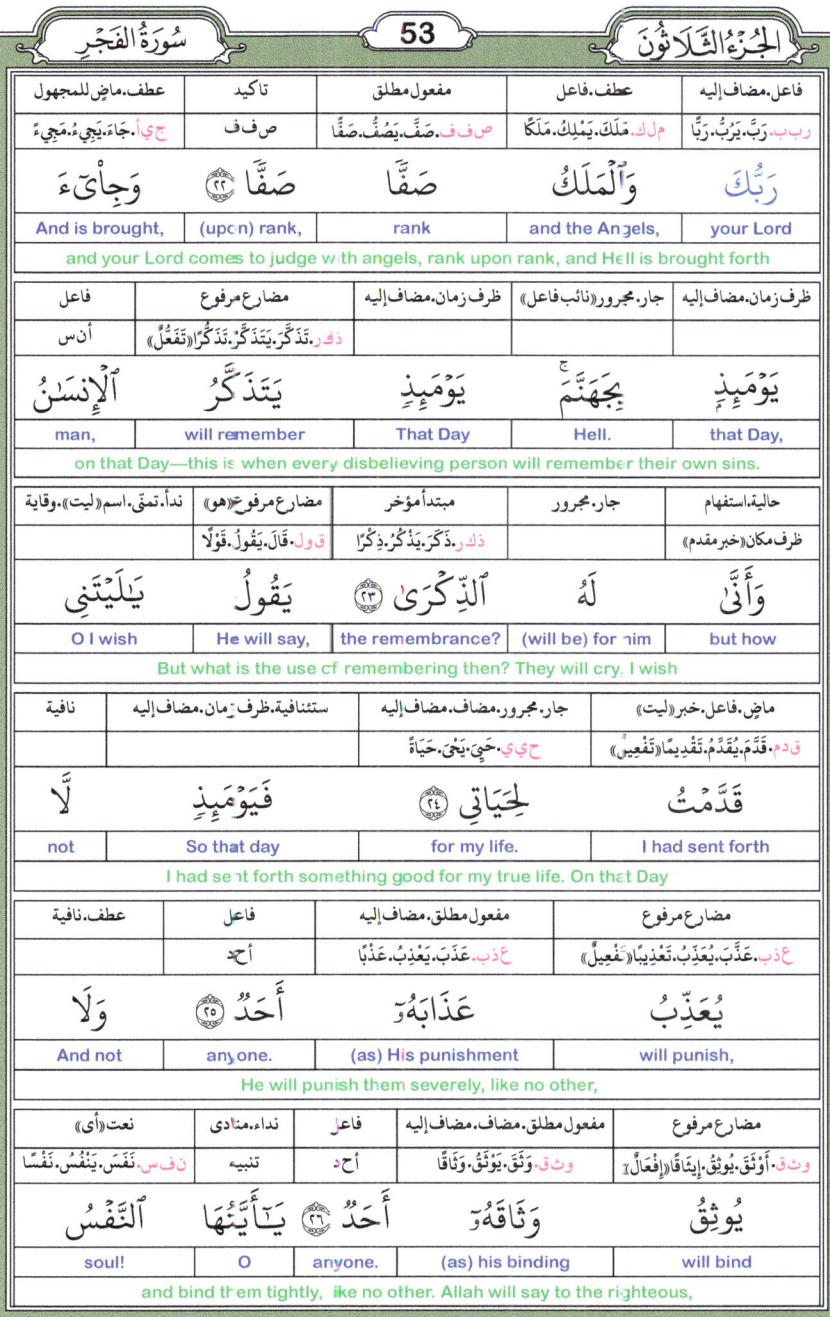

نعت«النفس»	أمر.فاعل	جار.مجرور.مضاف.مضاف إليه.حال			توكيد للحال
ط م ء ن. اِطْمَأَنَّ.يَطْمَئِنُّ.اِطْمِئْنَانًا	ر ج ع.رَجَعَ.يَرْجِعُ.رَجْعًا		ر ب ب. رَبَّ.يَرُبُّ.رَبًّا	ر ض و.رَضِيَ.يَرْضَى.رِضًى	ر ض و.رَضِيَ.يَرْضَى.رِضًى
ٱلْمُطْمَئِنَّةُ ﴿٢٧﴾	ٱرْجِعِيٓ	إِلَىٰ	رَبِّكِ	رَاضِيَةً	مَّرْضِيَّةً ﴿٢٨﴾
who is satisfied,	Return	to	your Lord	well pleased,	and pleasing.
"O tranquil soul! Return to your Lord, well pleased with Him and well pleasing to Him.					

عطف.أمر.فاعل	جار.مجرور.مضاف.مضاف إليه		عطف.أمر.فاعل	مفعول به.مضاف.مضاف إليه
د خ ل.دَخَلَ.يَدْخُلُ.دُخُولًا		ع ب د. عَبَدَ.يَعْبُدُ.عِبَادَةً	د خ ل.دَخَلَ.يَدْخُلُ.دُخُولًا	ج ن ن. جَنَّ.يَجُنُّ.جَنًّا
فَٱدْخُلِي	فِي	عِبَٰدِي ﴿٢٩﴾	وَٱدْخُلِي	جَنَّتِي ﴿٣٠﴾
So enter	among	My slaves,	And enter	My Paradise.
So join My servants, and enter My Paradise."				

سُورَةُ البَلَدِ

جار.مجرور.مضاف	لفظ الجلالة.مضاف إليه	نعت أول	نعت ثانٍ
س م و. سَمَا.يَسْمُو.سُمُوًّا	أ ل ه	ر ح م. رَحِمَ.يَرْحَمُ.رَحْمَةً	ر ح م. رَحِمَ.يَرْحَمُ.رَحْمَةً
بِسْمِ	ٱللَّهِ	ٱلرَّحْمَٰنِ	ٱلرَّحِيمِ ۝
In (the) name	(of) Allah	the Most Gracious	the Most Merciful
In the name of Allah, the Most Gracious, the Most Merciful			

نافية	مضارع مرفوع«أنا»	جار.مجرور	بدل	اعتراضية.مبتدأ	خبر
	ق س م. أَقْسَمَ.يُقْسِمُ.إِقْسَامًا«إِفْعَالٌ»	اسم إشارة	ب ل د. بَلَدَ.يَبْلُدُ.بُلُودًا		ح ل ل.حَلَّ.يَحِلُّ.حِلًّا
لَآ	أُقْسِمُ	بِهَٰذَا	ٱلْبَلَدِ ﴿١﴾	وَأَنتَ	حِلٌّۢ
Nay!	I swear	by this	city,	And you	(are) free (to dwell)
I do swear by this city of 'Mecca'— even though you 'O Prophet' are subject to abuse					

جار.مجرور	بدل	عطف.معطوف على«البلد»	عطف.موصول	ماضٍ«هو».صلة الموصول	واقعة في جواب القسم.تحقيق
اسم إشارة	ب ل د	و ل د. وَلَدَ.يَلِدُ.وِلَادًا		و ل د. وَلَدَ.يَلِدُ.وِلَادًا	
بِهَٰذَا	ٱلْبَلَدِ ﴿٢﴾	وَوَالِدٍ	وَمَا	وَلَدَ ﴿٣﴾	لَقَدْ
in this	city.	And the begetter	and what	he begot.	Certainly,
in this city— and by every parent and their child! Indeed,					

ربع الحزب ٦٠

مخففة من	استفهام.مضارع مرفوع(هو)	جار.مجرور(حال)		مفعول به	ماضٍ.فاعل
الثقيلة	ح س ب.حَسِبَ.يَحْسَبُ.حِسْبَانًا	ك ب د.كَبِدَ.يَكْبَدُ.كَبَدًا		أ ن س	خ ل ق.خَلَقَ.يَخْلُقُ.خَلْقًا
أَن	أَيَحْسَبُ	كَبَدٍ ﴿٤﴾	فِي	ٱلْإِنسَٰنَ	خَلَقْنَا
that	Does he think	hardship.	(to be) in	man	we have created

We have created humankind in constant struggle. Do they think that

مضارع مرفوع(هو)	فاعل	جار.مجرور	مضارع منصوب	نفي ونصب واستقبال
ق و ل.قَالَ.يَقُولُ.قَوْلًا	أ ح د		ق د ر.قَدَرَ.يَقْدِرُ.قُدْرَةً	
يَقُولُ	أَحَدٌ ﴿٥﴾	عَلَيْهِ	يَقْدِرَ	لَّن
He will say,	anyone?	over him	has power	not

no one has power over them, boasting,

مخففة من الثقيلة	استفهام.مضارع مرفوع(هو)	نعت	مفعول به	ماضٍ.فاعل
	ح س ب.حَسِبَ.يَحْسَبُ.حِسْبَانًا	ل ب د.لَبَدَ.يَلْبُدُ.لُبْدَةً	م و ل	ه ل ك.أَهْلَكَ.يُهْلِكُ.إِهْلَاكًا(إفعال)
أَن	أَيَحْسَبُ	لُّبَدًا ﴿٦﴾	مَالًا	أَهْلَكْتُ
that	Does he think	abundant.	wealth	I have squandered

"I have wasted enormous wealth!" ? Do they think that

جار.مجرور	مضارع مجزوم(نحن)	استفهام.نفي وجزم وقلب	فاعل	مضارع مجزوم.مفعول به	نفي وجزم وقلب
	ج ع ل.جَعَلَ.يَجْعَلُ.جَعْلًا		أ ح د	ر أ ي.رَأَى.يَرَى.رُؤْيَةً	
لَّهُۥ	نَجْعَل	أَلَمْ	أَحَدٌ ﴿٧﴾	يَرَهُۥٓ	لَّمْ
for him	We made	Have not	anyone?	sees him	not

no one sees them? Have We not given them

عطف.ماضٍ.فاعل.مفعول به أول	عطف.معطوف على(عينين)	عطف.معطوف على(عينين)	مفعول به
ه د ي.هَدَى.يَهْدِي.هِدَايَةً	ش ف ه.شَفَهَ.يَشْفَهُ.شَفَهًا	ل س ن.لَسِنَ.يَلْسَنُ.لَسَنًا	ع ي ن.عَانَ.يَعِينُ.عَيْنًا
وَهَدَيْنَٰهُ	وَشَفَتَيْنِ ﴿٩﴾	وَلِسَانًا	عَيْنَيْنِ ﴿٨﴾
And shown him	and two lips?	And a tongue,	two eyes?

two eyes, a tongue, and two lips; and shown them the two ways of right and wrong?

اعتراضية.مبتدأ	مفعول به	ماضٍ(هو)	عطف نافية	مفعول به ثانٍ
استفهام	ع ق ب.عَقَبَ.يَعْقُبُ.عَقْبًا	ق ح م.اِقْتَحَمَ.يَقْتَحِمُ.اِقْتِحَامًا(افتعال)		ن ج د.نَجَدَ.يَنْجُدُ.نُجُودًا
وَمَآ	ٱلْعَقَبَةَ ﴿١١﴾	ٱقْتَحَمَ	فَلَا	ٱلنَّجْدَيْنِ ﴿١٠﴾
And what	the steep path	he has attempted	But not	the two ways?

If only they had attempted the challenging path of goodness instead !

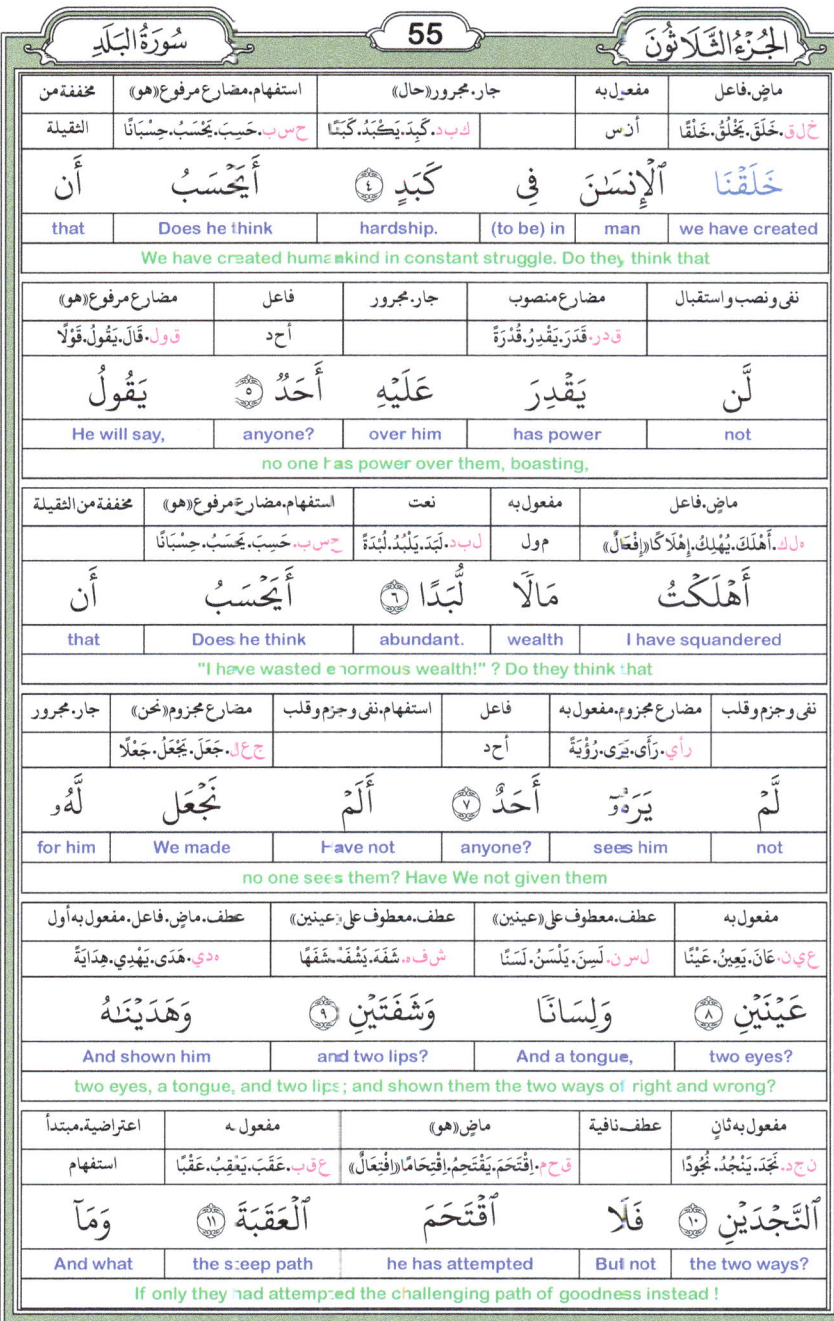

ماضٍ«هو».خبر«ما».مفعول به	مبتدأ	خبر	خبر«مبتدأ محذوف».مضاف	مضاف إليه
دري.أَدْرَى.يُدْرِي.إِدْرَاءً«إِفْعَالٌ»	استفهام	ع ق ب.عَقَبَ.يَعْقِبُ.عَقْبًا	ف ك ك.فَكَّ.يَفُكُّ.فَكًّا	ر ق ب.رَقَبَ.يَرْقُبُ.رَقُوبًا
أَدْرَىٰكَ	مَا	ٱلْعَقَبَةُ ﴿١٢﴾	فَكُّ	رَقَبَةٍ ﴿١٣﴾
can make you konw	what	the steep path (is)?	(It is) freeing	a neck,

And what will make you realize what attempting the challenging path is? It is to free a slave;

عطف	معطوف على«فك»	جار.مجرور		مضاف	مضاف إليه	مفعول به	نعت.مضاف
	ط ع م.أَطْعَمَ.يُطْعِمُ.إِطْعَامًا«إِفْعَالٌ»		ي و م	نعت	س غ ب.سَغَبَ.يَسْغُبُ.سَغْبًا	ي ت م	
أَوْ	إِطْعَٰمٌ	فِي	يَوْمٍ	ذِي	مَسْغَبَةٍ ﴿١٤﴾	يَتِيمًا	ذَا
Or	feeding	in	a day	of	severe hunger.	An orphan	of

or to give food in times of famine to an orphaned

مضاف إليه	عطف	معطوف على«يتيمًا»	نعت.مضاف	مضاف إليه	عطف
ق ر ب.قَرِبَ.يَقْرَبُ.قُرْبًا		س ك ن.سَكَنَ.يَسْكُنُ.سُكُونَةً		ت ر ب.تَرِبَ.يَتْرَبُ.تَرَبًا	
مَقْرَبَةٍ ﴿١٥﴾	أَوْ	مِسْكِينًا	ذَا	مَتْرَبَةٍ ﴿١٦﴾	ثُمَّ
near relationship,	Or	a needy person	in	misery,	Then

relative or to a poor person in distress; and—

ماضٍ ناقص«هو»	جار.مجرور«خبر كان».موصول		ماضٍ.فاعل.صلة الموصول	عطف.ماضٍ.فاعل
ك و ن.كَانَ.يَكُونُ.كَوْنًا			أ م ن.آمَنَ.يُؤْمِنُ.إِيمَانًا«إِفْعَالٌ»	و ص ي.تَوَاصَى.يَتَوَاصَى.تَوَاصِيًا«تَفَاعُلٌ»
كَانَ	مِنَ	ٱلَّذِينَ	ءَامَنُوا۟	وَتَوَاصَوْا۟
he is	of	those who	believe	and enjoin (each other)

above all—to be one of those who have faith and urge each other

جار.مجرور	عطف.ماضٍ.فاعل	جار.مجرور	إشارة.مبتدأ	خبر.مضاف
ص ب ر	و ص ي.تَوَاصَى.يَتَوَاصَى.تَوَاصِيًا«تَفَاعُلٌ»	ر ح م.رَحِمَ.يَرْحَمُ.مَرْحَمَةً		ص ح ب.صَحِبَ.يَصْحَبُ.صُحْبَةً
بِٱلصَّبْرِ	وَتَوَاصَوْا۟	بِٱلْمَرْحَمَةِ ﴿١٧﴾	أُو۟لَٰٓئِكَ	أَصْحَٰبُ
to patience,	and enjoin (each other)	to compassion.	Those	(are the) companions

to perseverance and urge each other to compassion. These are the people

مضاف إليه	عطف.موصول.مبتدأ	ماضٍ.فاعل.صلة الموصول	جار.مجرور.مضاف.مضاف إليه	مبتدأ
ي م ن.يَمِنَ.يَيْمَنُ.يَمْنًا		ك ف ر.كَفَرَ.يَكْفُرُ.كُفْرًا	أ ي ي	
ٱلْمَيْمَنَةِ ﴿١٨﴾	وَٱلَّذِينَ	كَفَرُوا۟	بِـَٔايَٰتِنَا	هُمْ
(of) the right (hand)	But those who	disbelieve	in Our Verses,	they

of the right. As for those who deny Our signs,

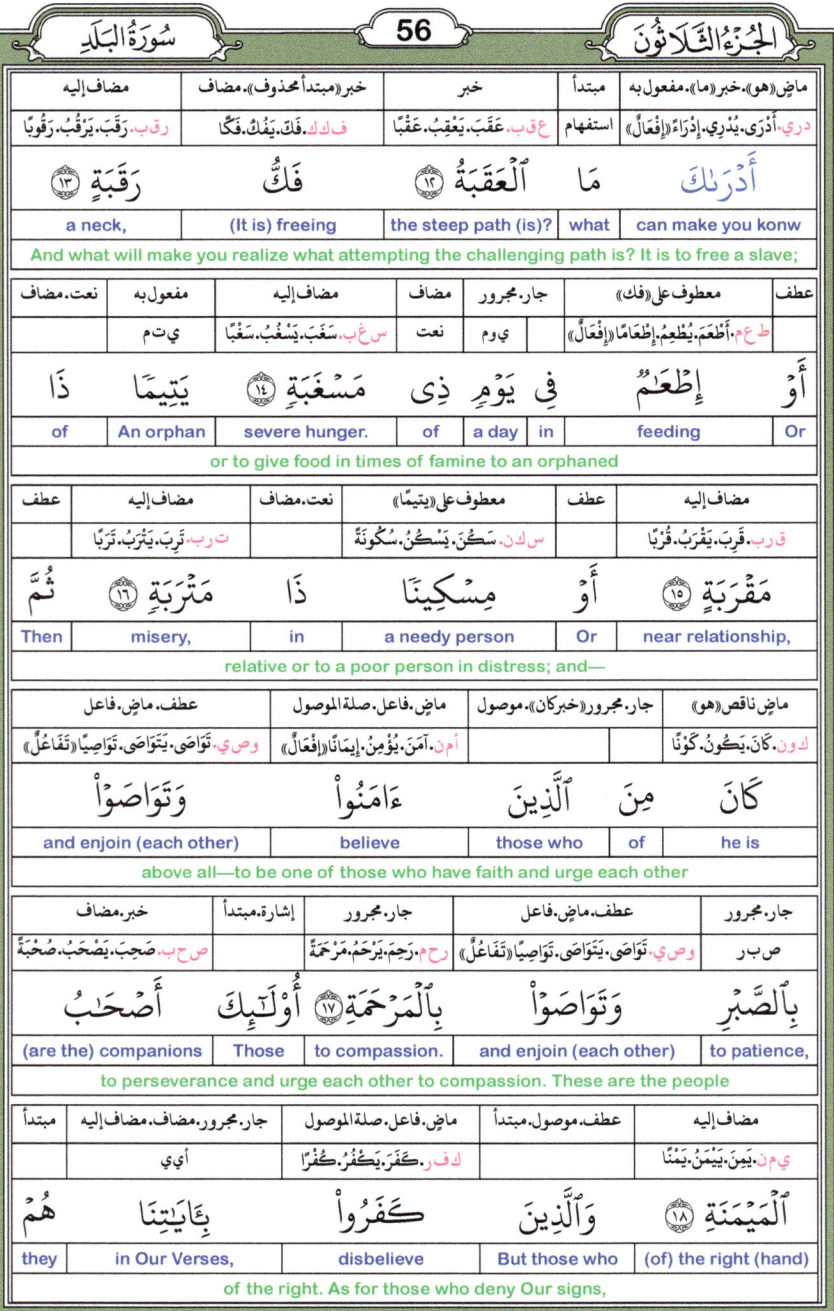

مبتدأ مؤخر	جار.مجرور«خبر مقدم»	مضاف إليه	خبر.مضاف
ن و ر.نَارَ.يَنُورُ.نَوْرًا		ش أ م.شَئِمَ.يَشْئَمُ.شَأْمًا	ص ح ب.صَحِبَ.يَصْحَبُ.صُحْبَةً
نَارٌ	عَلَيْهِمْ	ٱلْمَشْـَٔمَةِ ١٩	أَصْحَٰبُ
(will be the) Fire	Over them	(of) the left (hand).	(are the) companions
they are the people of the left. The Fire will			

نعت
و ص د.أَوْصَدَ.يُؤْصِدُ.إِيصَادًا«إِفْعَالٌ»
مُّؤْصَدَةٌۢ ٢٠
closed in.
be sealed over them.

سُورَةُ الشَّمْسِ

نعت ثانٍ	نعت أول	لفظ الجلالة.مضاف إليه	جار.مجرور.مضاف
ر ح م.رَحِمَ.يَرْحَمُ.رَحْمَةً	ر ح م.رَحِمَ.يَرْحَمُ.رَحْمَةً	أ ل ه	س م و.سَمَا.يَسْمُو.سُمُوًّا
ٱلرَّحِيمِ	ٱلرَّحْمَٰنِ	ٱللَّهِ	بِسْمِ
the Most Merciful	the Most Gracious	(of) Allah	In (the) name
In the name of Allah, the Most Gracious, the Most Merciful			

ظرف زمان	عطف.معطوف على«الشمس»	عطف.معطوف على«الشمس».مضاف.مضاف إليه	جر وقسم.مجرور
	ق م ر	ض ح ي.ضَحِيَ.يَضْحَى.ضُحًّى	ش م س
إِذَا	وَٱلْقَمَرِ	وَضُحَىٰهَا ١	وَٱلشَّمْسِ
when	And the moon	and its brightness,	By the sun
By the sun and its brightness, and the moon			

ماضٍ«هو».مضاف إليه.مفعول به	ظرف زمان	عطف.معطوف على«الشمس»	ماضٍ«هو».مضاف إليه.مفعول به
ج ل و.جَلَّى.يُجَلِّي.تَجْلِيَةً«تَفْعِيلٌ»		ن ه ر.نَهَرَ.يَنْهَرُ.نَهْرًا	ت ل و.تَلَى.يَتْلُو.تِلْوًا
جَلَّىٰهَا ٣	إِذَا	وَٱلنَّهَارِ	تَلَىٰهَا ٢
it displays it,	when	And the day	it follows it,
as it follows it, and the day as it unveils it,			

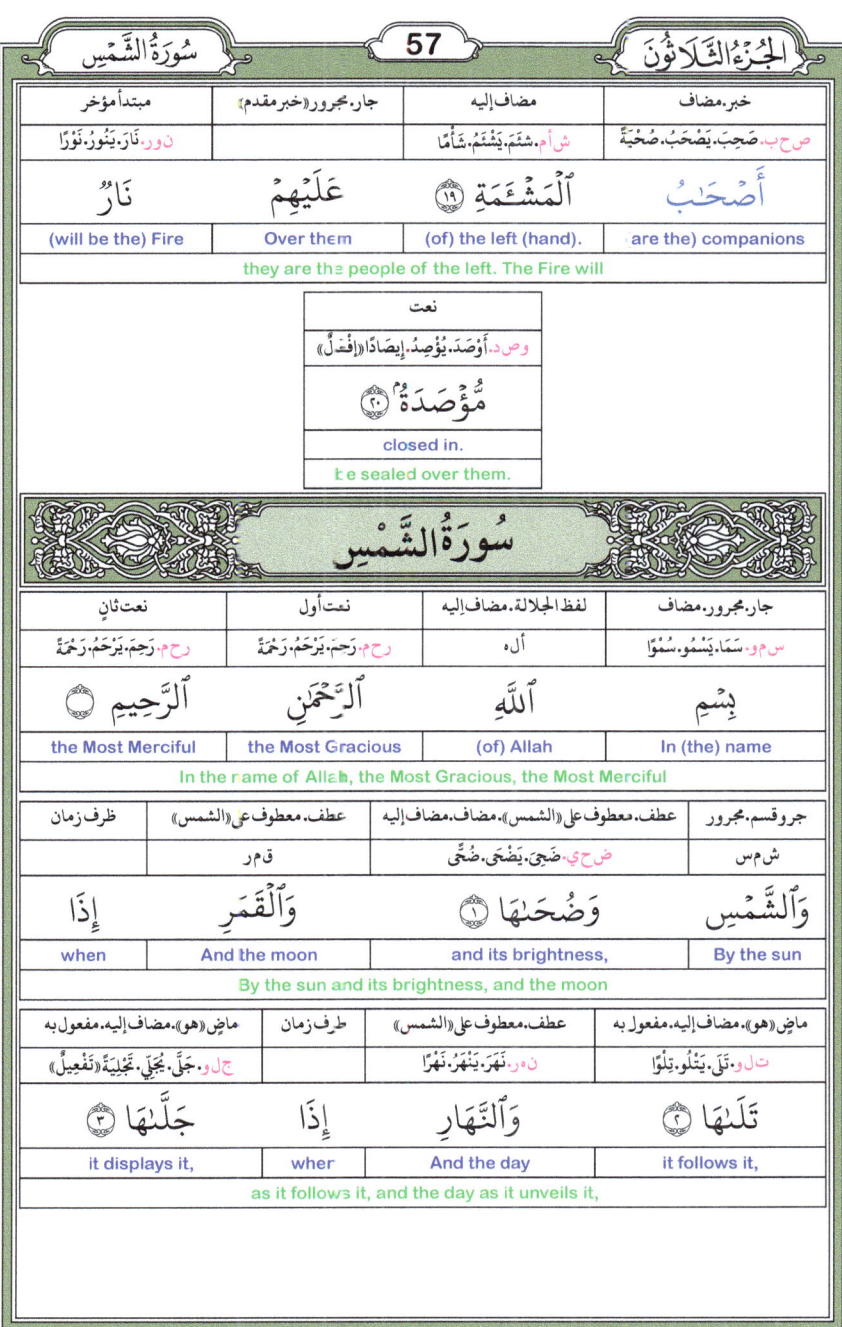

سُورَةُ الشَّمْسِ | 58 | الجُزْءُ الثَّلَاثُونَ

عطف.مصدرى	عطف.معطوف على«الشمس»	مضارع مرفوع«هو». مضاف إليه.مفعول به	ظرف زمان	عطف.معطوف على«الشمس»
	س م و. سَمَا.يَسْمُو.سُمُوًّا	غ ش و. غَشِيَ.يَغْشَى.غَشْيًا		ل ي ل
وَمَا	وَٱلسَّمَآءِ	يَغْشَىٰهَا ۝٤	إِذَا	وَٱلَّيْلِ
and (He) Who	And the heaven	it covers it,	when	And the night

and the night as it conceals it! And by heaven and the One

ماضٍ«هو».مفعول به	عطف.مصدرية	عطف.معطوف على«الشمس»	ماضٍ«هو».مفعول به
ط ح و. طَحَى.يَطْحُو.طَحْوًا		أرض	ب ن ي. بَنَى.يَبْنِي.بِنَاءً
طَحَىٰهَا ۝٦	وَمَا	وَٱلْأَرْضِ	بَنَىٰهَا ۝٥
spread it!	and by (He) Who	And the earth	constructed it,

Who built it, and the earth and the One Who spread it!

عطف.ماضٍ«هو».مفعول به أول	ماضٍ«هو».مفعول به	عطف.مصدرية	عطف.معطوف على«الشمس»
ل ه م. أَلْهَمَ.يُلْهِمُ.إِلْهَامًا«إفْعَالٌ»	س و ي. سَوَّى.يُسَوِّي.تَسْوِيَةً«تفعيلٌ»		ن ف س. نَفَسَ.يَنْفُسُ.نَفْسًا
فَأَلْهَمَهَا	سَوَّىٰهَا ۝٧	وَمَا	وَنَفْسٍ
And He inspired it,	propotioned it,	and (He) Who	And by (the) soul

And by the soul and the One Who fashioned it,

تحقيق	عطف.معطوف على«فجور». مضاف إليه	مفعول به ثانٍ.مضاف.مضاف إليه
	و ق ي. اِتَّقَى.يَتَّقِي.اِتِّقَاءً«افْتِعَالٌ»	ف ج ر. فَجَرَ.يَفْجُرُ.فُجُورًا
قَدْ	وَتَقْوَىٰهَا ۝٨	فُجُورَهَا
Indeed,	and its righteousness	(to distinguish) its wickedness

then with the knowledge of right and wrong inspired it!

ماضٍ	عطف.تحقيق	ماضٍ«هو».جملة صلة الموصول.مفعول به	موصول	ماضٍ
خ ي ب. خَابَ.يَخِيبُ.خَيْبَةً		ز ك و. زَكَّى.يُزَكِّي.تَزْكِيَةً«تفْعِيلٌ»	فاعل	ف ل ح. أَفْلَحَ.يُفْلِحُ.إِفْلَاحًا«إفْعَالٌ»
خَابَ	وَقَدْ	زَكَّىٰهَا ۝٩	مَن	أَفْلَحَ
he fails	And indeed,	purifies it,	who	he succeeds

Successful indeed is the one who purifies their soul, and doomed is the one

فاعل	ماضٍ.تانيث	ماضٍ.مفعول به.صلة الموصول	موصول.فاعل
	ك ذ ب. كَذَّبَ.يُكَذِّبُ.تَكْذِيبًا«تَفْعِيلٌ»	د س س. دَسَّسَ.يُدَسِّسُ.تَدْسِيسًا«تَفْعِيلٌ»	
ثَمُودُ	كَذَّبَتْ	دَسَّىٰهَا ۝١٠	مَن
Thamud	Denied	buries it.	who

who corrupts it! Thamûd rejected the truth

جار مجرور.مفعول به	ظرف زمان.مضاف	ماضٍ	فاعل.جملة مضاف إليه
ط غ و.طَغَا.يَطْغُو.طُغْوًا		ب ع ث.اِنْبَعَثَ.يَنْبَعِثُ.اِنْبِعَاثًا «اِنْفِعَالٌ»	ش ق و.شَقِوَ.يَشْقَا.شَقًّا
بِطَغْوَىٰهَآ ١١	إِذِ	ٱنۢبَعَثَ	أَشْقَىٰهَا ١٢
by their transgression,	When	(was) sent forth	(the) most wicked of them.
out of arrogance, when the most wicked of them was roused to kill the she-camel.			

عطف.ماضٍ	جار.مجرور	فاعل.مضاف	مضاف إليه.لفظ الجلالة	مفعول به.مضاف	مضاف إليه.لفظ الجلالة
ق و ل		ر س ل.رَسِلَ.يَرْسَلُ.رَسَلًا	أ ل ه	ن و ق.نَاقَ.يَنُوقُ.نَوْقًا	أ ل ه
فَقَالَ	لَهُمْ	رَسُولُ	ٱللَّهِ	نَاقَةَ	ٱللَّهِ
But said	to them	(the) Messenger	(of) Allah	(it is the) she-camel	(of) Allah
But the messenger of Allah warned them, Do not disturb Allah's camel and her					

عطف.مضاف.مضاف إليه	عطف.ماضٍ.فاعل.مفعول به	عطف.ماضٍ.فاعل.مفعول به
س ق ي.سَقَى.يَسْقِي.سُقْيًا	ك ذ ب.كَذَّبَ.يُكَذِّبُ.تَكْذِيبًا «تَفْعِيلٌ»	ع ق ر.عَقَرَ.يَعْقِرُ.عَقْرًا
وَسُقْيَٰهَا ١٣	فَكَذَّبُوهُ	فَعَقَرُوهَا
and her drink.	But they denied him,	and they hamstrung her.
turn to drink! Still they defied him and slaughtered her.		

عطف.ماضٍ	جار.مجرور	فاعل.مضاف.مضاف إليه	جار.مجرور.مضاف.مضاف إليه
د م د م.دَمْدَمَ.يُدَمْدِمُ.دَمْدَمَةً		ر ب ب.رَبَّ.يَرُبُّ.رَبًّا	ذ ن ب.ذَنَبَ.يَذْنِبُ.ذَنْبًا
فَدَمْدَمَ	عَلَيْهِمْ	رَبُّهُم	بِذَنۢبِهِمْ
so destroyed	them	their Lord	for their sin
So their Lord crushed them for their crime, levelling all to the ground.			

عطف.ماضٍ«هو» مفعول به	حالية.نافية	مضارع مرفوع«هو»	مفعول به.مضاف.مضاف إليه
س و ي.سَوَّى.يُسَوِّي.تَسْوِيَةً «تَفْعِيلٌ»		خ و ف.خَافَ.يَخَافُ.خَوْفًا	ع ق ب.عَقَبَ.يَعْقِبُ.عَقْبًا
فَسَوَّىٰهَا ١٤	وَلَا	يَخَافُ	عُقْبَٰهَا ١٥
and leveled them.	And not	He fears	its consequences.
He has no fear of consequences.			

سُورَةُ اللَّيْلِ

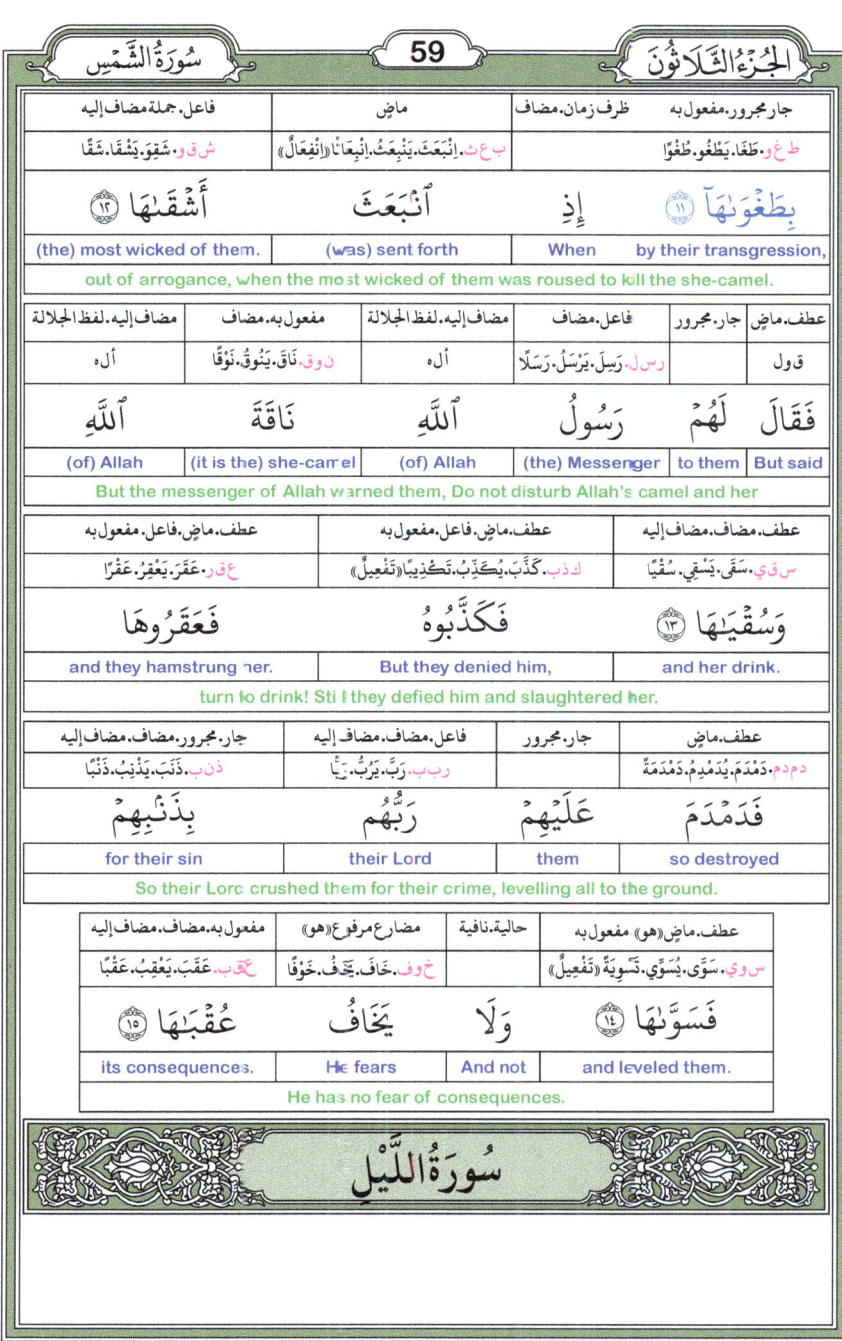

نعت ثانٍ	نعت أول	لفظ الجلالة.مضاف إليه	جار.مجرور.مضاف
ر ح م.رَحِمَ.يَرْحَمُ.رَحْمَةً	ر ح م.رَحِمَ.يَرْحَمُ.رَحْمَةً	أ ل ه	س م و.سَمَا.يَسْمُو.سُمُوًّا
ٱلرَّحِيمِ ١	ٱلرَّحۡمَٰنِ	ٱللَّهِ	بِسۡمِ
the Most Merciful	the Most Gracious	(of) Allah	In (the) name
In the name of Allah, the Most Gracious, the Most Merciful			

ظرف زمان	عطف.معطوف على «الليل»	مضارع مرفوع «هو».مضاف إليه	ظرف زمان	جر وقسم.مجرور
	ن ه ر.نَهَرَ.يَنْهَرُ.نَهْرًا	غ ش و.غَشِيَ.يَغْشَى.غَشْيًا		ل ي ل
إِذَا	وَٱلنَّهَارِ	يَغۡشَىٰ ١	إِذَا	وَٱلَّيۡلِ
when	And the day	it covers,	when	By the night
By the night when it covers, and the day				

عطف.معطوف على «الذكر»	مفعول به	ماضٍ «هو».صلة الموصول	عطف.موصول	ماضٍ «هو».مضاف إليه
أ ن ث.أَنُثَ.يَأْنُثُ.أَنَثًا	ذ ك ر	خ ل ق.خَلَقَ.يَخْلُقُ.خَلْقًا		ج ل و.تَجَلَّى.يَتَجَلَّى.تَجَلِّيًا «تَفَعُّلٌ»
وَٱلۡأُنثَىٰٓ ٣	ٱلذَّكَرَ	خَلَقَ	وَمَا	تَجَلَّىٰ ٢
and the female,	the male	created	And He Who	it shines in brightness,
when it shines! And by the One Who created male and female!				

مبتدأ. موصول	استئنافية. تفصيل وشرط	مزحلقة.خبر «إن»	اسم «إن».مضاف.مضاف إليه	توكيد ونصب
		ش ت ت.شَتَّ.يَشِتُّ.شَتًّا	س ع ي.سَعَى.يَسْعَى.سَعْيًا	
مَنۡ	فَأَمَّا	لَشَتَّىٰ ٤	سَعۡيَكُمۡ	إِنَّ
(him) who	Then as for	(are) surely diverse.	your efforts	Indeed,
Surely the ends you strive for are diverse. As for the one who				

عطف.ماضٍ «هو»	عطف.ماضٍ «هو»	ماضٍ «هو».صلة الموصول
ص د ق.صَدَّقَ.يُصَدِّقُ.تَصْدِيقًا «تَفْعِيلٌ»	و ق ي.اِتَّقَى.يَتَّقِي.اِتِّقَاءً «اِفْتِعَالٌ»	ع ط و.أَعْطَى.يُعْطِي.إِعْطَاءً «إِفْعَالٌ»
وَصَدَّقَ	وَٱتَّقَىٰ ٥	أَعۡطَىٰ
And believes	and fears,	gives
is charitable, mindful of Allah, and firmly believes in the		

جار.مجرور	واقعة في جواب «أما».استقبال.مضارع مرفوع «نحن».مفعول به.خبر	جار.مجرور
ي س ر.يَسُرَ.يَيْسُرُ.يُسْرًا	ي س ر.يَسَّرَ.يُيَسِّرُ.تَيْسِيرًا «تَفْعِيلٌ»	ح س ن.حَسُنَ.يَحْسُنُ.حَسَنًا
لِلۡيُسۡرَىٰ ٧	فَسَنُيَسِّرُهُۥ	بِٱلۡحُسۡنَىٰ ٦
towards [the] ease.	Then we will ease him	in the best,
finest reward, We will facilitate for them the Way of Ease.		

عطف	مبتدأ.موصول	ماضٍ«هو».صلة الموصول	عطف.ماضٍ«هو»
تفصيل وشرط		ب خ ل.بَخِلَ.يَبْخَلُ.بُخْلًا	غ ن ي.اِسْتَغْنَى.يَسْتَغْنِي.اِسْتِغْنَاءً«اِسْتِفْعَالٌ»
وَأَمَّا	مَنۢ	بَخِلَ	وَٱسْتَغْنَىٰ ﴿٨﴾
But as for	(him) who	withholds	and considers himself free from need,

And as for the one who is stingy, indifferent to Allah,

عطف.ماضٍ«هو»	جار.مجرور	واقعة في جوب«أما».استقبال.مضارع مرفوع«نحن».مفعول به.خبر
ك ذ ب.كَذَّبَ.يُكَذِّبُ.تَكْذِيبًا«تَفْعِيلٌ»	ح س ن.حَسُنَ.يَحْسُنُ.حَسَنًا	ي س ر.يَسَّرَ.يُيَسِّرُ.تَيْسِيرًا«تفعيلٌ»
وَكَذَّبَ	بِٱلْحُسْنَىٰ ﴿٩﴾	فَسَنُيَسِّرُهُۥ
And denies	the best,	Then we sill ease him

and staunchly denies the finest reward, We will facilitate

جار.مجرور	عطف.نافية	مضارع مرفوع	جار.مجرور	فاعل.مضاف.مضاف إليه	ظرف زمان
ع س ر.عَسُرَ.يَعْسُرُ.عُسْرًا		غ ن ي.أَغْنَى.يُغْنِي.إِغْنَاءً«إفعالٌ»		م و ل	معنى الشرط
لِلْعُسْرَىٰ ﴿١٠﴾ وَمَا		يُغْنِي	عَنْهُ	مَالُهُۥٓ	إِذَا
towards [the] difficulty.	And not	will avail	him	his wealth	when

for them the path of hardship. And their wealth will be of no benefit to them when they tumble

ماضٍ«هو».مضاف إليه	توكيد ونصب	جار.مجرور«خبر إن»مقدم	توكيد.اسم«إن»مؤخر	عطف.توكيد ونصب
ر د ي.تَرَدَّى.يَتَرَدَّى.تَرَدِّيًا«تَفَعُّلٌ»			ه د ي.هَدَى.يَهْدِي.هُدًى	
تَرَدَّىٰٓ ﴿١١﴾	إِنَّ	عَلَيْنَا	لَلْهُدَىٰ ﴿١٢﴾	وَإِنَّ
he falls.	Indeed,	upon Us	(is) the guidance.	And indeed,

into Hell. It is certainly upon Us alone to show the way to guidance. And surely

جار.مجرور«خبر إن»	توكيد.اسم«إن»	عطف.معطوف على«الآخرة»	عطف.ماضٍ.فاعل.مفعول به أول	مفعول به ثانٍ
	أ خ ر	أ و ل.آلَ.يَئُولُ.أَوْلًا	ن ذ ر.أَنْذَرَ.يُنْذِرُ.إِنْذَارًا«إِفْعَالٌ»	ن و ر.نَارَ.يَنُورُ.نَوْرًا
لَنَا	لَلْـَٔاخِرَةَ	وَٱلْأُولَىٰ ﴿١٣﴾	فَأَنذَرْتُكُمْ	نَارًا
for Us	(is) the Hereafter	and the first (life).	So I warn you	(of) a Fire

to Us alone belong this life and the next. And so I have warned you of a

مضارع مرفوع«هي».نعت أول	نافية	مضارع مرفوع.مفعول به	حصر	فاعل	موصول.نعت
ل ظ ي.تَلَظَّى.يَتَلَظَّى.تَلَظِّيًا		ص ل ي.صَلِيَ.يَصْلَى.صِلِيًّا		ش ق و.شَقِوَ.يَشْقَا.شَقًا	
تَلَظَّىٰ ﴿١٤﴾	لَا	يَصْلَىٰهَآ	إِلَّا	ٱلْأَشْقَى ﴿١٥﴾	ٱلَّذِى
blazing,	Not	will burn (in) it	except	the most wretched,	The one who

raging Fire, in which none will burn except the most wretched— who

ماضٍ«هو».صلة الموصول	عطف.ماضٍ«هو»	عطف.استقبال.مضارع للمجهول.مفعول به	نائب فاعل
كَذَّبَ.يُكَذِّبُ.تَكْذِيبًا«تَفْعِيلٌ»	ول ي. تَوَلَّى.يَتَوَلَّى.تَوَلٍّ«تَفَعُّلٌ»	ج ن ب. جَنَّبَ.يُجَنِّبُ.تَجْنِيبًا«تَفْعِيلٌ»	وق ي
كَذَّبَ	وَتَوَلَّىٰ ١٦	وَسَيُجَنَّبُهَا	ٱلْأَتْقَى ١٧
denied	and turned away.	But will be removed from it	the righteous,
deny and turn away. But the righteous will be spared from it—			

موصول.نعت	مضارع مرفوع«هو».صلة الموصول	مفعول به.مضاف إليه	مضارع مرفوع«هو».حال	عطف.نافية
	أ ت ي. آتَى.يُؤْتِي.إِيتَاءً«إِفْعَالٌ»	م و ل	ز ك و. تَزَكَّى.يَتَزَكَّى.تَزَكٍّ«تَفَعُّلٌ»	
ٱلَّذِى	يُؤْتِى	مَالَهُۥ	يَتَزَكَّىٰ ١٨	وَمَا
The one who	gives	his wealth	to purify himself,	And not
who donate 'some of' their wealth only to purify themselves,				

جار.مجرور«خبر مقدم»	ظرف مكان.مضاف.مضاف إليه	جر زائد	مبتدأ مؤخر	مضارع مرفوع للمجهول«هو».نعت	استثناء
أ ح د	ع ن د		ن ع م. نَعِمَ.يَنْعَمُ.نَعْمَةً	ج ز ي. جَزَى.يَجْزِي.جَزَاءً	
لِأَحَدٍ	عِندَهُۥ	مِن	نِّعْمَةٍ	تُجْزَىٰٓ ١٩	إِلَّا
for anyone	with him	any	favor	to be recompensed	except
not in return for someone's favours, but					

مضاف	مضاف إليه.مضاف	مضاف إليه.مضاف.مضاف إليه	نعت
ب غ ي. اِبْتَغَى.يَبْتَغِي.اِبْتِغَاءً«اِفْتِعَالٌ»	و ج ه. وَجُهَ.يَوْجُهُ.وَجَاهَةً	ر ب ب. رَبَّ.يَرُبُّ.رَبًّا	ع ل و. عَلَا.يَعْلُو.عُلُوًّا
ٱبْتِغَآءَ	وَجْهِ	رَبِّهِ	ٱلْأَعْلَىٰ ٢٠
seeking	the Countenance	of his Lord,	the Most High.
seeking the pleasure of their Lord, the Most High.			

استئنافية.واقعة فى جواب القسم.استقبال	مضارع مرفوع«هو»
	ر ض و. رَضِيَ.يَرْضَى.رِضًى
وَلَسَوْفَ	يَرْضَىٰ ٢١
And soon surely	he will be pleased.
They will certainly be pleased.	

سُورَةُ الضُّحَىٰ

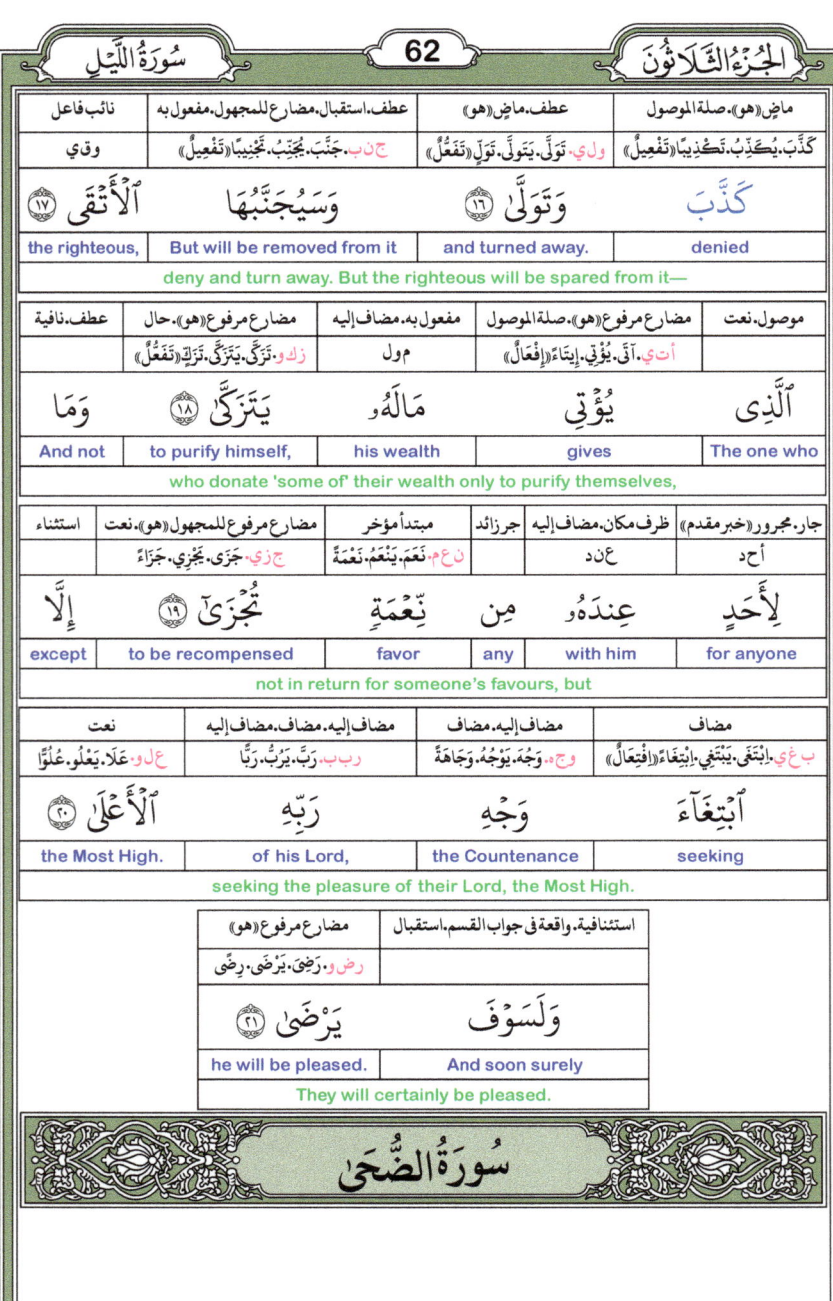

نعت ثانٍ	نعت أول	لفظ الجلالة. مضاف إليه	جار. مجرور. مضاف
رح م. رَحِمَ. يَرْحَمُ. رَحْمَةً	رح م. رَحِمَ. يَرْحَمُ. رَحْمَةً	أ ل ه	س م و. سَمَا. يَسْمُو. سُمُوًّا
ٱلرَّحِيمِ (١)	ٱلرَّحْمَٰنِ	ٱللَّهِ	بِسْمِ
the Most Merciful	the Most Gracious	(of) Allah	In (the) name

In the name of Allah, the Most Gracious, the Most Merciful

نافية	ماضٍ «هو». مضاف إليه	ظرف زمن	عطف. معطوف على «الضحى»	جر وقسم. مجرور
	س ج و. سَجَى. يَسْجُو. سَجْوًا		ل ي ل	ض ح ي. ضَحِيَ. يَضْحَى. ضُحًى
مَا	سَجَىٰ (٢)	إِذَا	وَٱلَّيْلِ	وَٱلضُّحَىٰ (١)
Not	it covers with darkness,	when	And the night	By the morning brightness,

By the morning sunlight, and by the night when it falls still!

عطف. لام ابتداء. مبتدأ	ماضٍ «هو»	عطف	فاعل. مضاف إليه	ماضٍ. مفعول به
أ خ ر	ق ل ي. قَلَى. يَقْلُو. قَلْوًا	نافية	ر ب ب. رَبَّ. يَرُبُّ. رَبًّا	و د ع. وَدَّعَ. يُوَدِّعُ. تَوْدِيعًا «تَفْعِيلٌ»
وَلَلْءَاخِرَةُ	قَلَىٰ (٣)	وَمَا	رَبُّكَ	وَدَّعَكَ
And surely the Hereafter	He is displeased,	and not	your Lord	has forsaken you

Your Lord 'O Prophet' has not abandoned you, nor has He become hateful of you. And the next

مضارع مرفوع. مفعول به	عطف. لام ابتداء	جار. مجرور		جار. مجرور	خبر
ع ط و. أَعْطَى. يُعْطِي. إِعْطَاءً «إِفْعَالٌ»	استقبال	أ و ل. آلَ. يَئُولُ. أَوْلًا			خ ي ر. خَارَ. يَخِيرُ. خَيْرًا
يُعْطِيكَ	وَلَسَوْفَ	ٱلْأُولَىٰ (٤)	مِنَ	لَّكَ	خَيْرٌ
will give you	And soon	the first.	than	for you	(is) better

life is certainly far better for you than this one. And surely your Lord will give

مضارع مجزوم «هو». مفعول به أول	استفهام. نفي وجزم وقلب	عطف. مضارع مرفوع «أنت»	فاعل. مضاف إليه
و ج د. وَجَدَ. يَجِدُ. وُجُودًا		ر ض و. رَضِيَ. يَرْضَى. رِضًى	ر ب ب. رَبَّ. يَرُبُّ. رَبًّا
يَجِدْكَ	أَلَمْ	فَتَرْضَىٰٓ (٥)	رَبُّكَ
He find you	Did not	then you will be satisfied.	your Lord

life so much to you that you will be pleased. Did He not find you as

عطف. ماضٍ «هو»	مفعول به ثانٍ	عطف. ماضٍ «هو». مفعول به أول	عطف. ماضٍ «هو»	مفعول به ثانٍ
ه د ي. هَدَى. يَهْدِي. هِدَايَةً	ض ل ل	و ج د. وَجَدَ. يَجِدُ. وُجُودًا	أ و ي. آوَى. يُؤْوِي. إِيوَاءً «إِفْعَالٌ»	ي ت م
فَهَدَىٰ (٧)	ضَآلًّا	وَوَجَدَكَ	فَـَٔاوَىٰ (٦)	يَتِيمًا
so He guided you,	lost,	And He found you	and give shelter?	an orphan

an orphan then shelter you? Did He not find you unguided then guide you?

مفعول به مقدم	تفريعية	عطف.ماضٍ«هو»	مفعول به ثانٍ	عطف.ماضٍ«هو».مفعول به أول
ي ت م	تفصيل وشرط	غ ن ي.أَغْنَىٰ.يُغْنِي.إِغْنَاءً«إِفْعَالٌ»	ع ي ل.عَالَ.يَعِيلُ.عَيْلًا	و ج د.وَجَدَ.يَجِدُ.وُجُودًا
ٱلْيَتِيمَ	فَأَمَّا	فَأَغْنَىٰ ⑧	عَآئِلًا	وَوَجَدَكَ
the orphan,	So as for	so He made self sufficient.	in need,	And He found you

And did He not find you needy then satisfy your needs?

مفعول به مقدم	عطف.تفصيل وشرط	مضارع مجزوم«أنت».جواب الشرط	واقعة في جواب الشرط.ناهية
س أ ل.سَأَلَ.يَسْأَلُ.سُؤَالًا		ق ه ر.قَهَرَ.يَقْهَرُ.قَهْرًا	
ٱلسَّآئِلَ	وَأَمَّا	تَقْهَرْ ⑨	فَلَا
one who asks,	And as for	oppress,	then (do) not

So do not oppress the orphan,

مضاف إليه.مضاف.مضاف إليه	جار.مجرور.مضاف	عطف	مضارع مجزوم«أنت».جواب الشرط	و ج ش.ناهية
ر ب ب.رَبَّ.يَرُبُّ.رَبًّا	ن ع م.نَعِمَ.يَنْعَمُ.نَعْمَةً	تفصيل وشرط	ن ه ر.نَهَرَ.يَنْهَرُ.نَهْرًا	
رَبِّكَ	بِنِعْمَةِ	وَأَمَّا	تَنْهَرْ ⑩	فَلَا
(of) your Lord	(the) Favor	But as for	repel,	then (do) not

nor repulse the beggar. And proclaim the

واقعة في جواب الشرط.أمر«أنت».جواب الشرط
ح د ث.حَدَّثَ.يُحَدِّثُ.تَحْدِيثًا«تَفْعِيلٌ»
فَحَدِّثْ ⑪
narrate.
blessings of your Lord.

سُورَةُ الشَّرْحِ

نعت ثانٍ	نعت أول	لفظ الجلالة.مضاف إليه	جار.مجرور.مضاف
ر ح م.رَحِمَ.يَرْحَمُ.رَحْمَةً	ر ح م.رَحِمَ.يَرْحَمُ.رَحْمَةً	أ ل ه	س م و.سَمَا.يَسْمُو.سُمُوًّا
ٱلرَّحِيمِ ○	ٱلرَّحْمَٰنِ	ٱللَّهِ	بِسْمِ
the Most Merciful	the Most Gracious	(of) Allah	In (the) name

In the name of Allah, the Most Gracious, the Most Merciful

نصف الحزب ٦٠

استفهام.نفي وجزم وقلب	مضارع مجزوم((نحن))	جار.مجرور	مفعول به.مضاف.مضاف إليه	عطف.ماضٍ.فاعل
	ش ر ح.شَرَحَ.يَشْرَحُ.شَرْحًا		ص د ر.صَدَرَ.يَصْدُرُ.صَدْرًا	و ض ع.وَضَعَ.يَضَعُ.وَضْعًا
أَلَمْ	نَشْرَحْ	لَكَ	صَدْرَكَ ﴿١﴾	وَوَضَعْنَا
Have not	We expanded	for you	your breast?	And We removed

Have We not uplifted your heart for you 'O Prophet',

جار.مجرور	مفعول به.مضاف.مضاف إليه	موصول.نعت	ماضٍ((هو)).صلة الموصول	مفعول به.مضاف.مضاف إليه
	و ز ر.وَزَرَ.يَزِرُ.وِزْرًا		ن ق ض.أَنْقَضَ.يُنْقِضُ.إِنْقَاضًا((إفْعَالٌ))	ظ ه ر.ظَهَرَ.يَظْهَرُ.ظُهُورًا
عَنكَ	وِزْرَكَ ﴿٢﴾	ٱلَّذِىٓ	أَنقَضَ	ظَهْرَكَ ﴿٣﴾
from you	your burden	Which	weighed upon	your back,

relieved you of the burden which weighed so heavily on your back,

عطف.ماضٍ.فاعل	جار.مجرور	مفعول به.مضاف.مضاف إليه	استئنافية.توكيد ونصب	ظرف.خبر((إن))
ر ف ع.رَفَعَ.يَرْفَعُ.رَفْعًا		ذ ك ر.ذَكَرَ.يَذْكُرُ.ذِكْرًا		
وَرَفَعْنَا	لَكَ	ذِكْرَكَ ﴿٤﴾	فَإِنَّ	مَعَ
And We raised high	for you	your reputation	So indeed,	with

and elevated your renown for you?

مضاف إليه	اسم((إن))	توكيد ونصب	ظرف.خبر((إن))	مضاف إليه	اسم((إن))
ع س ر.عَسُرَ.يَعْسُرُ.عُسْرًا	ي س ر			ع س ر.عَسُرَ.يَعْسُرُ.عُسْرًا	ي س ر.يَسُرَ.يَيْسِرُ.يُسْرًا
ٱلْعُسْرِ	يُسْرًا ﴿٥﴾	إِنَّ	مَعَ	ٱلْعُسْرِ	يُسْرًا ﴿٦﴾
the hardship	(is) ease.	Indeed,	with	the hardship	(is) ease.

So, surely with hardship comes ease. Surely with that hardship comes 'more' ease.

استئنافية.ظرف زمان	ماضٍ.فاعل.مضاف إليه	واقعة فى جواب الشرط.أمر((أنت)).جواب الشرط	عطف.جار-
معنى الشرط	ف ر غ.فَرَغَ.يَفْرُغُ.فَرَاغًا	ن ص ب.نَصِبَ.يَنصَبُ.نَصَبًا	
فَإِذَا	فَرَغْتَ	فَٱنصَبْ ﴿٧﴾	وَإِلَىٰ
So when	you have finished	then labor hard	And to

So once you have fulfilled your duty, strive in devotion,

-مجرور.مضاف.مضاف إليه	الفاء للربط.أمر((أنت))
ر ب ب.رَبَّ.يَرُبُّ.رَبًّا	ر غ ب.رَغَبَ.يَرْغَبُ.رَغْبَةً
رَبِّكَ	فَٱرْغَب ﴿٨﴾
your Lord	turn your attention.

turning to your Lord alone with hope.

سُورَةُ التِّينِ

نعت ثانٍ	نعت أول	لفظ الجلالة. مضاف إليه	جار. مجرور. مضاف
ر ح م. رَحِمَ. يَرْحَمُ. رَحْمَةً	ر ح م. رَحِمَ. يَرْحَمُ. رَحْمَةً	أ ل ه	س م و. سَمَا. يَسْمُو. سُمُوًّا
ٱلرَّحِيمِ ١	ٱلرَّحْمَٰنِ	ٱللَّهِ	بِسْمِ
the Most Merciful	the Most Gracious	(of) Allah	In (the) name
In the name of Allah, the Most Gracious, the Most Merciful			

بدل	عطف. إشارة	مضاف إليه	جر وقسم. مجرور. مضاف	عطف. معطوف على «التين»	جر وقسم. مجرور
ب ل د. بَلَدَ. يَبْلُدُ. بُلُودًا			ط و ر	ز ي ت. زَاتَ. يَزِيتُ. زَيْتًا	ت ي ن
ٱلْبَلَدِ	وَهَٰذَا	سِينِينَ ٢	وَطُورِ	وَٱلزَّيْتُونِ ١	وَٱلتِّينِ
[the] city,	And this	Sinai,	And (the) Mount	and the olive,	By the fig,
By the fig and the olive of Jerusalem, and Mount Sinai, and this					

جار. مجرور. مضاف		مفعول به	ماضٍ. فاعل	واقعه في جواب القسم. تحقيق	نعت
ح س ن		أ ن س	خ ل ق. خَلَقَ. يَخْلُقُ. خَلْقًا		أ م ن. أَمُنَ. يَأْمُنُ. أَمَانَةً
أَحْسَنِ	فِيٓ	ٱلْإِنسَٰنَ	خَلَقْنَا	لَقَدْ	ٱلْأَمِينِ ٣
(the) best	in	man	We created	Indeed,	[the] secure,
secure city 'of Mecca'! Indeed, We created humans in the best					

استثناء	مضاف إليه	حال. مضاف	ماضٍ. فاعل. مفعول به	عطف	مضاف إليه
	س ف ل. سَفَلَ. يَسْفُلُ. سَفَالًا	س ف ل	ر د د. رَدَّ. يَرُدُّ. رَدًّا		ق و م. قَوَّمَ. يُقَوِّمُ. تَقْوِيمًا «تَفْعِيلٌ»
إِلَّا	سَٰفِلِينَ ٥	أَسْفَلَ	رَدَدْنَٰهُ	ثُمَّ	تَقْوِيمٍ ٤
Except	(of the) low,	(to the) lowest	We returned him	Then	mould.
form. But We will reduce them to the lowest of the low 'in Hell', except					

استئنافية. جار. مجرور «خبر مقدم»	مفعول به	عطف. ماضٍ. فاعل	ماضٍ. فاعل. صلة الموصول	موصول
	ص ل ح. صَلَحَ. يَصْلَحُ. صَلَاحًا	ع م ل. عَمِلَ. يَعْمَلُ. عَمَلًا	أ م ن. آمَنَ. يُؤْمِنُ. إِيمَانًا «إِفْعَالٌ»	
فَلَهُمْ	ٱلصَّٰلِحَٰتِ	وَعَمِلُوا۟	ءَامَنُوا۟	ٱلَّذِينَ
then for them	righteous deeds,	and do	believe	those who
those who believe and do good—they will have a				

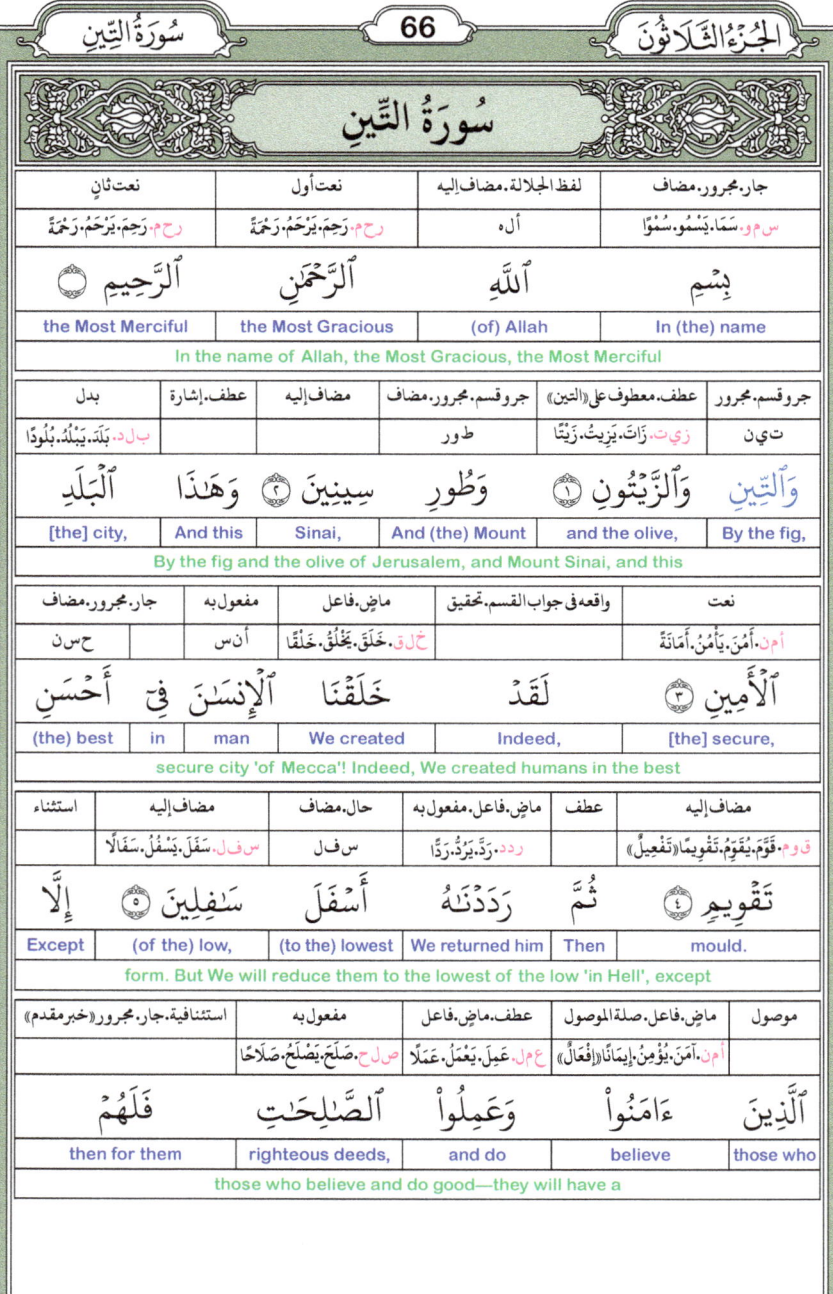

مبتدأ مؤخر	نعت.مضاف	مضاف إليه	استئنافية.مبتدأ	مضـ رع مرفوع«هو».مفعول به.خبر
أ ج ر.أَجَرَ.يَأْجُرُ.أَجْرًا	غ ي ر.غَيَّرَ.يُغَيِّرُ.غَيْرًا	م ن ن.مَنَّ.يَمُنُّ.مَنًّا	استفهـام	ك ذ ب.كَذَّبَ.يُكَذِّبُ.تَكْذِيبًا«تفعيل»
أَجْرٌ	غَيْرُ	مَمْنُونٍ ⑥	فَمَا	يُكَذِّبُكَ
(is a) reward	never	ending.	Then what	causes you to deny
never-ending reward. Now, what makes you deny				

ظرف زمان	جار.مجرور	استفهام.ماض جامد	لفظ الجلالة.اسم«ليس»	زائدة.خبر«ليس».مضاف
	د ي ن.دَانَ.يَدِينُ.دِينًا	ل ي س	أ ل ه	ح ك م.حَكَمَ.يَحْكُمُ.حُكْمًا
بَعْدُ	بِٱلدِّينِ ⑦	أَلَيْسَ	ٱللَّهُ	بِأَحْكَمِ
after (this)	the judgement?	Is not	Allah	(the) Most Just
the final Judgment? Is Allah not the most just				

مضاف إليه
ح ك م.حَكَمَ.يَحْكُمُ.حُكْمًا
ٱلْحَٰكِمِينَ ⑧
(of) the Judges?
of all Judges?

سُورَةُ العَلَقِ

جار.مجرور.مضاف	لفظ الجلالة.مضاف إليه	نعت أول	نعت ثانٍ
س م و.سَمَا.يَسْمُو.سُمُوًّا	أ ل ه	ر ح م.رَحِمَ.يَرْحَمُ.رَحْمَةً	ر ح م.رَحِمَ.يَرْحَمُ.رَحْمَةً
بِسْمِ	ٱللَّهِ	ٱلرَّحْمَٰنِ	ٱلرَّحِيمِ ◯
In (the) name	(of) Allah	the Most Gracious	the Most Merciful
In the name of Allah, the Most Gracious, the Most Merciful			

أمر«أنت»	جار.مجرور.مضاف.مضاف إليه.مضاف.مضاف إليه		موصول.نعت	ماض«هو».صلة الموصول	ماض«هو»
ق ر أ.قَرَأَ.يَقْرَأُ.قِرَاءَةً	س م و.سَمَا.يَسْمُو.سُمُوًّا	ر ب ب.رَبَّ.يَرُبُّ.رَبًّا		خ ل ق.خَلَقَ.يَخْلُقُ.خَلْقًا	خ ل ق
ٱقْرَأْ	بِٱسْمِ	رَبِّكَ	ٱلَّذِى	خَلَقَ ①	خَلَقَ
Read	in (the) name	(of) your Lord	the One Who	created—	He created
Read, O Prophet, in the Name of your Lord Who created— created					

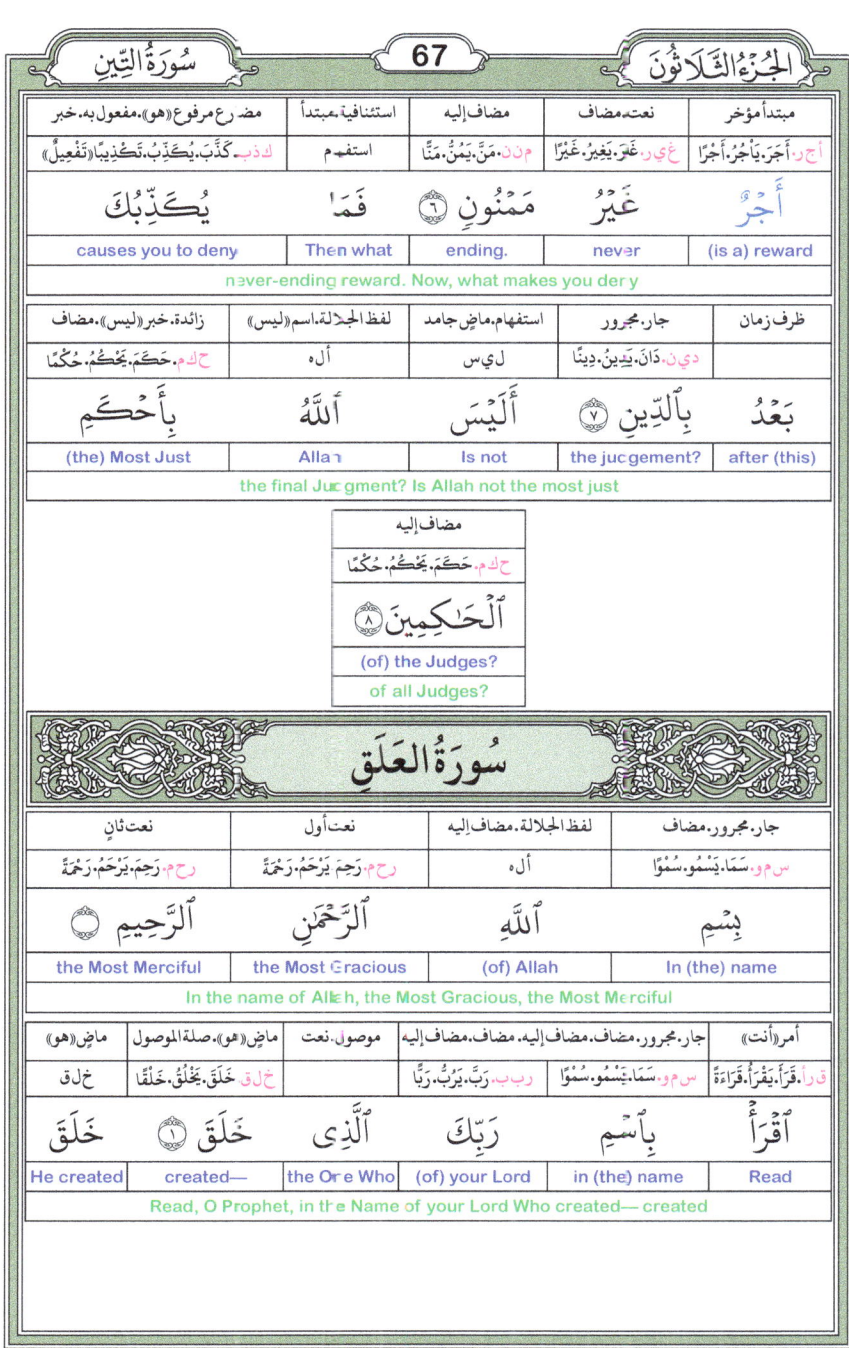

مفعول به	جار.مجرور		أمر«أنت»	حالية.مبتدأ.مضاف.مضاف إليه	خبر أول
أ ن س		ع ل ق.عَلِقَ.يَعْلَقُ.عُلُوقًا	ق ر أ	ر ب ب.رَبَّ.يَرُبُّ.رَبًّا	ك ر م.كَرُمَ.يَكْرُمُ.كَرَامَةً
ٱلْإِنسَٰنَ	مِنْ	عَلَقٍ ٢	ٱقْرَأْ	وَرَبُّكَ	ٱلْأَكْرَمُ ٣
man	from	a clinging substance.	Read	and your Lord	(is) the Most Generous,
humans from a clinging clot. Read! And your Lord is the Most Generous,					

خبر ثانٍ.موصول	ماضٍ«هو».صلة الموصول	جار.مجرور	ماضٍ«هو»	مفعول به أول	مفعول به ثانٍ
	ع ل م.عَلَّمَ.يُعَلِّمُ.تَعْلِيمًا«تَفْعِيلٌ»	ق ل م.قَلَمَ.يَقْلِمُ.قَلْمًا	ع ل م	أ ن س	موصول
ٱلَّذِى	عَلَّمَ	بِٱلْقَلَمِ ٤	عَلَّمَ	ٱلْإِنسَٰنَ	مَا
The One Who	taught	by the pen,	Taught	man	what
Who taught by the pen— taught humanity what					

نفي وجزم	مضارع مجزوم«هو».صلة الموصول	ردع وزجر	توكيد ونصب	اسم«إن»	مزحلقة.مضارع مرفوع«هو».خبر«إن»
وقلب	ع ل م.عَلِمَ.يَعْلَمُ.عِلْمًا			أ ن س	ط غ ي.طَغَى.يَطْغَى.طُغْيًا
لَمْ	يَعْلَمْ ٥	كَلَّآ	إِنَّ	ٱلْإِنسَٰنَ	لَيَطْغَىٰٓ ٦
not	he knew.	Nay!	Indeed,	man	surely transgresses,
they knew not. Most certainly, one exceeds all bounds					

مصدري	ماضٍ«هو».مفعول به أول	ماضٍ«هو».مفعول به ثانٍ	توكيد	جار.مجرور«خبر إن».مضاف.مضاف إليه	
ونصب	رأي.رَأَى.يَرَى.رُؤْيَةً	غ ن ي.اِسْتَغْنَى.يَسْتَغْنِي.اِسْتِغْنَاءً«اِسْتِفْعَالٌ»	ونصب		ر ب ب.رَبَّ.يَرُبُّ.رَبًّا
أَن	رَّءَاهُ	ٱسْتَغْنَىٰٓ ٧	إِنَّ	إِلَىٰ	رَبِّكَ
That	he sees himself	self-sufficient.	Indeed,	to	your Lord
once they think they are self-sufficient. But surely to your Lord					

اسم«إن» مؤخر	استفهام.ماضٍ.فاعل	مفعول به.موصول	مضارع مرفوع«هو».صلة	مفعول به	ظرف زمان
ر ج ع.رَجَعَ.يَرْجِعُ.رُجُوعًا	رأي.رَأَى.يَرَى.رُؤْيَةً		ن ه ي.نَهَى.يَنْهَى.نَهْيًا	ع ب د.عَبَدَ.يَعْبُدُ.عِبَادَةً	معنى الشرط
ٱلرُّجْعَىٰٓ ٨	أَرَءَيْتَ	ٱلَّذِى	يَنْهَىٰ ٩	عَبْدًا	إِذَا
(is) the return.	Have you seen	the one who	forbids	A slave	when
is the return of all. Have you seen the man who prevents a servant					

ماضٍ«هو».مضاف إليه	استفهام.ماضٍ.فاعل	شرط	ماضٍ ناقص«هو»	جار.مجرور«خبر كان»		عطف
ص ل و.صَلَّى.يُصَلِّي.تَصْلِيَةً«تَفْعِيلٌ»	رأي.رَأَى.يَرَى.رُؤْيَةً		كَانَ.يَكُونُ.كَوْنًا		ه د ي.هَدَى.يَهْدِي.هُدًى	
صَلَّىٰٓ ١٠	أَرَءَيْتَ	إِن	كَانَ	عَلَى	ٱلْهُدَىٰٓ ١١	أَوْ
he prays?	Have you seen	if	he is	upon	[the] guidance,	Or
of Ours from praying? What if this servant is rightly guided, or						

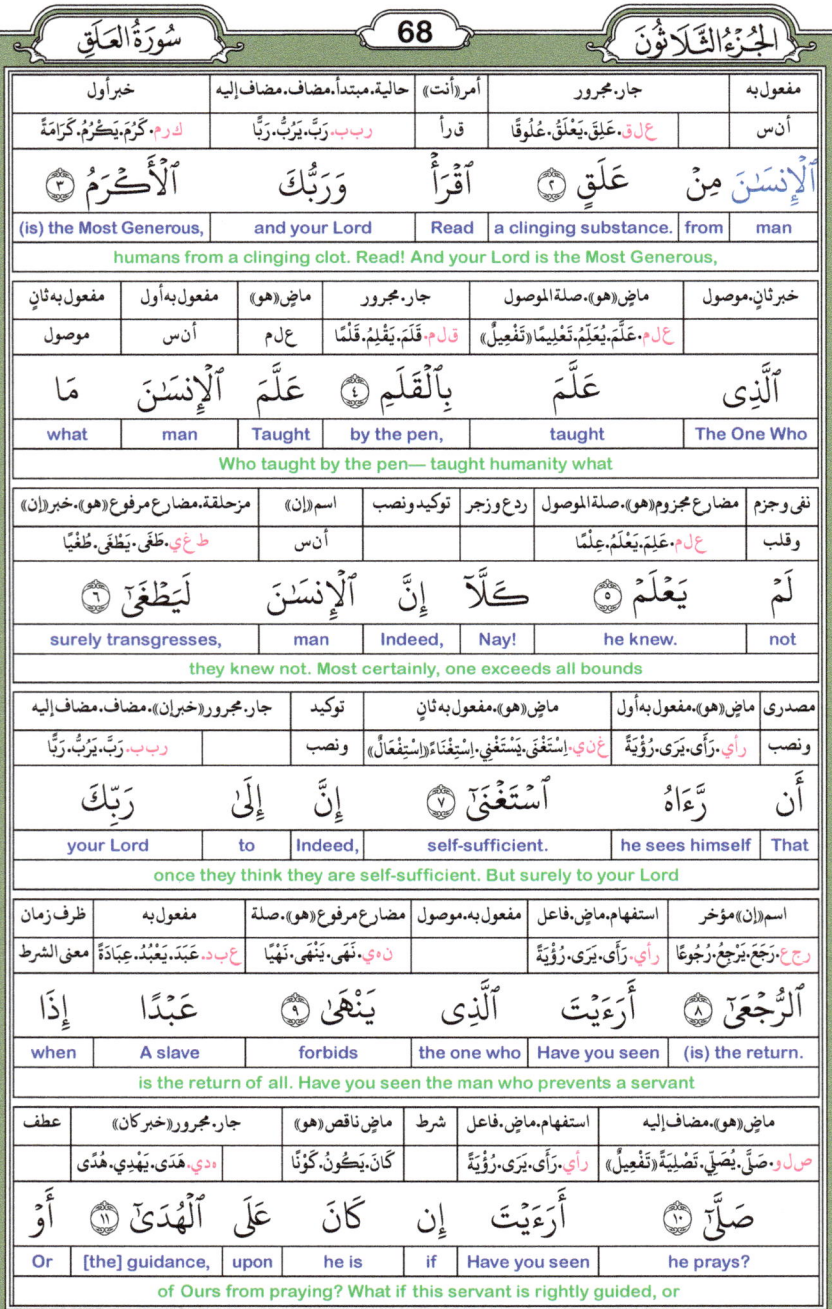

كَذَّبَ	إِن	أَرَءَيْتَ	بِٱلتَّقْوَىٰٓ ١٢	أَمَرَ
he denies	if	Have you seen	[of the] righteousness?	he enjoins
ماضٍ(هو).فعل الشرط	شرط	استفهام.ماضٍ.فاعل	جار.مجرور	ماضٍ(هو)
كذب.كَذَّبَ.يُكَذِّبُ.تَكْذِيبًا(تفعيل)		رأي.رَأَى.يَرَى.رُؤْيَةً	وقي.اِتَّقَى.يَتَّقِي.اِتِّقَاءً(افتعال)	أمر.أَمَرَ.يَأْمُرُ.أَمْرًا
encourages righteousness? What if that man persists in denial				

ٱللَّهَ	بِأَنَّ	يَعْلَم	أَلَمْ	وَتَوَلَّىٰٓ ١٣
Allah	that	he know	Does not	and turns away?
لفظ الجلالة.اسم(إن)	زائدة.توكيد ونصب	مضارع مجزوم(هو)	استفهام.نفي وجزم وقلب	عطف.ماضٍ(هو)
أ ل ه		علم.عَلِمَ.يَعْلَمُ.عِلْمًا		ولي.تَوَلَّى.يَتَوَلَّى.تَوَلٍّ(تفعُّل)
and turns away? Does he not know that Allah				

يَنتَهِ	لَّمْ	لَئِن	كَلَّا	يَرَىٰ ١٤
he desists,	not	if	Nay!	sees?
مضارع مجزوم(هو).فعل الشرط	نفي وجزم وقلب	موطئة للقسم	ردع وزجر	مضارع مرفوع(هو).خبر(أن)
نهي.اِنْتَهَى.يَنْتَهِي.اِنْتِهَاءً(افتعال)		حرف شرط		رأي.رَأَى.يَرَى.رُؤْيَةً
sees all? But no! If he does not desist,				

كَٰذِبَةٍ	نَاصِيَةٍ	بِٱلنَّاصِيَةِ ١٥	لَنَسْفَعًۢا
lying,	A forelock	by the forelock,	surely We will drag him
نعت أول	بدل	جار.مجرور	واقعة في جواب القسم.مضارع مبني(نحن).جواب الشرط
كذب.كَذَبَ.يَكْذِبُ.كِذْبًا	ن ص و	نصو.نَصَا.يَنْصُو.نَصْوًا	سفع.سَفَعَ.يَسْفَعُ.سَفْعًا
We will certainly drag him by the forelock— a lying,			

سَنَدْعُ	نَادِيَهُۥ ١٧	فَلْيَدْعُ	خَاطِئَةٍ ١٦
We will call	his associates,	Then let him call	sinful.
استقبال.مضارع مرفوع(نحن)	مفعول به.مضاف.مضاف إليه	استئنافية.لام أمر.مضارع مجزوم(هو)	نعت ثانٍ
دعو.دَعَا.يَدْعُو.دُعَاءً	ندو.نَدَا.يَنْدُو.نَدْوًا	دعو.دَعَا.يَدْعُو.دُعَاءً	خطأ.خَطِأَ.يَخْطَأُ.خَطَاءً
sinful forelock. So let him call his associates. We will call			

وَٱسْجُدْ	تُطِعْهُ	لَا	كَلَّا	ٱلزَّبَانِيَةَ ١٨
But prostrate	obey him.	(Do) not	Nay!	the Angels of Hell.
عطف.أمر(أنت)	مضارع مجزوم(أنت).مفعول به	ناهية	ردع وزجر	مفعول به
سجد.سَجَدَ.يَسْجُدُ.سُجُودًا	طوع.أَطَاعَ.يُطِيعُ.إِطَاعَةً(إفعال)			زبن.زَبَنَ.يَزْبِنُ.زَبْنًا
the wardens of Hell. Again, no! Never obey him 'O Prophet'! Rather, continue to prostrate				

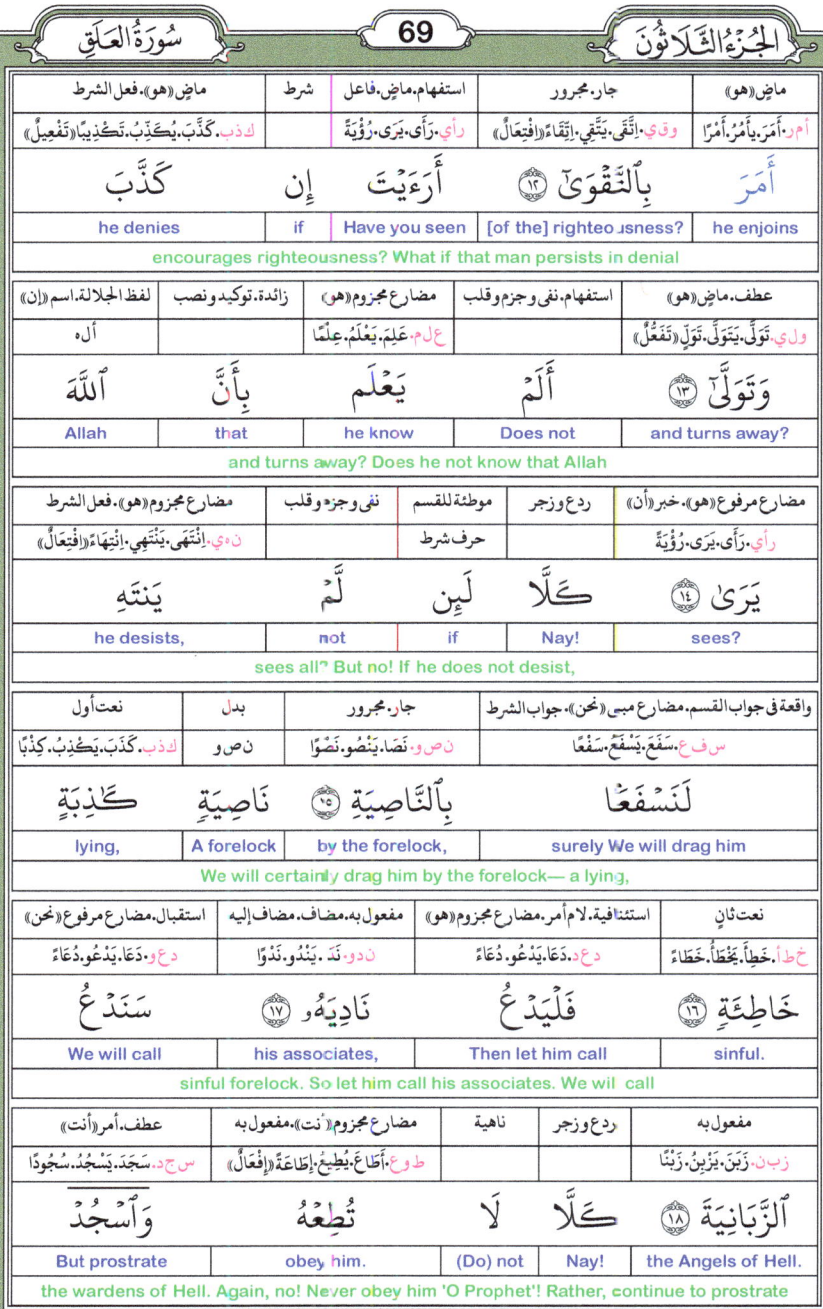

سَجْدَة

عطف.أمر(أنت)
قرب.اِقْتَرَبَ.يَقْتَرِبُ.اِقْتِرَابًا(اِفْتِعَالٌ)
وَٱقْتَرِب ۩ ١٩
and draw near (to Allah).
and draw near to Allah.

سُورَةُ الْقَدْرِ

جار.مجرور.مضاف	لفظ الجلالة.مضاف إليه	نعت أول	نعت ثانٍ
س م و.سَمَا.يَسْمُو.سُمُوًّا	أ ل ه	رح م.رَحِمَ.يَرْحَمُ.رَحْمَةً	رح م.رَحِمَ.يَرْحَمُ.رَحْمَةً
بِسْمِ	ٱللَّهِ	ٱلرَّحْمَٰنِ	ٱلرَّحِيمِ ۝
In (the) name	(of) Allah	the Most Gracious	the Most Merciful

In the name of Allah, the Most Gracious, the Most Merciful

توكيد ونصب.اسم(إن)	ماضٍ.فاعل.خبر(إن)	جار.مجرور.مضاف		مضاف إليه	استئنافية.استفهام.مبتدأ
	ن ز ل.أَنْزَلَ.يُنْزِلُ.إِنْزَالًا(إِفْعَالٌ)		ل ي ل	ق د ر.قَدَرَ.يَقْدِرُ.قَدْرًا	
إِنَّآ	أَنزَلْنَٰهُ	فِي	لَيْلَةِ	ٱلْقَدْرِ ١	وَمَآ
Indeed, We	revealed it	in	(the) Night	(of) Power.	And what

Indeed, It is We Who sent this Quran down on the Night of Glory. And what

ماضٍ(هو).خبر(ما)	استفهام.مبتدأ	خبر.مضاف	مضاف إليه	مبتدأ.مضاف	مضاف إليه
دري.أَدْرَى.يُدْرِي.إِدْرَاءً(إِفْعَالٌ)		ل ي ل	ق د ر.قَدَرَ.يَقْدِرُ.قَدْرًا	ل ي ل	ق د ر.قَدَرَ.يَقْدِرُ.قَدْرًا
أَدْرَىٰكَ	مَا	لَيْلَةُ	ٱلْقَدْرِ ٢	لَيْلَةُ	ٱلْقَدْرِ
can make you know	what	(the) Night	(of) Power (is)?	(The) Night	(of) Power

will make you realize what the Night of Glory is? The Night of Glory

خبر	جار.مجرور.مضاف		مضاف إليه	مضارع مرفوع	فاعل
خ ي ر.خَارَ.يَخِيرُ.خَيْرًا		أ ل ف	ش ه ر.شَهَرَ.يَشْهَرُ.شَهْرًا	ن ز ل.تَنَزَّلَ.يَتَنَزَّلُ.تَنَزُّلًا(تَفَعُّلٌ)	م ل ك.مَلَكَ.يَمْلِكُ.مَلْكًا
خَيْرٌ	مِّنْ	أَلْفِ	شَهْرٍ ٣	تَنَزَّلُ	ٱلْمَلَٰٓئِكَةُ
(is) better	than	a thousand	month(s).	Descend	the Angels

is better than a thousand months. That night the angels

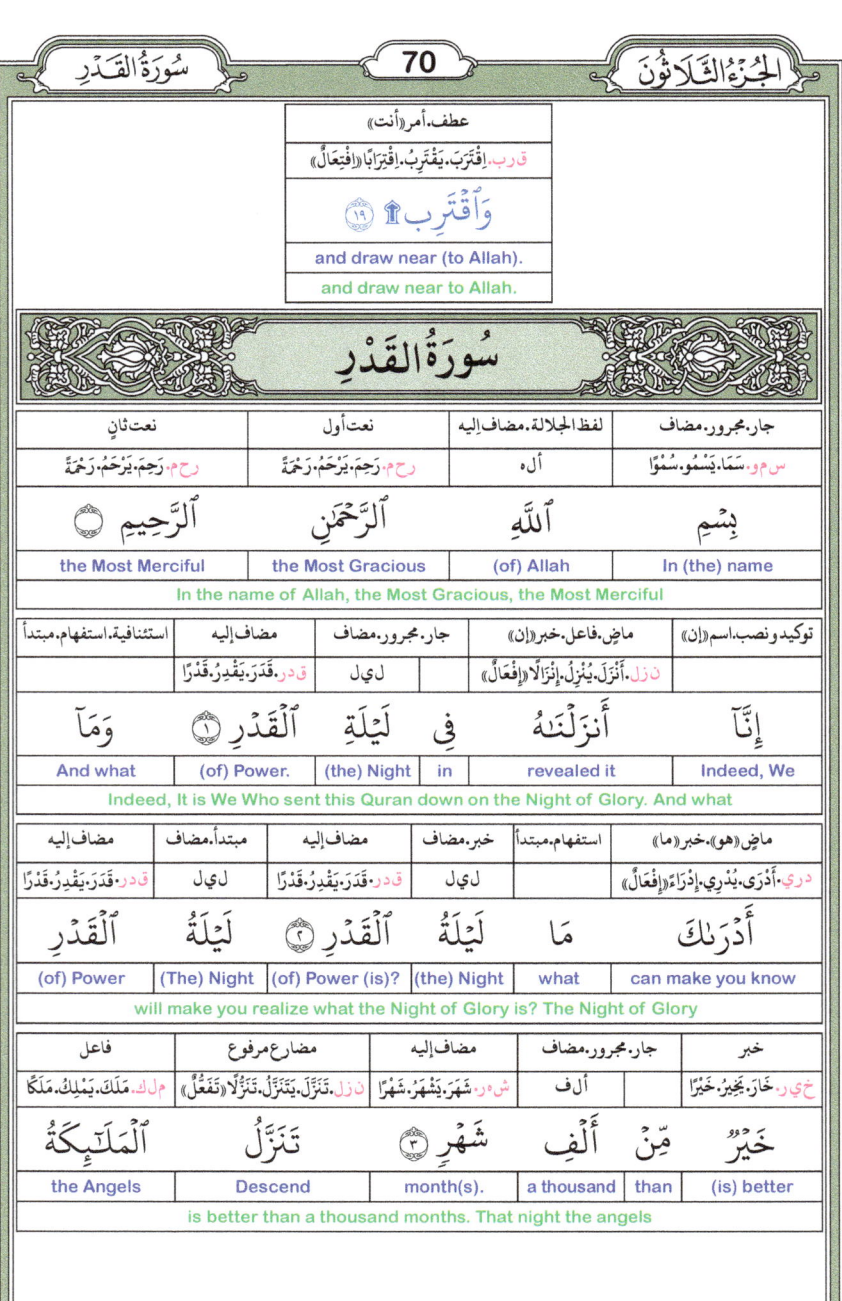

عطف.معطوف على«الملائكة»	جار.مجرور	جار.مجرور.مضاف	مضاف إليه.مضاف.مضاف إليه	جار.مجرور.مضاف	
روح.رَاحَ.يَرِيحُ.رَيْحًا		أذن.أَذِنَ.يَأْذَنُ.إِذْنًا			كلل
وَٱلرُّوحُ	فِيهَا	بِإِذْنِ	رَبِّهِم	مِّن	كُلِّ
and the Spirit	therein,	by (the) permission	(of) their Lord	for	every

and the holy spirit descend, by the permission of their Lord, for every decreed

مضاف إليه	خبر مقدم	مبتدأ مؤخر	غاية.جار	مجرور.مضاف	مضاف إليه
أمر.أَمَرَ.يَأْمُرُ.أَمْرًا	سلم.سَلِمَ.يَسْلَمُ.سَلَامًا			طلع.طَلَعَ.يَطْلُعُ.طُلُوعًا	فجر.فَجَرَ.يَفْجُرُ.فُجُورًا
أَمْرٍ ٤	سَلَٰمٌ	هِيَ	حَتَّىٰ	مَطْلَعِ	ٱلْفَجْرِ ٥
affair,	Peace	it (is)	until	(the) emergence	(of) the dawn.

matter. It is all peace until the break of dawn.

سُورَةُ البَيِّنَةِ

جار.مجرور.مضاف	لفظ الجلالة.مضاف إليه	نعت أول	نعت ثانٍ
سمو.سَمَا.يَسْمُو.سُمُوًّا	أله	رحم.رَحِمَ.يَرْحَمُ.رَحْمَةً	رحم.رَحِمَ.يَرْحَمُ.رَحْمَةً
بِسْمِ	ٱللَّهِ	ٱلرَّحْمَٰنِ	ٱلرَّحِيمِ
In (the) name	(of) Allah	the Most Gracious	the Most Merciful

In the name of Allah, the Most Gracious, the Most Merciful

نفي وجزم وقلب	مضارع ناقص مجزوم	اسم«يكن».موصول	ماضٍ.فاعل.صلة الموصول	جار.مجرور.مضاف	
	كون.كَانَ.يَكُونُ.كَوْنًا		كفر.كَفَرَ.يَكْفُرُ.كُفْرً		أهل.أَهَلَ.يَأْهِلُ.أَهْلًا
لَمْ	يَكُنِ	ٱلَّذِينَ	كَفَرُوا۟	مِنْ	أَهْلِ
Not	were	those who	disbelieved	from	(the) People

The disbelievers from the People of

مضاف إليه	عطف.معطوف على«أهل»	خبر«يكن»	غاية وجر	مضارع منصوب.مفعول به
كتب	شرك.أَشْرَكَ.يُشْرِكُ.إِشْرَاكًا«إفعال»	فكك.اِنْفَكَّ.يَنْفَكُّ.اِنْفِكَاكًا«اِنْفِعَال»		أتي.أَتَى.يَأْتِي.إِتْيَانًا
ٱلْكِتَٰبِ	وَٱلْمُشْرِكِينَ	مُنفَكِّينَ	حَتَّىٰ	تَأْتِيَهُمُ
of the Book	and the polytheists,	to be abondoned	until	(there) comes to them

the Book and the polytheists were not going to desist from disbelief until

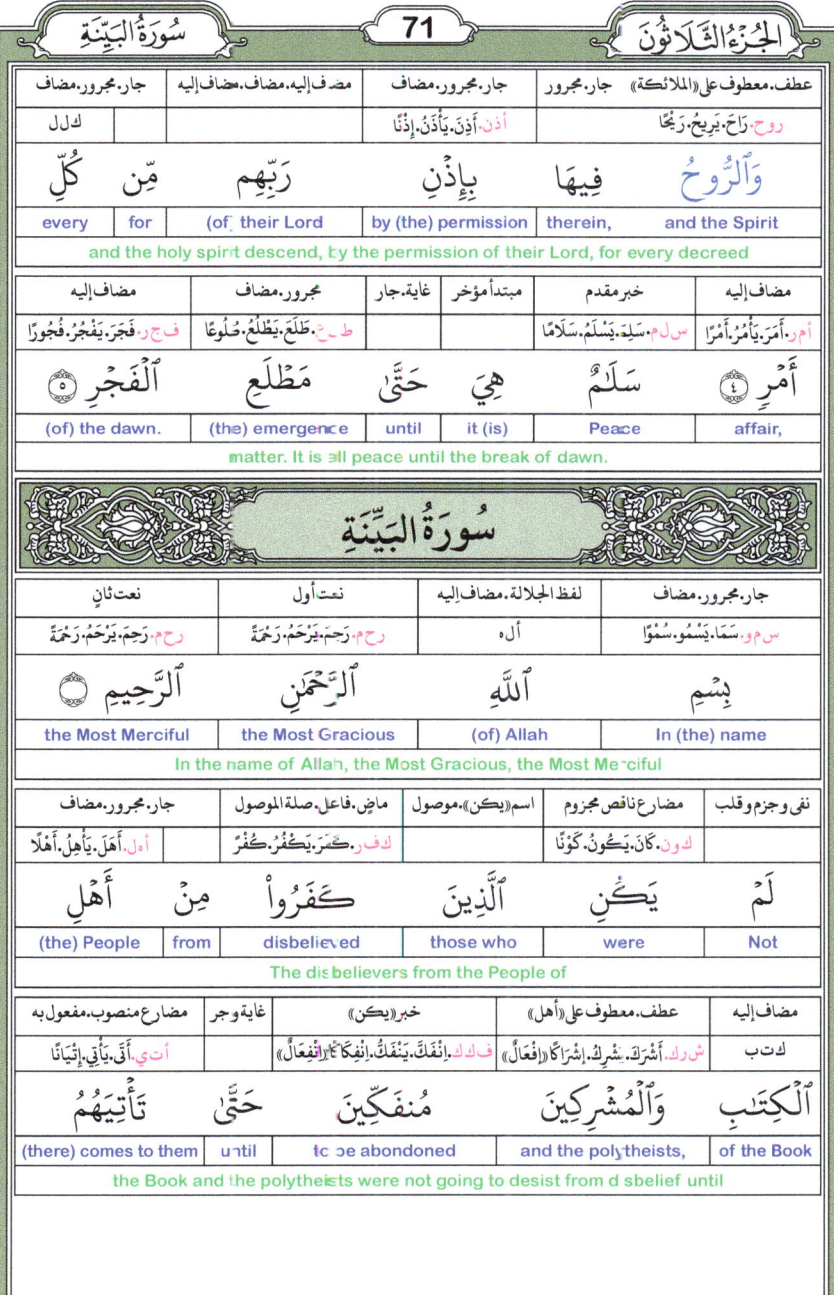

فاعل	بدل	جار.مجرور«نعت».لفظ الجلالة		مضارع مرفوع«هو».نعت	مفعول به
ب ي ن.بَانَ.يَبِينُ.بَيْنًا	ر س ل.رَسِلَ.يَرْسَلُ.رَسَلًا		أ ل ه	ت ل و.تَلَا.يَتْلُوا.تِلَاوَةً	ص ح ف
ٱلْبَيِّنَةُ ۝١	رَسُولٌ	مِّنَ	ٱللَّهِ	يَتْلُوا۟	صُحُفًا
the clear evidence,	A Messenger	from	Allah,	reciting	pages

the clear proof came to them: a messenger from Allah, reciting scrolls of

نعت	جار مجرور«خبر مقدم»	مبتدأ مؤخر	نعت «كتب»	عطف.نافية
ط ه ر.طَهَّرَ.يُطَهِّرُ.تَطْهِيرًا«تَفْعِيلٌ»		ك ت ب. كَتَبَ.يَكْتُبُ. كِتَابًا	ق و م.قَامَ.يَقُومُ.قِيَامًا	
مُّطَهَّرَةً ۝٢	فِيهَا	كُتُبٌ	قَيِّمَةٌ ۝٣	وَمَا
purified,	Wherein	(are) writings	correct.	And not

utmost purity, containing upright commandments. It was not

ماضٍ	موصول.فاعل	ماضٍ للمجهول.نائب فاعل.صلة الموصول	مفعول به ثانٍ	حصر	جر
ف ر ق.تَفَرَّقَ.يَتَفَرَّقُ.تَفَرُّقًا«تَفَعُّلٌ»		أ ت ي.آتَى.يُؤْتِي.إِيتَاءً«إِفْعَالٌ»	ك ت ب		
تَفَرَّقَ	ٱلَّذِينَ	أُوتُوا۟	ٱلْكِتَـٰبَ	إِلَّا	مِنۢ
became divided	those who	were given	the Book,	until	from

until this clear proof came to the People of the Book that they became divided

مجرور.مضاف	مصدرى	ماضٍ.مفعول به مقدم	فاعل	عطف.نافية	ماضٍ للمجهول.نائب فاعل
ب ع د		ج ي أ.جَاءَ.يَجِيءُ.جِيئَةً	ب ي ن.بَانَ.يَبِينُ.بَيْنًا		أ م ر.أَمَرَ.يَأْمُرُ.أَمْرًا
بَعْدِ	مَا	جَآءَتْهُمُ	ٱلْبَيِّنَةُ ۝٤	وَمَآ	أُمِرُوٓا۟
after	what	came (to) them	(of) the clear evidence.	And not	they were commanded

'about his prophethood' — even though they were only commanded

حصر	تعليل.مضارع منصوب.فاعل	لفظ الجلالة.مفعول به	حال.جمع مذكر سالم	جار.مجرور
	ع ب د.عَبَدَ.يَعْبُدُ.عِبَادَةً	أ ل ه	خ ل ص.أَخْلَصَ.يُخْلِصُ.إِخْلَاصًا«إِفْعَالٌ»	
إِلَّا	لِيَعْبُدُوا۟	ٱللَّهَ	مُخْلِصِينَ	لَهُ
except	to worship	Allah	(being) sincare	to Him

to worship Allah alone with sincere devotion to Him

مفعول به	حال ثانٍ	عطف.مضارع منصوب.فاعل	مفعول به	عطف.مضارع منصوب.فاعل
د ي ن.دَانَ.يَدِينُ.دِينًا	ح ن ف.حَنُفَ.يَحْنُفُ.حَنَافَةً	ق و م.أَقَامَ.يُقِيمُ.إِقَامَةً«إِفْعَالٌ»	ص ل و	أ ت ي.آتَى.يُؤْتِي.إِيتَاءً«إِفْعَالٌ»
ٱلدِّينَ	حُنَفَآءَ	وَيُقِيمُوا۟	ٱلصَّلَوٰةَ	وَيُؤْتُوا۟
in (the) religion	upright,	and to establish	the prayer,	and to give

in all uprightness, establish prayer, and pay

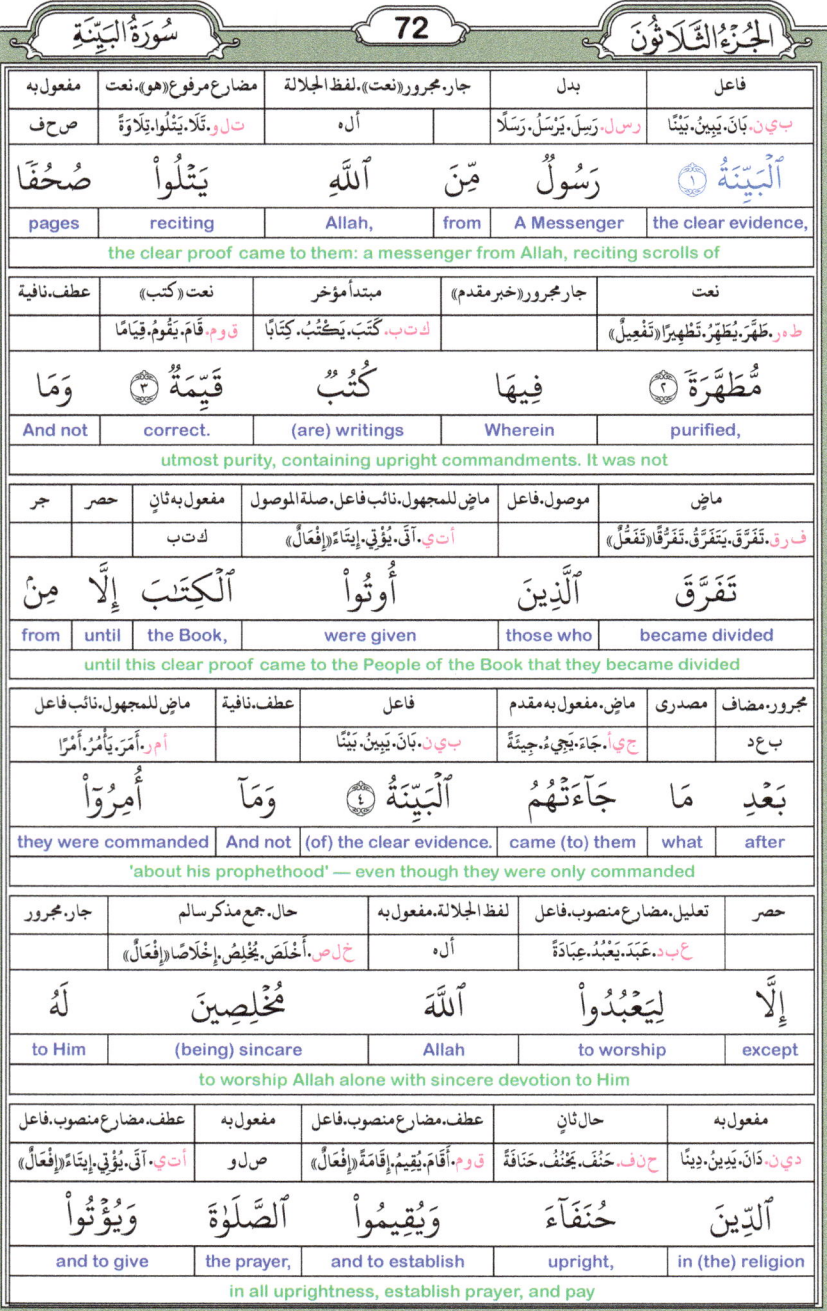

مفعول به	استئنافية.مبتدأ	خبر.مضاف	مضاف إليه	توكيد ونصب	اسم «إن».موصول
زك و	إشارة	دي ن.دَانَ.يَدِينُ.دِينًا	ق و م.قَامَ.يَقُومُ.قِيَامًا		
ٱلزَّكَوٰةَ	وَذَٰلِكَ	دِينُ	ٱلْقَيِّمَةِ ٥	إِنَّ	ٱلَّذِينَ
the zakah	And that	(is the) religion	the correct.	Indeed,	those who

alms-tax. That is the upright Way. Indeed, those who

ماضٍ.فاعل.صلة الموصول	جار.مجرور.مضاف		مضاف إليه	عطف.معطوف على «أهل»	جار–
ك ف ر.كَفَرَ.يَكْفُرُ.كُفْرًا		أ ه ل	ك ت ب	ش ر ك.أَشْرَكَ.يُشْرِكُ.إِشْرَاكًا «إفعال»	
كَفَرُوا۟	مِنْ	أَهْلِ	ٱلْكِتَٰبِ	وَٱلْمُشْرِكِينَ	فِى
disbelieve	from	(the) People	(of) the Book	and the polytheists	(will be) in

disbelieve from the People of the Book and the polytheists will be in

– مجرور «خبر إن».مضاف	مضاف إليه	حال	جار.مجرور	مبتدأ.إشارة	ضمير فصل
ن و ر.نَارَ.يَنُورُ.نَوْرًا		خ ل د.خَلَدَ.يَخْلُدُ.خُلُودًا			
نَارِ	جَهَنَّمَ	خَٰلِدِينَ	فِيهَآ ۚ	أُو۟لَٰٓئِكَ	هُمْ
(the) fire	(of) Hell	abiding eternally	therein.	Those—	they

the Fire of Hell, to stay there forever. They are

خبر.مضاف	مضاف إليه	توكيد ونصب	موصول.اسم «إن»	ماضٍ.فاعل.صلة الموصول
ش ر ر.شَرَّ.يَشِرُّ.شَرًّا	ب ر أ.بَرَءَ.يَبْرَءُ.بَرْءًا			أ م ن.آمَنَ.يُؤْمِنُ.إِيمَانًا «إفعال»
شَرُّ	ٱلْبَرِيَّةِ ٦	إِنَّ	ٱلَّذِينَ	ءَامَنُوا۟
(are the) worst	(of) the creatures.	Indeed,	those who	believe

the worst of all beings. Indeed, those who believe

عطف.ماضٍ.فاعل	مفعول به.جمع مذكر سالم	مبتدأ.إشارة	ضمير فصل	خبر.مضاف	مضاف إليه
ع م ل.عَمِلَ.يَعْمَلُ.عَمَلًا	ص ل ح.صَلَحَ.يَصْلُحُ.صَلَاحًا			خ ي ر.خَارَ.يَخِيرُ.خَيْرًا	ب ر أ.بَرَءَ.يَبْرَءُ.بَرْءًا
وَعَمِلُوا۟	ٱلصَّٰلِحَٰتِ	أُو۟لَٰٓئِكَ	هُمْ	خَيْرُ	ٱلْبَرِيَّةِ ٧
and do	righteous deeds,	those-	they	(are the) best	(of) the creatures.

and do good—they are the best of all beings.

مبتدأ.مضاف.مضاف إليه	ظرف	مضاف إليه.مضاف.مضاف إليه	خبر.مضاف	مضاف إليه	مضارع مرفوع
ج ز ي.جَزَى.يَجْزِي.جَزَاءً	ع ن د	ر ب ب.رَبَّ.يَرُبُّ.رَبًّا	ج ن ن		ج ر ي.جَرَى.يَجْرِي.جَرَيَانًا
جَزَآؤُهُمْ	عِندَ	رَبِّهِمْ	جَنَّٰتُ	عَدْنٍ	تَجْرِى
Their reward	(is) with	their Lord—	Gardens	(of) Eternity,	flow

Their reward with their Lord will be Gardens of Eternity,

ظرف	جار.مجرور	حال.جمع مذكر سالم	فاعل	جار.مجرور.مضاف.مضاف إليه	
أ ب د.أَبَدَ.يَأْبِدُ.أُبُودًا		خ ل د.خَلَدَ.يَخْلُدُ.خُلُودًا	ن ه ر	ت ح ت	
أَبَدًا ۖ	فِيهَآ	خَٰلِدِينَ	ٱلْأَنْهَٰرُ	تَحْتِهَا	مِن
forever.	therein	will abide	the rivers,	underneath them	from
under which rivers flow, to stay there for ever and ever.					

جار.مجرور	عطف.ماضٍ.فاعل	جار.مجرور	فاعل.لفظ الجلالة	ماضٍ
	رض و.رَضِيَ.يَرْضَى.رِضًى		أ ل ه	رض و.رَضِيَ.يَرْضَى.رِضًى
عَنْهُ ۚ	وَرَضُوا۟	عَنْهُمْ	ٱللَّهُ	رَّضِيَ
with Him.	and they (will be) pleased	with them	Allah (will be) pleased	
Allah is pleased with them and they are pleased with Him.				

مفعول به.مضاف.مضاف إليه	ماضٍ(«هو»).صلة الموصول	جار.مجرور(«خبر»).موصول	إشارة.مبتدأ
ر ب ب.رَبَّ.يَرُبُّ.رَبًّا	خ ش ي.خَشِيَ.يَخْشَى.خَشْيًا		
رَبَّهُۥ ٨	خَشِىَ	لِمَنْ	ذَٰلِكَ
his Lord.	feared	is (for) whoever	That
This is only for those in awe of their Lord.			

سُورَةُ الزَّلْزَلَةِ

نعت ثانٍ	نعت أول	لفظ الجلالة.مضاف إليه	جار.مجرور.مضاف
ر ح م.رَحِمَ.يَرْحَمُ.رَحْمَةً	ر ح م.رَحِمَ.يَرْحَمُ.رَحْمَةً	أ ل ه	س م و.سَمَا.يَسْمُو.سُمُوًّا
ٱلرَّحِيمِ	ٱلرَّحْمَٰنِ	ٱللَّهِ	بِسْمِ
the Most Merciful	the Most Gracious	(of) Allah	In (the) name
In the name of Allah, the Most Gracious, the Most Merciful			

عطف.ماضٍ	مفعول مطلق.مضاف.مضاف إليه	ماضٍ للمجهول.نائب فاعل.مضاف إليه		ظرف زمان
خ ر ج.أَخْرَجَ.يُخْرِجُ.إِخْرَاجًا«إِفْعَالٌ»	ز ل ز ل.زَلْزَلَ.يُزَلْزِلُ.زَلْزَلَةً	أ ر ض	ز ل ز ل.زَلْزَلَ.يُزَلْزِلُ.زَلْزَلَةً	معنى الشرط
وَأَخْرَجَتِ	زِلْزَالَهَا ١	ٱلْأَرْضُ	زُلْزِلَتِ	إِذَا
And brings forth	with (its) earthquake,	the earth	is shaken	When
When the earth is shaken in its ultimate quaking, and when the earth				

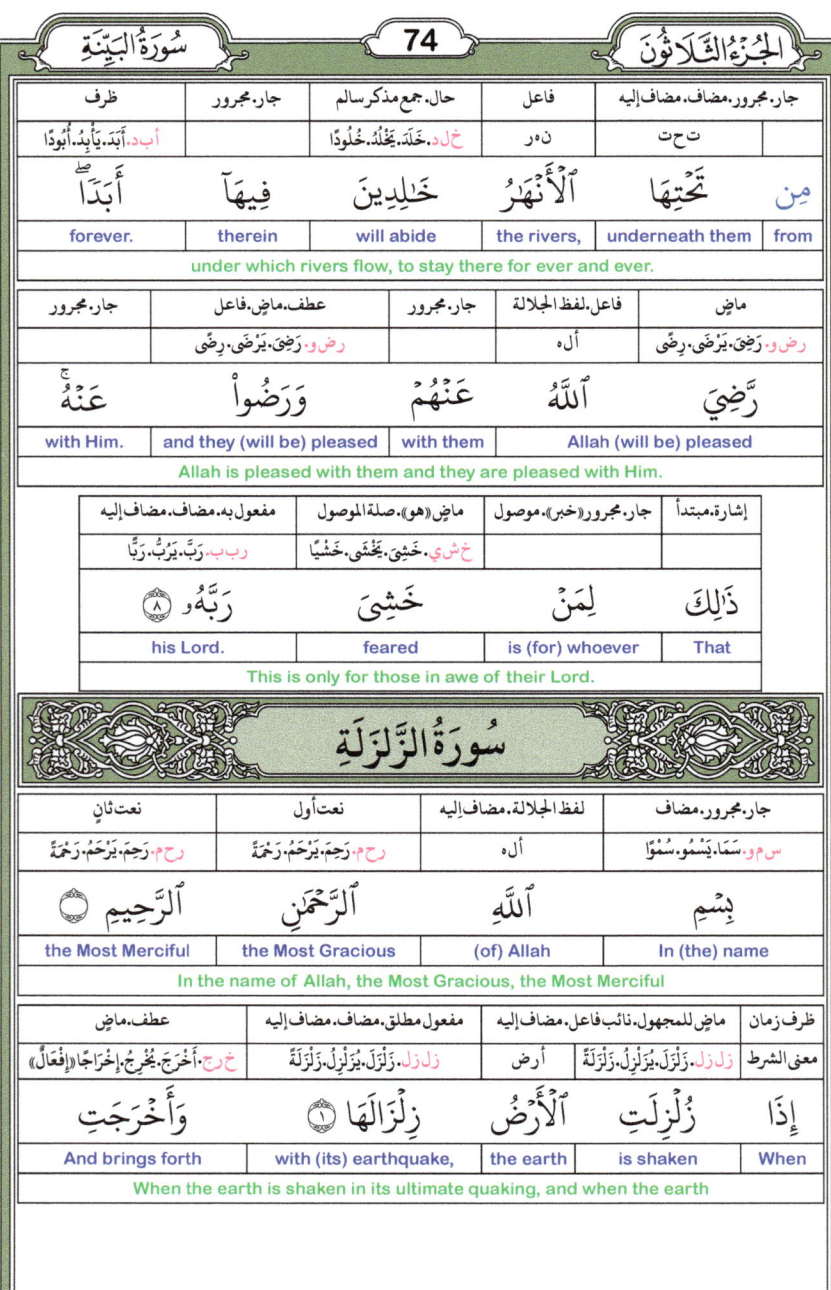

ظرف.مضاف إليه	جار.مجرور«خبر»	مبتدأ	فاعل	عطف.ماضٍ	مفعول به.مضاف.مضاف إليه	فاعل
		استفهام	أ ن س	ق و ل.قَالَ.يَقُولُ.قَوْلًا	ث ق ل.ثَقُلَ.يَثْقُلُ.ثِقَالَةً	أرض
يَوْمَئِذٍ	لَهَا ۝٣	مَا	ٱلْإِنسَٰنُ	وَقَالَ	أَثْقَالَهَا ۝٢	ٱلْأَرْضُ
That Day	(is) with it?	what	man,	And says	its burdens,	the earth

throws out all its contents, and humanity cries, What is wrong with it? — on that Day

جار.مجرور	ماضٍ«هو».خبر«أن»	اسم«أن».مضاف إليه	جر.توكيد ونصب	مفعول به.مضاف إليه	مضارع مرفوع«هي».جواب الشرط
	و ح ي.أَوْحَى.يُوحِي.إِيحَاءً	ر ب ب.رَبَّ.يَرُبُّ.رَبًّا		خ ب ر.خَبَرَ.يَخْبُرُ.خَبْرًا	ح د ث.حَدَّثَ.يُحَدِّثُ.تَحْدِيثًا
لَهَا ۝٥	أَوْحَىٰ	رَبَّكَ	بِأَنَّ	أَخْبَارَهَا ۝٤	تُحَدِّثُ
[to] it.	inspired	your Lord	Because	its news,	it will report

the earth will recount everything, having been inspired by your Lord to do so .

حال	فاعل	مضارع مرفوع	ظرف زمان.مضاف إليه
ش ت ت.شَتَّ.يَشِتُّ.شَتًّا	ن و س.نَاسَ.يَنُوسُ.نَوْسًا	ص د ر.صَدَرَ.يَصْدُرُ.صَدْرًا	
أَشْتَاتًا	ٱلنَّاسُ	يَصْدُرُ	يَوْمَئِذٍ
(in) scattered groups	the mankind	will proceed	That Day

On that Day people will proceed in separate groups

مفعول به.مضاف	فعل الشرط.مضارع مجزوم«هو»	عطف.اسم شرط	مفعول به ثانٍ.مضاف إليه	تعليل.مضارع للمجهول.نائب فاعل
ث ق ل.ثَقُلَ.يَثْقُلُ.ثِقَالَةً	ع م ل.عَمِلَ.يَعْمَلُ.عَمَلًا	مبتدأ	ع م ل.عَمِلَ.يَعْمَلُ.عَمَلًا	ر أ ي.رَأَى.يَرَى.رُؤْيَةً
مِثْقَالَ	يَعْمَلْ	فَمَن	أَعْمَٰلَهُمْ ۝٦	لِّيُرَوْا۟
the weight	does	So whoever	their deeds.	to be shown

to be shown the consequences of their deeds. So whoever does

مضارع مجزوم«هو».فعل الشرط	عطف.مبتدأ	مضارع مجزوم«هو».جواب الشرط.مفعول به	تمييز	مضاف إليه
ع م ل.عَمِلَ.يَعْمَلُ.عَمَلًا	اسم شرط	ر أ ي.رَأَى.يَرَى.رُؤْيَةً	خ ي ر.خَارَ.يَخِيرُ.خَيْرًا	ذ ر ر.ذَرَّ.يَذُرُّ.ذَرًّا
يَعْمَلْ	وَمَن	يَرَهُۥ ۝٧	خَيْرًا	ذَرَّةٍ
does	And whoever	will see it,	good,	(of) an atom

an atom's weight of good will see it. And whoever does

مضارع مجزوم«هو».جواب الشرط.مفعول به	تمييز	مضاف إليه	مفعول به.مضاف
ر أ ي.رَأَى.يَرَى.رُؤْيَةً	ش ر ر.شَرَّ.يَشِرُّ.شَرًّا	ذ ر ر.ذَرَّ.يَذُرُّ.ذَرًّا	ث ق ل.ثَقُلَ.يَثْقُلُ.ثِقَالَةً
يَرَهُۥ ۝٨	شَرًّا	ذَرَّةٍ	مِثْقَالَ
will see it.	evil,	(of) an atom	(equal to the) weight

an atom's weight of evil will see it.

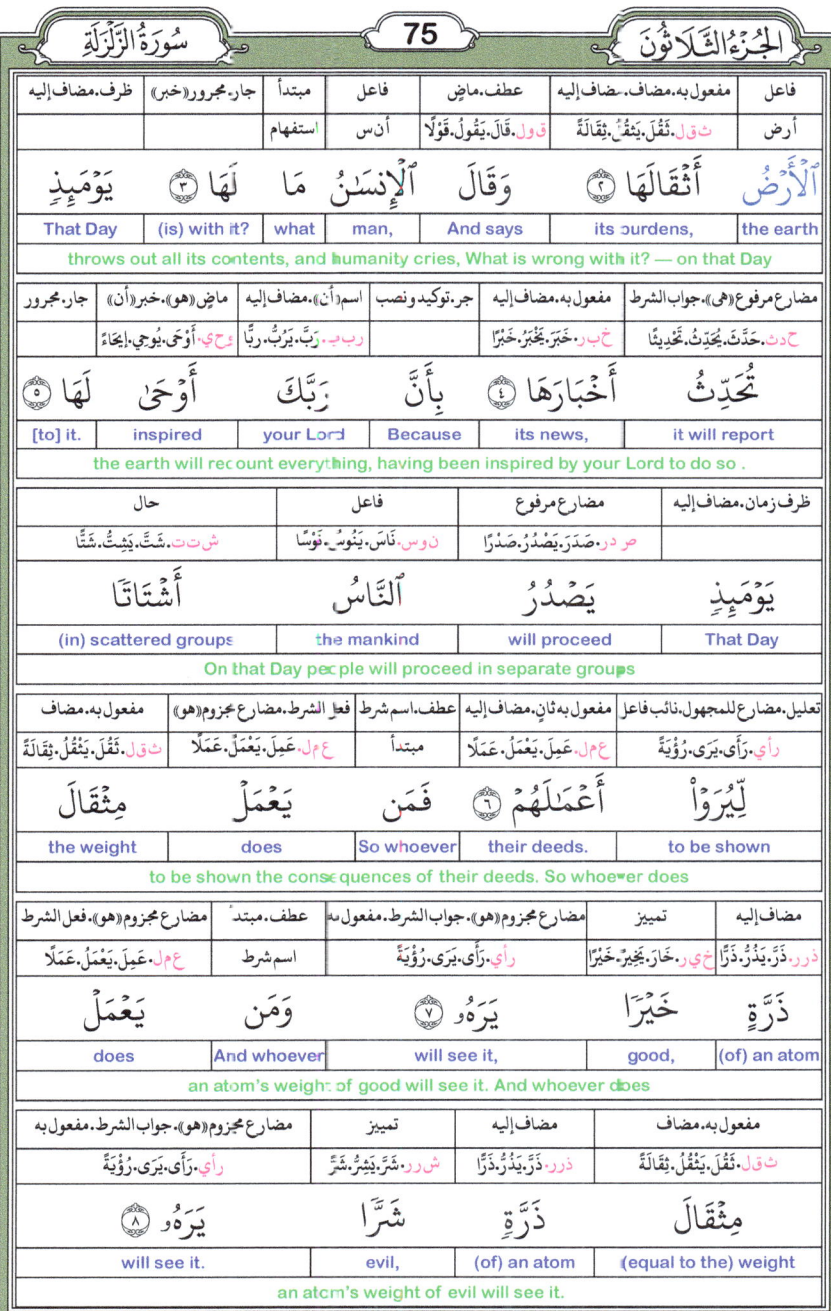

سُورَةُ العَادِيَاتِ

جار.مجرور.مضاف	لفظ الجلالة.مضاف إليه	نعت أول	نعت ثانٍ
س م و. سَمَا. يَسْمُو. سُمُوًّا	أ ل ه	ر ح م. رَحِمَ. يَرْحَمُ. رَحْمَةً	ر ح م. رَحِمَ. يَرْحَمُ. رَحْمَةً
بِسْمِ	ٱللَّهِ	ٱلرَّحْمَٰنِ	ٱلرَّحِيمِ ١
In (the) name	(of) Allah	the Most Gracious	the Most Merciful

In the name of Allah, the Most Gracious, the Most Merciful

جر وقسم.مجرور	مفعول مطلق	عطف.معطوف على «العاديات»	مفعول مطلق
ع د و. عَدَا. يَعْدُو. عَدْوًا	ض ب ح. ضَبَحَ. يَضْبَحُ. ضَبْحًا	و ر ي. أَوْرَى. يُورِي. إِيرَاءً «إِفْعَالٌ»	ق د ح. قَدَحَ. يَقْدَحُ. قَدْحًا
وَٱلْعَٰدِيَٰتِ	ضَبْحًا ١	فَٱلْمُورِيَٰتِ	قَدْحًا ٢
By the racers	panting,	And the producers of sparks,	striking

By the galloping, panting horses, striking sparks of fire with their hoofs ,

عطف.معطوف على «العاديات»	ظرف زمان	عطف.معطوف على «العاديات».فاعل	جار.مجرور	مفعول به
غ ي ر. أَغَارَ. يُغِيرُ. إِغَارَةً «إِفْعَالٌ»	ص ب ح	ث و ر. أَثَرَ. يَأْثِرُ. أَثْرًا		ن ق ع. نَقَعَ. يَنْقَعُ. نَقْعًا
فَٱلْمُغِيرَٰتِ	صُبْحًا ٣	فَأَثَرْنَ	بِهِۦ	نَقْعًا ٤
And the chargers	(at) dawn,	Then raise	thereby	dust,

launching raids at dawn, stirring up clouds of dust,

عطف.معطوف على «العاديات».فاعل	جار.مجرور	مفعول به	توكيد ونصب	اسم «إن»
و س ط. وَسَطَ. يَسِطُ. وَسْطًا		ج م ع. جَمَعَ. يَجْمَعُ. جَمْعًا		أ ن س. أَنَسَ. يَأْنِسُ. أَنْسًا
فَوَسَطْنَ	بِهِۦ	جَمْعًا ٥	إِنَّ	ٱلْإِنسَٰنَ
Then penetrate (in the) centre	thereby	collectively	Indeed,	mankind,

and penetrating into the heart of enemy lines! Surely humankind

جار.مجرور.مضاف.مضاف إليه	مزحلقة.خبر «إن»	عطف.توكيد ونصب.اسم «إن»	جار.مجرور	إشارة
ر ب ب. رَبَّ. يَرُبُّ. رَبًّا	ك ن د. كَنَدَ. يَكْنُدُ. كُنُودًا			
لِرَبِّهِۦ	لَكَنُودٌ ٦	وَإِنَّهُۥ	عَلَىٰ	ذَٰلِكَ
to his Lord,	(is) surely ungrateful.	And indeed, he	on	that

is ungrateful to their Lord— and they certainly attest to this—

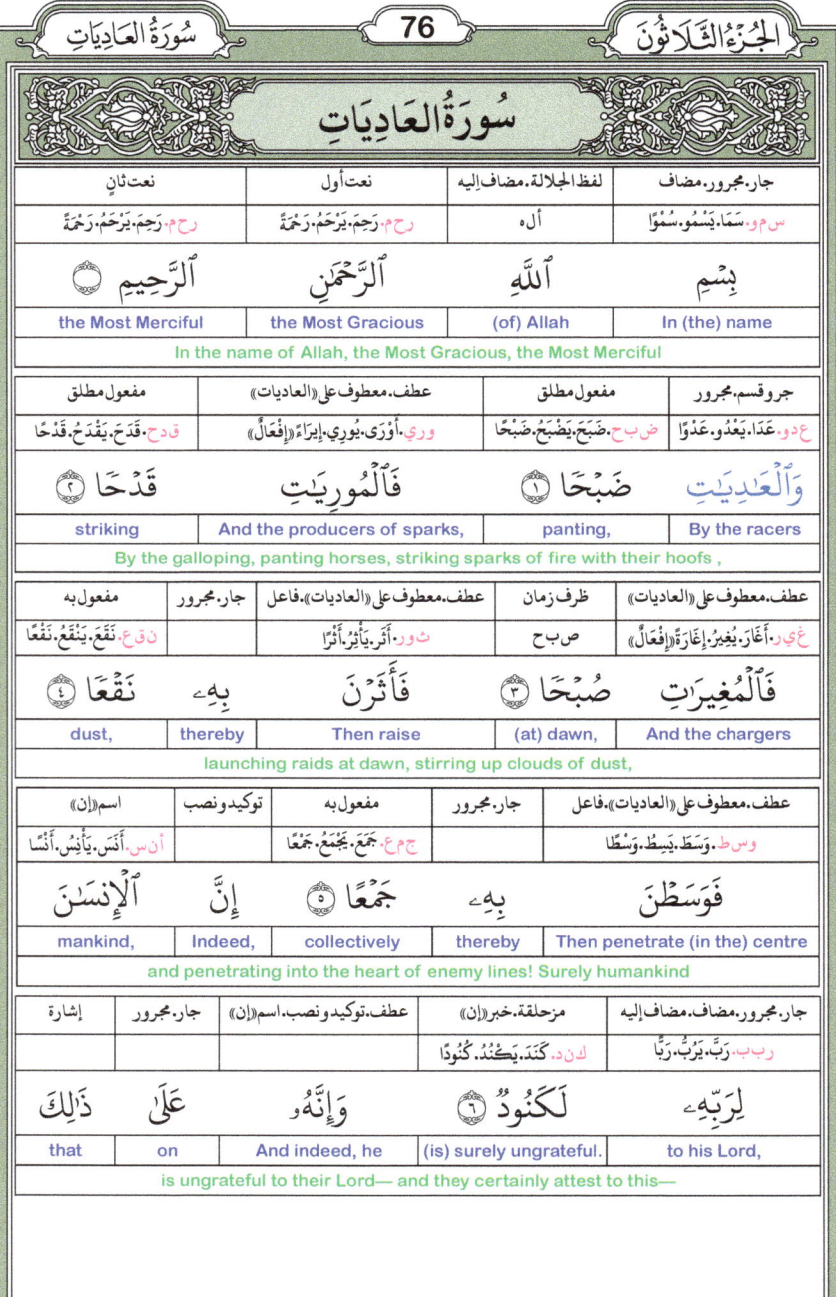

مزحلقة.خبر«إن»	عطف.توكيد ونصب	جار.مجرور.مضاف	مضاف إليه	مزحلقة.خبر«إن»
ش ه د.شَهِدَ.يَشْهَدُ.شُهُودًا	اسم«إن»	ح ب ب.حَبَّ.يَحِبُّ.حُبًّا	خ ي ب.خَارَ.يَخِيرُ.خَيْرًا	ش د د.شَدَّ.يَشُدُّ.شَدًّا
لَشَهِيدٌ ﴿٧﴾	وَإِنَّهُۥ	لِحُبِّ	ٱلْخَيْرِ	لَشَدِيدٌ ﴿٨﴾
surely (is) a witness	And indeed he	in (the) love	(of) wealth	(is) surely intense.

and they are truly extreme in their love of 'worldly' gains.

استفهام.نافية	مضارع مرفوع«هو»	ظرف زمان	ماضٍ للمجهول.نائب فاعل.مضاف إليه		جار.مجرور«صلة الموصول»	
	ع ل م.عَلِمَ.يَعْلَمُ.عِلْمًا	معنى الشرط	ب ع ث ر.بَعْثَرَ.يُبَعْثِرُ.بَعْثَرَةً	موصول		ق ب ر.قَبَرَ.يَقْبُرُ.قَبْرًا
أَفَلَا	يَعْلَمُ	إِذَا	بُعْثِرَ	مَا	فِى	ٱلْقُبُورِ ﴿٩﴾
But does not	he know	when	will be scattered	what	(is) in	the graves,

Do they not know that when the contents of the graves will be spilled out,

عطف.ماضٍ للمجهول	نائب فاعل	جار.مجرور«صلة الموصول»		توكيد ونصب	اسم«إن».مضاف.مضاف إليه
ح ص ل.حَصَّلَ.يُحَصِّلُ.تَحْصِيلًا«تفعيل»	موصول		ص د ر.صَدَرَ.يَصْدُرُ.صَدْرًا		
وَحُصِّلَ	مَا	فِى	ٱلصُّدُورِ ﴿١٠﴾	إِنَّ	رَبَّهُم
And is made apparent	what	(is) in	the breasts?	Indeed,	their Lord

and the secrets of the hearts will be laid bare— surely their Lord

جار.مجرور	ظرف زمان.مضاف إليه	مزحلقة.خبر«إن»
		خ ب ر.خَبَرَ.يَخْبُرُ.خَبْرًا
بِهِمْ	يَوْمَئِذٍ	لَّخَبِيرٌۢ ﴿١١﴾
about them,	that Day,	(is) surely All-Aware.

is All-Aware of them on that Day.

سُورَةُ القَارِعَةِ

جار.مجرور.مضاف	لفظ الجلالة.مضاف إليه	نعت أول	نعت ثانٍ
س م و.سَمَا.يَسْمُو.سُمُوًّا	أ ل ه	ر ح م.رَحِمَ.يَرْحَمُ.رَحْمَةً	ر ح م.رَحِمَ.يَرْحَمُ.رَحْمَةً
بِسْمِ	ٱللَّهِ	ٱلرَّحْمَٰنِ	ٱلرَّحِيمِ ﴿﴾
In (the) name	(of) Allah	the Most Gracious	the Most Merciful

In the name of Allah, the Most Gracious, the Most Merciful

ثلاثة أرباع الحزب ٦٠

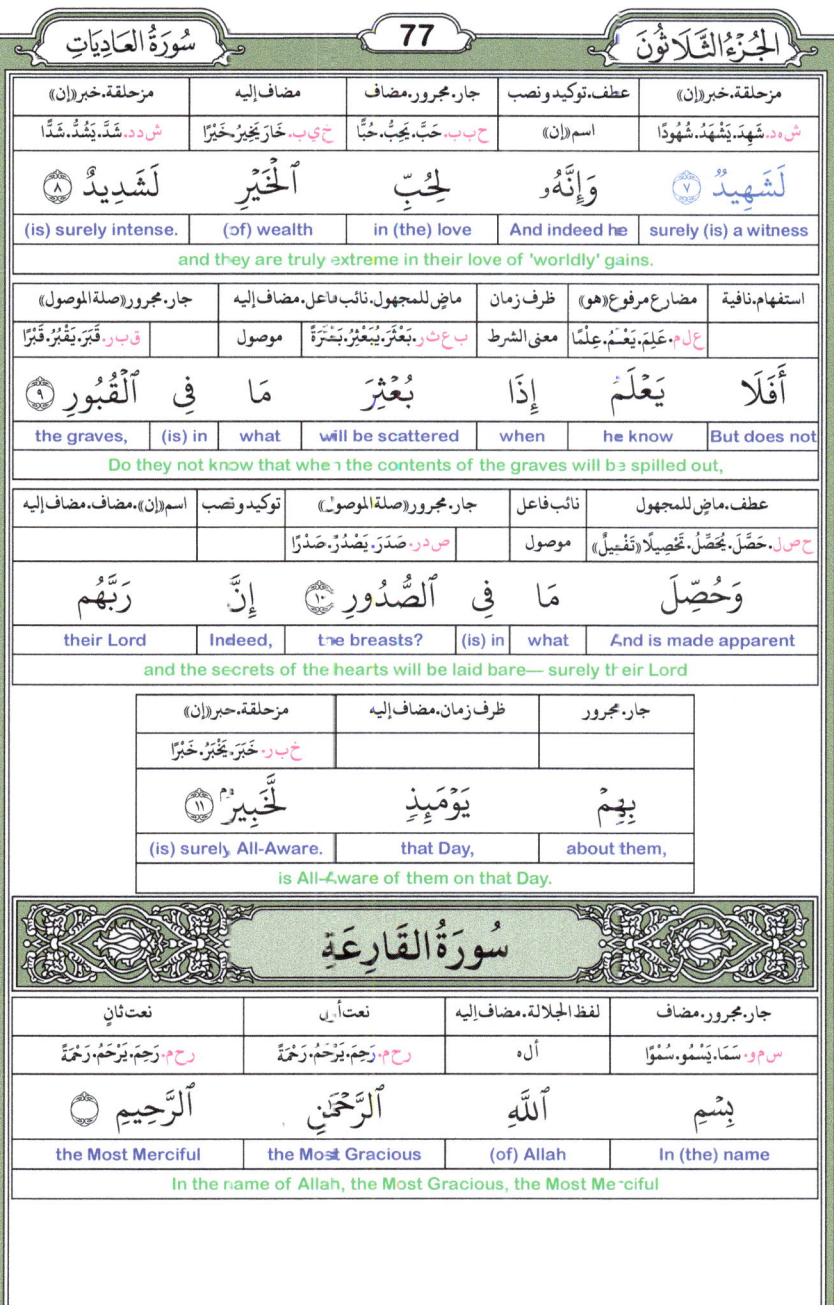

مبتدأ أول	استفهام. مبتدأ ثانٍ	خبر المبتدأ الثاني	عطف. مبتدأ. استفهام
قرع. قَرَعَ. يَقْرَعُ. قَرْعًا		قرع. قَرَعَ. يَقْرَعُ. قَرْعًا	
ٱلْقَارِعَةُ ﴿١﴾	مَا	ٱلْقَارِعَةُ ﴿٢﴾	وَمَآ
The Striking Calamity!	What	(is) the Striking Calamity?	And what
The Striking Disaster! What is the Striking Disaster? And what			

ماضٍ «هو». خبر. مفعول به أول	استفهام	خبر	ظرف زمان	مضارع ناقص مرفوع
دري. أَدْرَى. يُدْرِي. إِدْرَاءً «إفعال»	مبتدأ	قرع. قَرَعَ. يَقْرَعُ. قَرْعًا	ي و م	كون. كَانَ. يَكُونُ. كَوْنًا
أَدْرَىٰكَ	مَا	ٱلْقَارِعَةُ ﴿٣﴾	يَوْمَ	يَكُونُ
will make you know	what	(is) the Striking Calamity?	(The) Day	will be
will make you realize what the Striking Disaster is? It is the Day				

اسم «يكون»	تشبيه. جار. مجرور «خبر يكون»	نعت	عطف. مضارع ناقص مرفوع	اسم «تكون»
نوس. نَاسَ. يَنُوسُ. نَوْسًا	فرش. فَرَشَ. يَفْرِشُ. فَرْشًا	بثث. بَثَّ. يَبُثُّ. بَثًّا	كون. كَانَ. يَكُونُ. كَوْنًا	جبل. جَبَلَ. يَجْبُلُ. جَبْلًا
ٱلنَّاسُ	كَٱلْفَرَاشِ	ٱلْمَبْثُوثِ ﴿٤﴾	وَتَكُونُ	ٱلْجِبَالُ
the mankind	like moths,	scattered,	And will be	the mountains
people will be like scattered moths, and the mountains will be				

تشبيه. جار. مجرور «خبر تكون»	نعت	استئنافية. تفصيل وشرط	مبتدأ أول. موصول
عهن. عَهَنَ. يَعْهِنُ. عَهْنًا	نفش. نَفَشَ. يَنْفُشُ. نَفْشًا		
كَٱلْعِهْنِ	ٱلْمَنفُوشِ ﴿٥﴾	فَأَمَّا	مَن
like wool,	fluffed up.	Then as for	him (whose)
like carded wool. So as for those whose			

ماضٍ. تانيث. فاعل. مضاف. مضاف إليه. صلة الموصول		واقعة في جواب «أما». مبتدأ ثانٍ	جار. مجرور «خبر»	
ثقل. ثَقُلَ. يَثْقُلُ. ثِقَالَةً	وزن. وَزَنَ. يَزِنُ. وَزْنًا			عيش. عَاشَ. يَعِيشُ. عِيشَةً
ثَقُلَتْ	مَوَٰزِينُهُۥ ﴿٦﴾	فَهُوَ	فِي	عِيشَةٍ
(are) heavy	his scales,	Then he	(will be) in	a life,
scale is heavy with good deeds , they will be in a life				

نعت	عطف. تفصيل وشرط	موصول. مبتدأ أول	ماضٍ. تانيث. فاعل. مضاف. مضاف إليه. صلة الموصول	
رضو. رَضِيَ. يَرْضَى. رِضًى			خفف. خَفَّ. يَخِفُّ. خَفًّا	وزن. وَزَنَ. يَزِنُ. وَزْنًا
رَّاضِيَةٍ ﴿٧﴾	وَأَمَّا	مَنْ	خَفَّتْ	مَوَٰزِينُهُۥ ﴿٨﴾
pleasant.	But as for	him (whose)	(are) light	his scales,
of bliss. And as for those whose scale is light,				

استفهام.مبتدأ.خبر	ماضٍ«هو».خبر.مفعول به أول	استئنافية	خبر	وج«أما».مبتدأ ثانٍ.مضاف.مضاف إليه
مفعول به ثانٍ	دري.أَدْرَى.يُدْرِي.إِدْرَاءً«إِفْعَالٌ»	مبتدأ.استفهام	هوي.هَوَى.يَهْوِي.هَوِيًّا	أمم.أَمَّ.يَأُمُّ.أَمًّا
مَاهِيَهْ ﴿١٠﴾	أَدْرَىٰكَ	وَمَآ	هَاوِيَةٌ ﴿٩﴾	فَأُمُّهُۥ
what it is?	will make you know	And what	(will be the) Pit.	His abode

their home will be the abyss. And what will make you realize what that is?

نعت	خبر.مبتدأ محذوف
حمي.حَمِيَ.يَحْمَى.حُمِيًّا	نور.نَارَ.يَنُورُ.نَوْرًا
حَامِيَةٌۢ ﴿١١﴾	نَارٌ
intensely hot.	A Fire,

It is a scorching Fire.

سُورَةُ التَّكَاثُرِ

نعت ثانٍ	نعت أول	لفظ الجلالة.مضاف إليه	جار.مجرور.مضاف
رحم.رَحِمَ.يَرْحَمُ.رَحْمَةً	رحم.رَحِمَ.يَرْحَمُ.رَحْمَةً	أ ل ه	سمو.سَمَا.يَسْمُو.سُمُوًّا
ٱلرَّحِيمِ ﴿﴾	ٱلرَّحْمَٰنِ	ٱللَّهِ	بِسْمِ
the Most Merciful	the Most Gracious	(of) Allah	In (the) name

In the name of Allah, the Most Gracious, the Most Merciful

مفعول به	ماضٍ.فاعل	غاية وجر	فاعل	ماضٍ.مفعول به
قبر.قَبَرَ.يَقْبُرُ.قَبْرًا	زور.زَارَ.يَزُورُ.زِيَارَةً		كثر.تَكَاثَرَ.يَتَكَاثَرُ.تَكَاثُرًا«تَفَاعُلٌ»	لهو.أَلْهَى.يُلْهِي.إِلْهَاءً«إِفْعَالٌ»
ٱلْمَقَابِرَ ﴿٢﴾	زُرْتُمُ	حَتَّىٰ	ٱلتَّكَاثُرُ ﴿١﴾	أَلْهَىٰكُمُ
the graves.	you visit	Until	the competition to increase	Diverts you

Competition for more gains diverts you from Allah , until you end up in your graves.

ردع وزجر	مضارع مرفوع.فاعل	استقبال	ردع وزجر	عطف	مضارع مرفوع.فاعل	استقبال	ردع وزجر
	علم.عَلِمَ.يَعْلَمُ.عِلْمًا				علم.عَلِمَ.يَعْلَمُ.عِلْمًا		
كَلَّا	تَعْلَمُونَ ﴿٤﴾	سَوْفَ	كَلَّا	ثُمَّ	تَعْلَمُونَ ﴿٣﴾	سَوْفَ	كَلَّا
Nay!	you will know.	soon	nay!	Then,	you will know.	Soon	Nay!

But no! You will soon come to know. Again, no! You will soon come to know. Indeed,

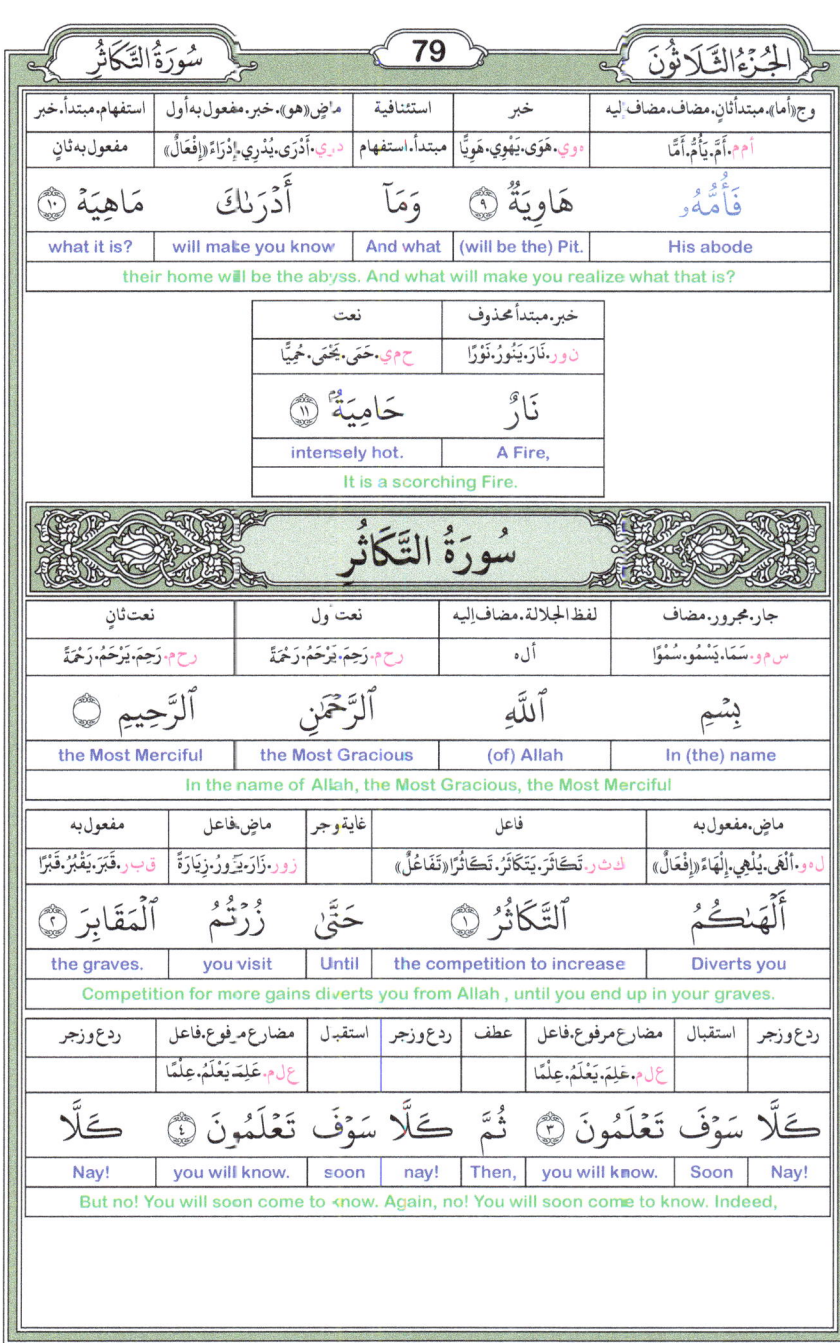

شرط	مضارع مرفوع.فاعل	مفعول مطلق.مضاف	مضاف إليه	وج ق.مضارع مرفوع.فاعل.تاكيد
	ع ل م.عَلِمَ.يَعْلَمُ.عِلْمًا	ع ل م.عَلِمَ.يَعْلَمُ.عِلْمًا	ي ق ن.يَقِنَ.يَيْقَنُ.يَقَنًا	رأي.رَأَى.يَرَى.رُؤْيَةً
لَوْ	تَعْلَمُونَ	عِلْمَ	ٱلْيَقِينِ ٥	لَتَرَوُنَّ
If	you know	(with) a knowledge	(of) certainty.	Surely you will see

if you were to know 'your fate' with certainty, 'you would have acted differently'. 'But' you

مفعول به	عطف	واقعة فى جواب قسم.مضارع مرفوع.فاعل	مفعول مطلق.مضاف	مضاف إليه
ج ح م. جَحَمَ.يَجْحُمُ.جُحُومًا		رأي.رَأَى.يَرَى.رُؤْيَةً	ع ي ن.عَانَ.يَعِينُ.عَيْنًا	ي ق ن.يَقِنَ.يَيْقَنُ.يَقَنًا
ٱلْجَحِيمَ ٦	ثُمَّ	لَتَرَوُنَّهَا	عَيْنَ	ٱلْيَقِينِ ٧
the Hellfire.	Then	surely you will see it	(with the) eye	(of) certainty.

will surely see the Hellfire. Again, you will surely see it with the eye of certainty.

عطف	واقعة فى جواب قسم.مضارع مبنى للمجهول«هو».تاكيد	ظرف.مضاف إليه	جار.مجرور		
	س أ ل.سَأَلَ.يَسْأَلُ.سُؤَالًا			ن ع م.نَعَمَ.يَنْعَمُ.نَعْمَةً	
ثُمَّ	لَتُسْـَٔلُنَّ	يَوْمَئِذٍ	عَنِ	ٱلنَّعِيمِ ٨	
Then,	surely you will be asked	that Day	about	the pleasures.	

Then, on that Day, you will definitely be questioned about 'your worldly' pleasures.

سُورَةُ العَصْرِ

جار.مجرور.مضاف	لفظ الجلالة.مضاف إليه	نعت أول	نعت ثانٍ
س م و.سَمَا.يَسْمُو.سُمُوًّا	أ ل ه	ر ح م.رَحِمَ.يَرْحَمُ.رَحْمَةً	ر ح م.رَحِمَ.يَرْحَمُ.رَحْمَةً
بِسْمِ	ٱللَّهِ	ٱلرَّحْمَٰنِ	ٱلرَّحِيمِ
In (the) name	(of) Allah	the Most Gracious	the Most Merciful

In the name of Allah, the Most Gracious, the Most Merciful

جر و قسم.مجرور	توكيد و نصب	اسم«إن»	مزحلقة.جار.مجرور«خبر إن»		استثناء
ع ص ر.عَصَرَ.يَعْصِرُ.عَصْرًا		أ ن س.أَنَسَ.يَأْنِسُ.أَنْسًا		خ س ر.خَسِرَ.يَخْسَرُ.خَسْرًا	
وَٱلْعَصْرِ ١	إِنَّ	ٱلْإِنسَٰنَ	لَفِي	خُسْرٍ ٢	إِلَّا
By the time,	Indeed,	mankind	(is) surely, in	loss,	Except

By the passage of time! Surely humanity is in grave loss, except

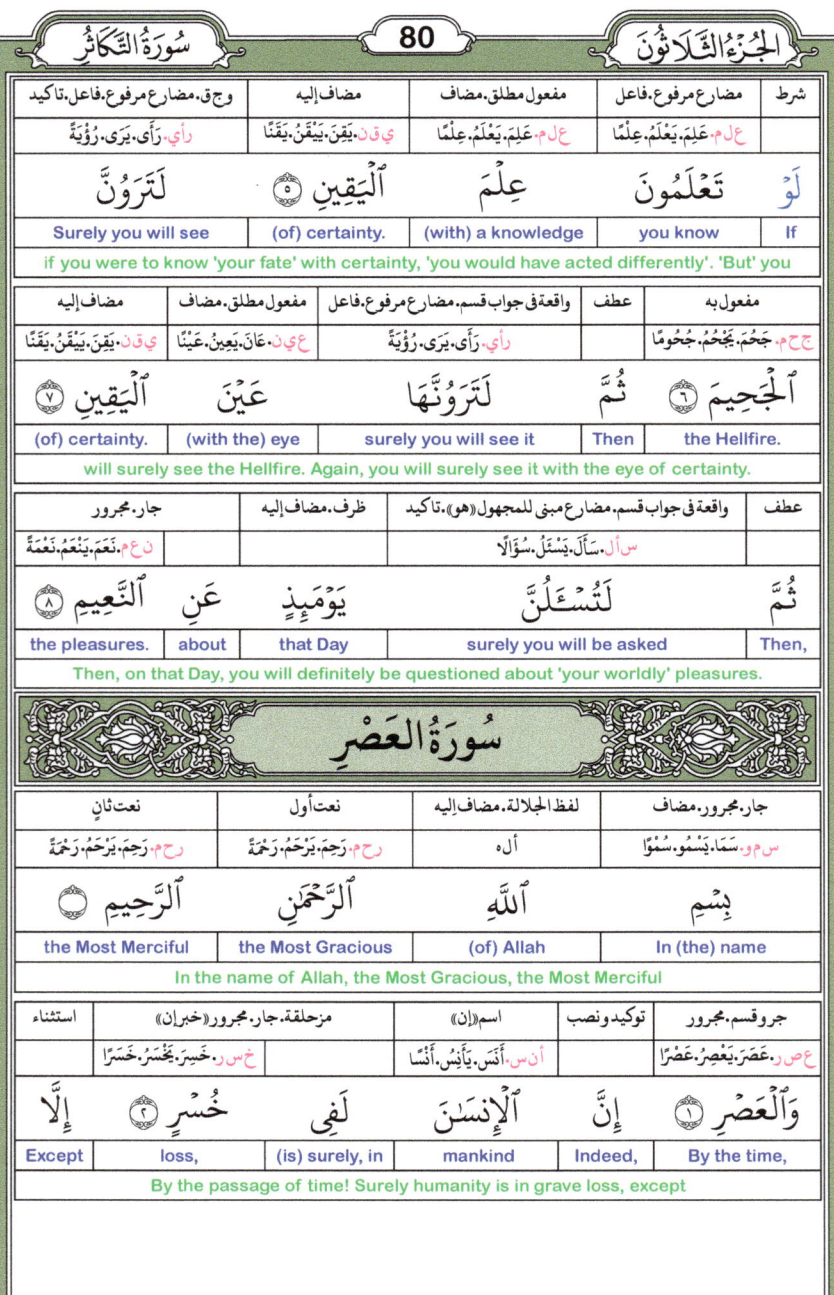

مفعول به.جمع مؤنث سالم	عطف.ماضٍ.فاعل	ماضٍ.فاعل.صلة الموصول	موصول.مستثنى
ص ل ح.صَلَحَ.يَصْلَحُ.صَلَاحًا	ع م ل.عَمِلَ.يَعْمَلُ.عَمَلًا	أ م ن.آمَنَ.يُؤْمِنُ.إِيمَانًا(إِفْعَالٌ)	
ٱلصَّٰلِحَٰتِ	وَعَمِلُوا۟	ءَامَنُوا۟	ٱلَّذِينَ
righteous deeds	and do	believe	those who
those who have faith, do good,			

جار.مجرور	عطف.ماضٍ.فاعل	جار.مجرور	عطف.ماضٍ.فاعل
ص ب ر.صَبَرَ.يَصْبِرُ.صَبْرًا	و ص ي.تَوَاصَى.يَتَوَاصَى.تَوَاصِيًا(تَفَاعُلٌ)	ح ق ق.حَقَّ.يَحِقُّ.حَقًّا	و ص ي.تَوَاصَى.يَتَوَاصَى.تَوَاصِيًا(تَفَاعُلٌ)
بِٱلصَّبْرِ ٣	وَتَوَاصَوْا۟	بِٱلْحَقِّ	وَتَوَاصَوْا۟
to [the] patience.	and enjoin (each other)	to the truth	and enjoin (each other)
and urge each other to the truth, and urge each other to perseverance.			

سُورَةُ الهُمَزَةِ

نعت ثانٍ	نعت ول	لفظ الجلالة.مضاف إليه	جار.مجرور.مضاف
ر ح م.رَحِمَ.يَرْحَمُ.رَحْمَةً	ر ح م.رَحِمَ.يَرْحَمُ.رَحْمَةً	أ ل ه	س م و.سَمَا.يَسْمُو.سُمُوًّا
ٱلرَّحِيمِ	ٱلرَّحْمَٰنِ	ٱللَّهِ	بِسْمِ
the Most Merciful	the Most Gracious	(of) Allah	In (the) name
In the name of Allah, the Most Gracious, the Most Merciful			

ماضٍ(هو).صلة الموصول	موصول	نعت	مضاف إليه	جار.مجرور(خبر).مضاف	مبتدأ
ج م ع.جَمَعَ.يَجْمَعُ.جَمْعًا		ل م ز.لَمَزَ.يَلْمِزُ.لَمْزًا	ه م ز.هَمَزَ.يَهْمِزُ.هَمْزًا	ك ل ل.كَلَّ.يَكِلُّ.كَلًّا	
جَمَعَ	ٱلَّذِى	لُّمَزَةٍ ١	هُمَزَةٍ	لِّكُلِّ	وَيْلٌ
collects	The one who	backbiter!	slanderer	to every	Woe
Woe to every backbiter, slanderer, who amasses wealth 'greedily'					

اسم(أن).مضاف.مضاف إليه	توكيد ونصب	مضارع مرفوع(هو).حال	عطف.ماضٍ(هو).مفعول به	مفعول به
		ح س ب.حَسِبَ.يَحْسَبُ.حِسْبَانًا	ع د د.عَدَّدَ.يُعَدِّدُ.تَعْدِيدًا(تَفْعِيلٌ)	م و ل
مَالَهُۥٓ	أَنَّ	يَحْسَبُ	وَعَدَّدَهُۥ ٢	مَالًا
his wealth	that	Thinking	and counts.	wealth
and counts it 'repeatedly', thinking that their wealth				

ماضٍ «هو». خبر «أن». مفعول به	ردع وزجر	واقعة في جواب قسم. مضارع للمجهول «هو». تأكيد	جار. مجرور	
خ ل د. أَخْلَدَ. يُخْلِدُ. إِخْلَادًا «إِفْعَالٌ»		ن ب ذ. نَبَذَ. يَنْبِذُ. نَبْذًا		ح ط م. حَطَمَ. يَحْطِمُ. حَطْمًا
أَخْلَدَهُۥ ③	كَلَّا	لَيُنۢبَذَنَّ	فِي	ٱلْحُطَمَةِ ④
will make him immortal.	Nay!	surely he will be thrown	in	the crusher,
will make them immortal! Not at all! Such a person will certainly be tossed into the Crusher.				

استئنافية. استفهام. مبتدأ	ماضٍ «هو». مفعول به أول. خبر «ما»	مبتدأ. استفهام. خبر. مفعول به ثانٍ		خبر. مضاف
	د ر ي. أَدْرَى. يُدْرِي. إِدْرَاءً «إِفْعَالٌ»		ح ط م. حَطَمَ. يَحْطِمُ. حَطْمًا	ن و ر
وَمَآ	أَدْرَىٰكَ	مَا	ٱلْحُطَمَةُ ⑤	نَارُ
And what	will make you know	what	the crusher (is)?	A fire
And what will make you realize what the Crusher is?				

مضاف إليه. لفظ الجلالة	نعت أول	موصول. نعت ثانٍ	مضارع مرفوع «هي». صلة الموصول	جار
أ ل ه	و ق د. أَوْقَدَ. يُوقِدُ. إِيقَادًا «إِفْعَالٌ»		ط ل ع. اِطَّلَعَ. يَطَّلِعُ. اِطِّلَاعًا «افْتِعَالٌ»	
ٱللَّهِ	ٱلْمُوقَدَةُ ⑥	ٱلَّتِي	تَطَّلِعُ	عَلَى
Allah	kindled	Which	mounts up	to
'It is' Allah's kindled Fire, which rages over				

مجرور	توكيد ونصب. اسم «إن»	جار. مجرور	خبر «إن»	جار-
ف أ د. فَئِدَ. يَفْأَدُ. فَأْدًا			و ص د. أَوْصَدَ. يُوصِدُ. إِيصَادًا «إِفْعَالٌ»	
ٱلْأَفْـِٔدَةِ ⑦	إِنَّهَا	عَلَيْهِم	مُّؤْصَدَةٌ ⑧	فِي
the hearts.	Indeed it	(will be) upon them	closed over,	in
the hearts. It will be sealed over them,				

-مجرور «خبر إن» ثانٍ	نعت
ع م د. عَمَدَ. يَعْمِدُ. عَمْدًا	م د د. مَدَّدَ. يُمَدِّدُ. تَمْدِيدًا «تَفْعِيلٌ»
عَمَدٍ	مُّمَدَّدَةِۭ ⑨
columns	extended.
'tightly secured' with long braces.	

سُورَةُ الفِيلِ

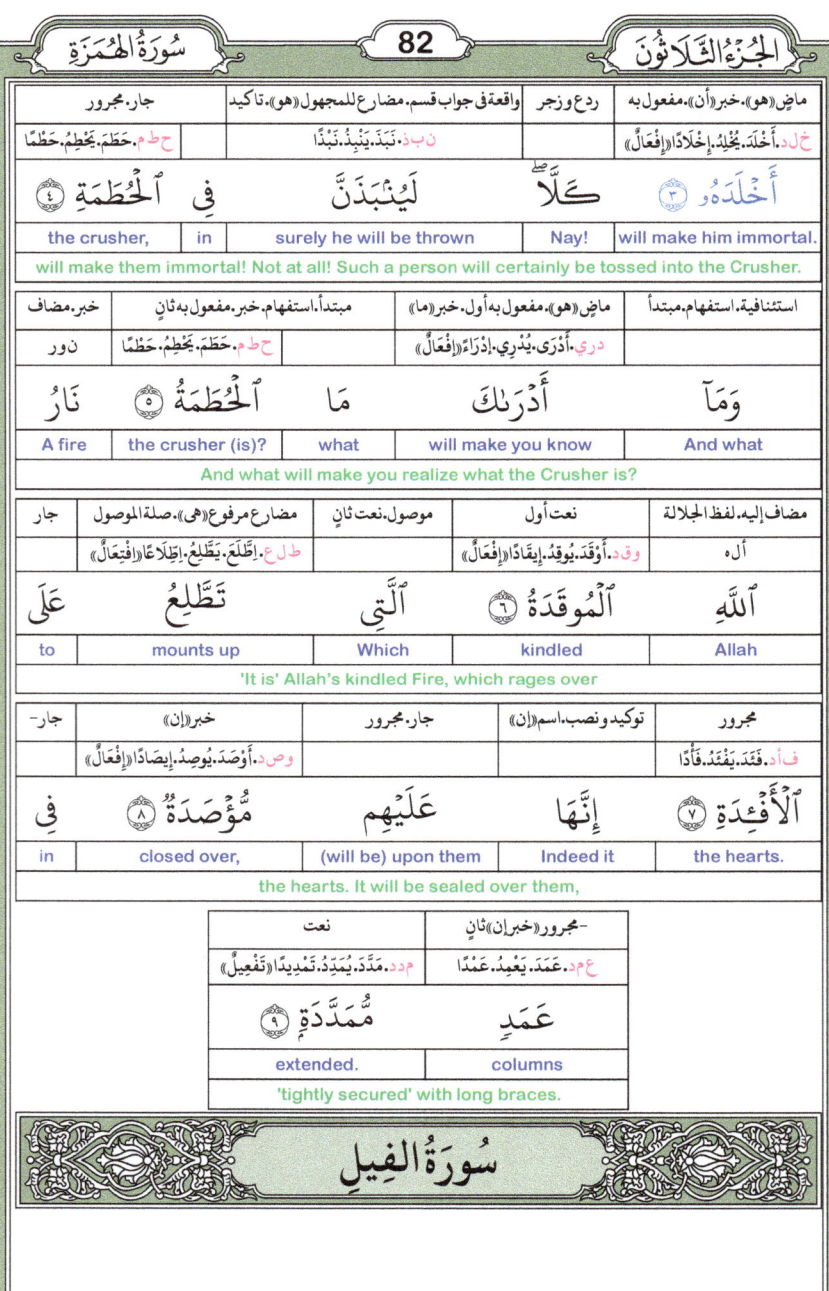

نعت ثانٍ	نعت أول	لفظ الجلالة. مضاف إليه	جار. مجرور. مضاف
رح م. رَحِمَ. يَرْحَمُ. رَحْمَةً	رح م. رَحِمَ. يَرْحَمُ. رَحْمَةً	أ ل ه	س م و. سَمَا. يَسْمُو. سُمْوًا
ٱلرَّحِيمِ ○	ٱلرَّحْمَٰنِ	ٱللَّهِ	بِسْمِ
the Most Merciful	the Most Gracious	(of) Allah	In (the) name

In the name of Allah, the Most Gracious, the Most Merciful

فاعل. مضاف. مضاف إليه	ماضٍ	استفهام. حال	مضارع مجزوم «أنت»	استفهام. نفي وجزم وقلب
ر ب ب. رَبَّ. يَرُبُّ. رَبًّا	ف ع ل. فَعَلَ. يَفْعَلُ. فِعْلًا	ك ي ف	ر أ ي. رَأَى. يَرَى. رَأْيًا	
رَبُّكَ	فَعَلَ	كَيْفَ	تَرَ	أَلَمْ
your Lord	dealt	how	you seen	Have not

Have you not seen 'O Prophet' how your Lord dealt

مضارع مجزوم «هو»	استفهام. نفي وجزم وقلب	مضاف إليه	جار. مجرور. مضاف
ج ع ل. جَعَلَ. يَجْعَلُ. جَعْلًا		ف ي ل	ص ح ب. صَحِبَ. يَصْحَبُ. صُحْبَةً
يَجْعَلْ	أَلَمْ	ٱلْفِيلِ ١	بِأَصْحَٰبِ
He make	Did not	(of the) Elephant?	with (the) Companions

with the Army of the Elephant? Did He not

جار. مجرور	عطف. ماضٍ «هو»	جار. مجرور		مفعول به. مضاف. مضاف إليه
	ر س ل. أَرْسَلَ. يُرْسِلُ. إِرْسَالًا «إفْعَالٌ»	ض ل ل. ضَلَّلَ. يُضَلِّلُ. تَضْلِيلًا «تَفْعِيلٌ»		ك ي د. كَادَ. يَكِيدُ. كَيْدًا
عَلَيْهِمْ	وَأَرْسَلَ	تَضْلِيلٍ ٢	فِي	كَيْدَهُمْ
against them	And He sent	astray?	go	their plan

frustrate their scheme? For He sent against them

جار-	جار. مجرور	مضارع مرفوع «هي». مفعول به. نعت ثانٍ	نعت أول	مفعول به
	ح ج ر. حَجَرَ. يَحْجُرُ. حَجْرًا	ر م ي. رَمَى. يَرْمِي. رَمْيًا	أ ب ل	ط ي ر. طَارَ. يَطِيرُ. طَيْرًا
مِّن	بِحِجَارَةٍ	تَرْمِيهِم	أَبَابِيلَ ٣	طَيْرًا
of	with stones	Striking them	(in) flocks.	birds

flocks of birds, that pelted them with stones of

نعت	تشبيه. جار. مجرور	عطف. ماضٍ «هو». مفعول به	-مجرور «نعت»
أ ك ل. أَكَلَ. يَأْكُلُ. أَكْلًا	ع ص ف. عَصَفَ. يَعْصِفُ. عَصْفًا	ج ع ل. جَعَلَ. يَجْعَلُ. جَعْلًا	س ج ل. سَجَلَ. يَسْجُلُ. سَجْلًا
مَّأْكُولٍ ٥	كَعَصْفٍ	فَجَعَلَهُمْ	سِجِّيلٍ ٤
eaten up.	like straw	Then he made them	baked clay.

baked clay, leaving them like chewed up straw.

سُورَةُ قُرَيْشٍ

جار.مجرور.مضاف	لفظ الجلالة.مضاف إليه	نعت أول	نعت ثانٍ
س م و.سَمَا.يَسْمُو.سُمُوًّا	أ ل ه	ر ح م.رَحِمَ.يَرْحَمُ.رَحْمَةً	ر ح م.رَحِمَ.يَرْحَمُ.رَحْمَةً
بِسْمِ	ٱللَّهِ	ٱلرَّحْمَٰنِ	ٱلرَّحِيمِ ١
In (the) name	(of) Allah	the Most Gracious	the Most Merciful
In the name of Allah, the Most Gracious, the Most Merciful			

جار.مجرور.مضاف	مضاف إليه	بدل.مضاف.مضاف إليه	مفعول به.مضاف	مضاف إليه
أ ل ف.آلَفَ.يُؤْلِفُ.إِيلَافًا«إِفْعَالٌ»		أ ل ف.آلَفَ.يُؤْلِفُ.إِيلَافًا«إِفْعَالٌ»	ر ح ل.رَحَلَ.يَرْحَلُ.رِحْلَةً	ش ت و
لِإِيلَٰفِ	قُرَيْشٍ ١	إِۦلَٰفِهِمْ	رِحْلَةَ	ٱلشِّتَآءِ
For (the) familarity	of (the) Quraish,	Their familarity	(with the) journey	(of) winter
'At least' for 'the favour of' making Quraysh habitually secure Secure in their trading to 'Yemen'				

عطف.معطوف على «الشتاء»	و ج ش.لام أمر.مضارع مجزوم.فاعل	مفعول به.مضاف	إشارة	بدل
ص ي ف	ع ب د.عَبَدَ.يَعْبُدُ.عِبَادَةً	ر ب ب.رَبَّ.يَرُبُّ.رَبًّا	مضاف إليه	ب ي ت.بَاتَ.يَبِيتُ.بَيْتًا
وَٱلصَّيْفِ ٢	فَلْيَعْبُدُوا۟	رَبَّ	هَٰذَا	ٱلْبَيْتِ ٣
and summer,	So let them worship	(the) Lord	(of) this	House,
in the winter and 'Syria' in the summer-let them worship the Lord of this 'Sacred' House,				

موصول.مفعول به	ماضٍ«هو».مفعول به.صلة الموصول	جار.مجرور		عطف.ماضٍ«هو».مفعول به
	ط ع م.أَطْعَمَ.يُطْعِمُ.إِطْعَامًا«إِفْعَالٌ»		ج و ع.جَاعَ.يَجُوعُ.جَوْعًا	أ م ن.آمَنَ.يُؤْمِنُ.إِيمَانًا«إِفْعَالٌ»
ٱلَّذِىٓ	أَطْعَمَهُم	مِّن	جُوعٍ	وَءَامَنَهُم
The one Who	feeds them	[from]	(against) hunger	and gives them security
Who has fed them against hunger and made them secure				

جار.مجرور	
	خ و ف.خَافَ.يَخَافُ.خَوْفًا
مِّنْ	خَوْفٍ ٤
from	fear.
against fear.	

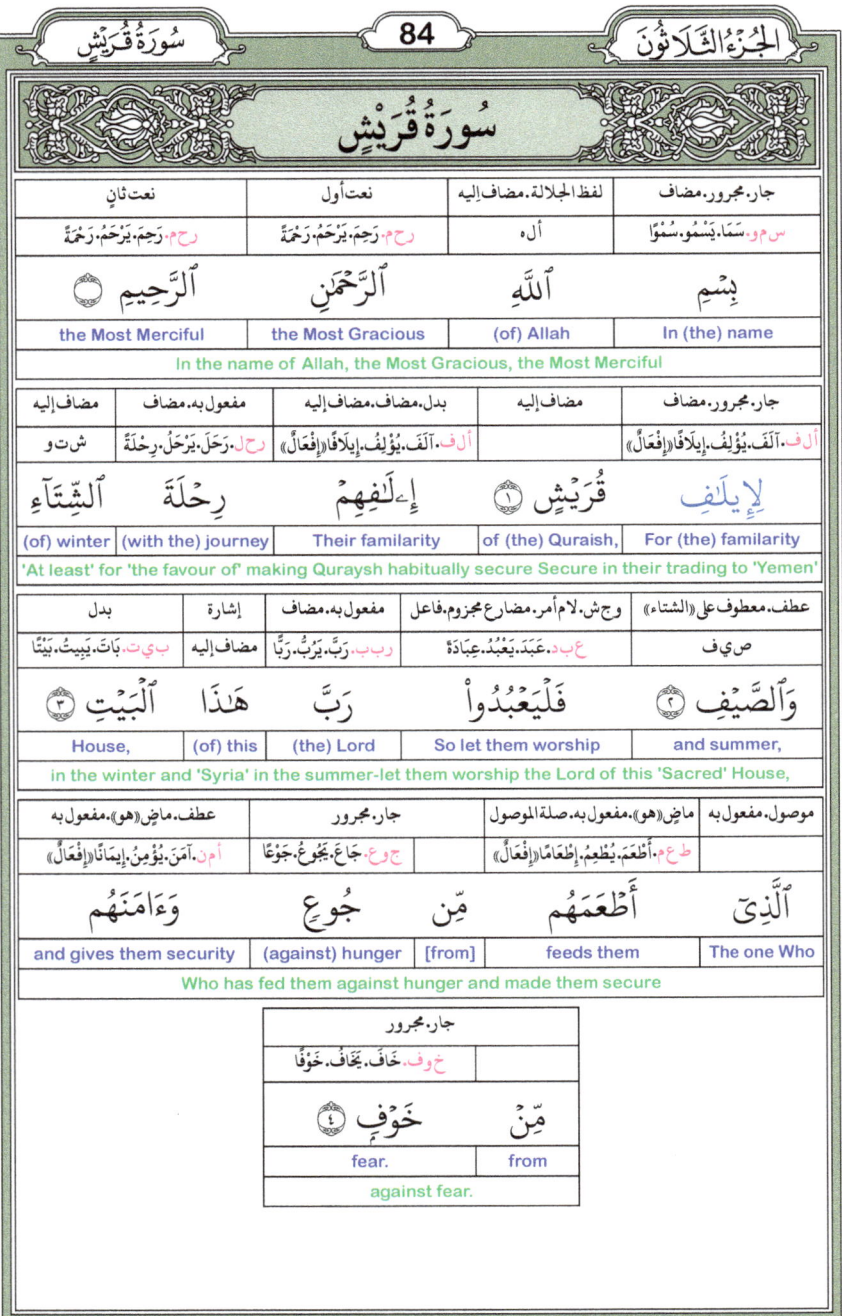

سُورَةُ المَاعُونِ

جار.مجرور.مضاف	لفظ الجلالة.مضاف إليه	نعت أول	نعت ثانٍ
س م و.سَمَا.يَسْمُو.سُمُوًّا	أ ل ه	ر ح م.رَحِمَ.يَرْحَمُ.رَحْمَةً	ر ح م.رَحِمَ.يَرْحَمُ.رَحْمَةً
بِسْمِ	ٱللَّهِ	ٱلرَّحْمَٰنِ	ٱلرَّحِيمِ ١
In (the) name	(of) Allah	the Most Gracious	the Most Merciful

In the name of Allah, the Most Gracious, the Most Merciful

استفهام.ماضٍ.فاعل	موصول.مفعول به	مضارع مرفوع«هو».صلة الموصول	جار.مجرور
ر أ ي.رَأَى.يَرَى.رَأْيًا		ك ذ ب.كَذَّبَ.يُكَذِّبُ.تَكْذِيبًا«تَفْعِيلٌ»	د ي ن.دَانَ.يَدِينُ.دِينًا
أَرَءَيْتَ	ٱلَّذِى	يُكَذِّبُ	بِٱلدِّينِ ١
Have you seen	the one who	denies	the judgement?

Have you seen the one who denies the 'final' Judgment?

وج ش.إشارة.مبتدأ.موصول.خبر		مضارع مرفوع«هو».صلة الموصول	مفعول به	عطف.نافية
جواب الشرط		د ع ع.دَعَّ.يَدُعُّ.دَعًّا	ي ت م.يَتِمَ.يَيْتَمُ.يَتْمًا	
فَذَٰلِكَ	ٱلَّذِى	يَدُعُّ	ٱلْيَتِيمَ ٢	وَلَا
Then that	(is) the one who	repulses	the orphan,	And (does) not

That is the one who repulses the orphan, and does not

مضارع مرفوع«هو»	جار.مجرور.مضاف		مضاف إليه	استئنافية.مبتدأ
ح ض ض.حَضَّ.يَحُضُّ.حَضًّا		ط ع م.أَطْعَمَ.يُطْعِمُ.إِطْعَامًا	س ك ن.سَكَنَ.يَسْكُنُ.سُكُونَةً	
يَحُضُّ	عَلَىٰ	طَعَامِ	ٱلْمِسْكِينِ ٣	فَوَيْلٌ
feel the urge	to	feed	the poor.	So woe

encourage the feeding of the poor. So woe

جار.مجرور«خبر».جمع مذكر سالم	موصول.نعت	مبتدأ	جار.مجرور.مضاف.مضاف إليه		خبر.جملة صلة الموصول
ص ل و.صَلَّى.يُصَلِّي.صَلَاةً«تَفْعِيلٌ»				ص ل و.صَلَّى.يُصَلِّي.صَلَاةً«تَفْعِيلٌ»	س ه و.سَهَا.يَسْهُو.سَهْوًا
لِّلْمُصَلِّينَ ٤	ٱلَّذِينَ	هُمْ	عَن	صَلَاتِهِمْ	سَاهُونَ ٥
to those who pray,	Those who	[they]	about	their prayers	(are) neglectful.

to those 'hypocrites' who pray yet are unmindful of their prayers;

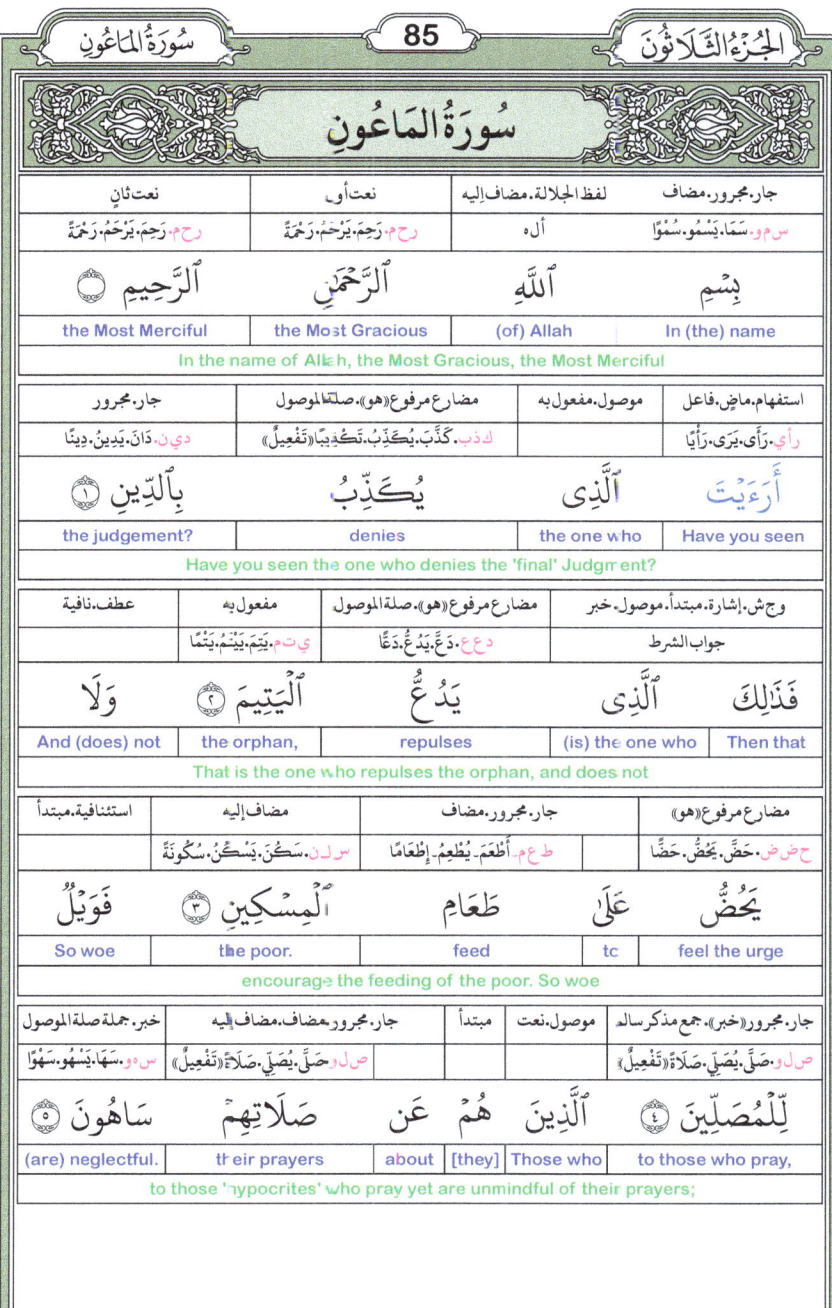

مفعول به	عطف.مضارع مرفوع.فاعل	مبتدأ.مضارع مرفوع.فاعل.خبر.جملة صلة الموصول		موصول.نعت ثانٍ
م ع ن.مَعَنَ.يَمْعَنُ.مَعْنًا	م ن ع.مَنَعَ.يَمْنَعُ.مَنْعًا	رأي.رَاءَى.يُرَاءِي.مُرَاءَاةً«مُفَاعَلَةٌ»		
ٱلْمَاعُونَ ٧	وَيَمْنَعُونَ	يُرَآءُونَ ٦	هُمْ	ٱلَّذِينَ
[the] small kindness.	And they deny	make show.	[they]	Those who
those who 'only' show off, and refuse to give 'even the simplest' aid.				

سُورَةُ الكَوْثَرِ

نعت ثانٍ	نعت أول	لفظ الجلالة.مضاف إليه	جار.مجرور.مضاف
ر ح م.رَحِمَ.يَرْحَمُ.رَحْمَةً	ر ح م.رَحِمَ.يَرْحَمُ.رَحْمَةً	أ ل ه	س م و.سَمَا.يَسْمُو.سُمُوًّا
ٱلرَّحِيمِ ○	ٱلرَّحْمَٰنِ	ٱللَّهِ	بِسْمِ
the Most Merciful	the Most Gracious	(of) Allah	In (the) name
In the name of Allah, the Most Gracious, the Most Merciful			

عطف.أمر«أنت»	مفعول به ثانٍ	ماضٍ.فاعل.مفعول به أول.خبر«إن»	توكيد ونصب.اسم«إن»
ص ل و.صَلَّى.يُصَلِّي.صَلَاةً«تَفْعِيلٌ»	ك ث ر.كَثُرَ.يَكْثُرُ.كَثْرَةً	ع ط و.أَعْطَى.يُعْطِي.إِعْطَاءً«إِفْعَالٌ»	
فَصَلِّ	ٱلْكَوْثَرَ ١	أَعْطَيْنَٰكَ	إِنَّآ
So pray	Al-Kausar,	We have given you	Indeed, We
Indeed, We have granted you 'O Prophet' abundant goodness. So pray and sacrifice			

خبر«إن»	ضمير فصل	اسم«إن».مضاف.مضاف إليه	توكيد ونصب	عطف.أمر«أنت»	جار.مجرور.مضاف إليه
ب ت ر.بَتِرَ.يَبْتَرُ.بَتَرًا		ش ن أ.شَنِئَ.يَشْنَؤُ.شَنَآنًا		ن ح ر.نَحَرَ.يَنْحَرُ.نَحْرًا	ر ب ب.رَبَّ.يَرُبُّ.رَبًّا
ٱلْأَبْتَرُ ٣	هُوَ	شَانِئَكَ	إِنَّ	وَٱنْحَرْ ٢	لِرَبِّكَ
the one cut off.	he (is)	your enemy	Indeed	and sacrifice.	to your Lord
to your Lord 'alone' . Only the one who hates you is truly cut 'off from any goodness'.					

سُورَةُ الكَافِرُونَ

نعت ثانٍ	نعت أول	لفظ الجلالة.مضاف إليه	جار.مجرور.مضاف
ر ح م.رَحِمَ.يَرْحَمُ.رَحْمَةً	ر ح م.رَحِمَ.يَرْحَمُ.رَحْمَةً	أ ل ه	س م و.سَمَا.يَسْمُو.سُمُوًّا
ٱلرَّحِيمِ ○	ٱلرَّحْمَٰنِ	ٱللَّهِ	بِسْمِ
the Most Merciful	the Most Gracious	(of) Allah	In (the) name
In the name of Allah, the Most Gracious, the Most Merciful			

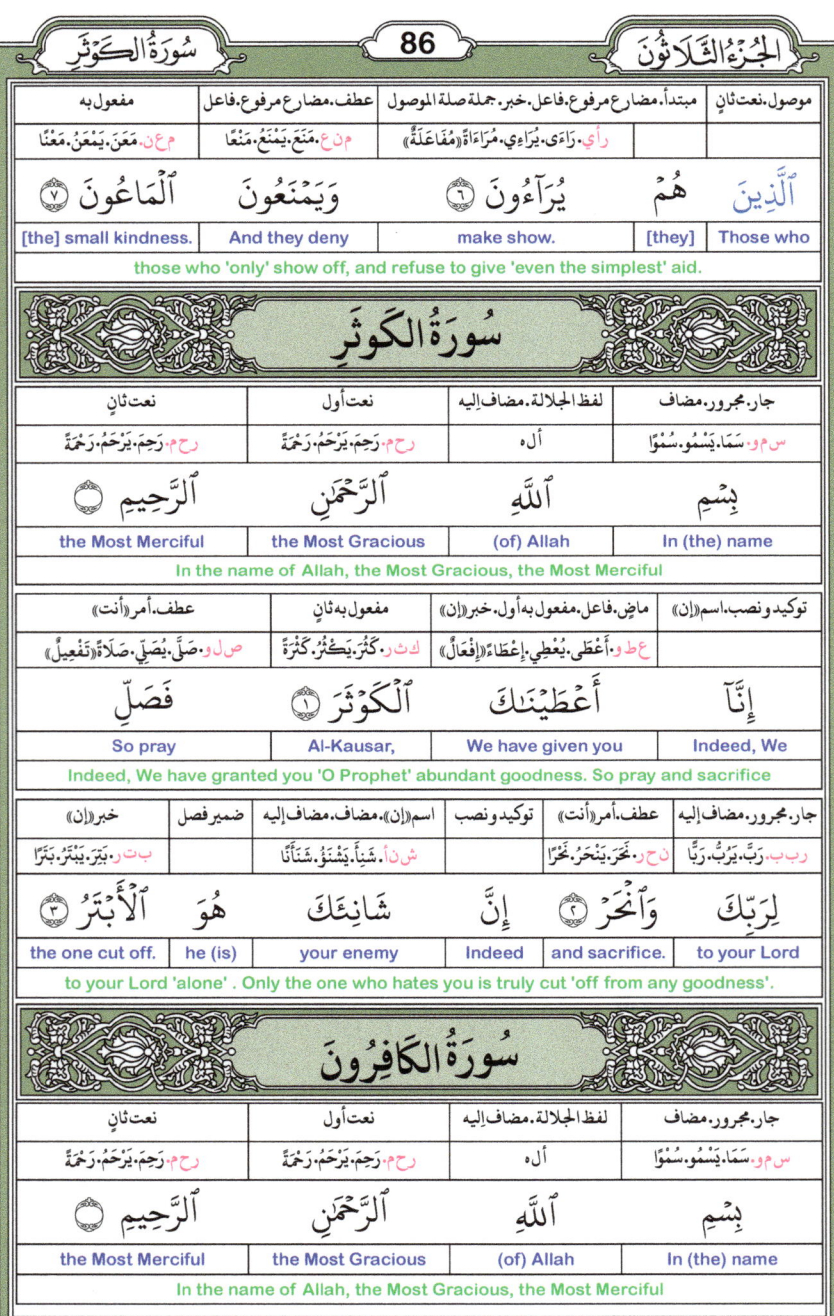

أمر«أنت»	نداء.منادى.تنبيه	بدل.نعت.جمع مذكر سالم	نافية	مضارع مرفوع«أنا»	موصول.مفعول به
ق و ل		ك ف ر.كَفَرَ.يَكْفُرُ.كُفْرًا		ع ب د.عَبَدَ.يَعْبُدُ.عِبَادَةً	
قُلْ	يَٰٓأَيُّهَا	ٱلْكَٰفِرُونَ ١	لَآ	أَعْبُدُ	مَا
Say	O	disbelievers!	Not	I worship	what

Say, 'O Prophet', O you disbelievers! I do not worship what you worship,

مضارع مرفوع.فاعل.صلة	عطف	مبتدأ	خبر مرفوع.جمع مذكر سالم	موصول	مضارع مرفوع«أنا».صلة	عطف.نافية
ع ب د.عَبَدَ.يَعْبُدُ.عِبَادَةً	نافية		ع ب د.عَبَدَ.يَعْبُدُ.عِبَادَةً	مفعول به	ع ب د.عَبَدَ.يَعْبُدُ.عِبَادَةً	
تَعْبُدُونَ ٢	وَلَآ	أَنتُمْ	عَٰبِدُونَ	مَآ	أَعْبُدُ ٣	وَلَآ
your worship.	And not	you	(are) worshippers	(of) what	I worship.	And not

nor do you worship what I worship. I will never

مبتدأ	خبر	موصول.مفعول به	ماضٍ.فاعل.صلة الموصول	عطف.نافية	مبتدأ	خبر مرفوع.جمع مذكر سالم
	ع ب د.عَبَدَ.يَعْبُدُ.عِبَادَةً		ع ب د.عَبَدَ.يَعْبُدُ.عِبَادَةً			ع ب د.عَبَدَ.يَعْبُدُ.عِبَادَةً
أَنَا۠	عَابِدٌ	مَّا	عَبَدتُّمْ ٤	وَلَآ	أَنتُمْ	عَٰبِدُونَ
I am	a worshipper	(of) what	you worship.	And not	you	(are) worshippers

worship what you worship, nor will you ever worship what I worship.

موصول	مضارع مرفوع«أنا».صلة الموصول	جار.مجرور	مبتدأ مؤخر.مضاف.مضاف إليه	عطف.جار.مجرور	مبتدأ مؤخر
مفعول به	ع ب د.عَبَدَ.يَعْبُدُ.عِبَادَةً	«خبر مقدم»	د ي ن.دَانَ.يَدِينُ.دِينًا	«خبر مقدم»	د ي ن.دَانَ.يَدِينُ.دِينًا
مَآ	أَعْبُدُ ٥	لَكُمْ	دِينُكُمْ	وَلِيَ	دِينِ ٦
(of) what	I worship.	For you	(is) your religion,	and for me	(is) my religion.

You have your way, and I have my Way.

سُورَةُ النَّصرِ

جار.مجرور.مضاف	لفظ الجلالة.مضاف إليه	نعت أول	نعت ثانٍ
س م و.سَمَا.يَسْمُو.سُمُوًّا	أ ل ه	ر ح م.رَحِمَ.يَرْحَمُ.رَحْمَةً	ر ح م.رَحِمَ.يَرْحَمُ.رَحْمَةً
بِسْمِ	ٱللَّهِ	ٱلرَّحْمَٰنِ	ٱلرَّحِيمِ
In (the) name	(of) Allah	the Most Gracious	the Most Merciful

In the name of Allah, the Most Gracious, the Most Merciful

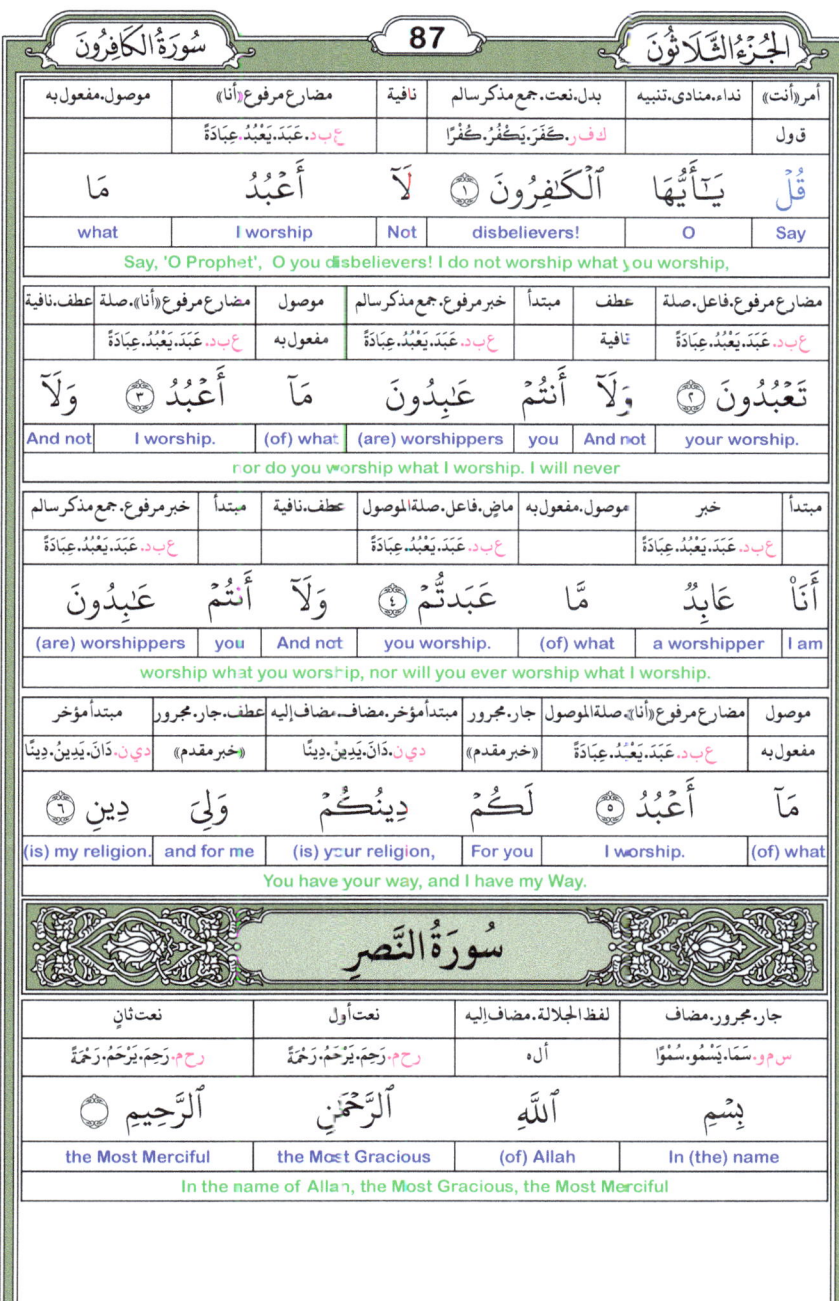

عطف.معطوف على«نصر»	مضاف إليه.لفظ الجلالة	ماضٍ.فاعل.مضاف إليه.مضاف		ظرف زمان.شرط
ف ت ح.فَتَحَ.يَفْتَحُ.فَتْحًا	أ ل ه	ن ص ر.نَصَرَ.يَنْصُرُ.نَصْرًا	ج ي أ.جَاءَ.يَجِيءُ.مَجِيءً	
وَٱلْفَتْحُ ١	ٱللَّهِ	نَصْرُ	جَآءَ	إِذَا
and the Victory,	(of) Allah	(the) help	comes	When
When Allah's 'ultimate' help comes and the victory 'over Mecca is achieved',				

مضاف إليه.لفظ الجلالة	جار.مجرور.مضاف		مضارع مرفوع.فاعل.حال	مفعول به	عطف.ماضٍ.فاعل
أ ل ه	د ي ن.دَانَ.يَدِينُ.دِينًا		د خ ل.دَخَلَ.يَدْخُلُ.دُخُولًا	ن و س	ر أ ي.رَأَى.يَرَى.رُؤْيَةً
ٱللَّهِ	دِينِ	فِي	يَدْخُلُونَ	ٱلنَّاسَ	وَرَأَيْتَ
(of) Allah	(the) religion	into	entering	the people	And you see
and you 'O Prophet' see the people embracing Allah's Way					

مضاف إليه.مضاف.مضاف إليه	جار.مجرور«حال».مضاف	واقعة في جواب«إذا».أمر.جواب الشرط	حال
ر ب ب.رَبَّ.يَرُبُّ.رَبًّا	ح م د.حَمِدَ.يَحْمَدُ.حَمْدًا	س ب ح.سَبَّحَ.يُسَبِّحُ.تَسْبِيحًا«تَفْعِيل»	ف و ج.فَاجَ.يَفُوجُ.فَوْجًا
رَبِّكَ	بِحَمْدِ	فَسَبِّحْ	أَفْوَاجًا ٢
(of) your Lord	with (the) praises	Then glorify	(in) multitudes.
in crowds, then glorify the praises of your Lord			

خبر«كان»	ماضٍ ناقص«هو»	توكيد ونصب.اسم«إن»	عطف.أمر«أنت».مفعول به
ت و ب.تَابَ.يَتُوبُ.تَوْبَةً	ك و ن.كَانَ.يَكُونُ.كَوْنًا		غ ف ر.اِسْتَغْفَرَ.يَسْتَغْفِرُ.اِسْتِغْفَارًا«اِسْتِفْعَال»
تَوَّابًا ٣	كَانَ	إِنَّهُۥ	وَٱسْتَغْفِرْهُ
Oft-Returning.	is	Indeed, He	and ask His forgiveness.
and seek His forgiveness, for certainly He is ever Accepting of Repentance.			

سُورَةُ المَسَدِ

نعت ثانٍ	نعت أول	لفظ الجلالة.مضاف إليه	جار.مجرور.مضاف
ر ح م.رَحِمَ.يَرْحَمُ.رَحْمَةً	ر ح م.رَحِمَ.يَرْحَمُ.رَحْمَةً	أ ل ه	س م و.سَمَا.يَسْمُو.سُمُوًّا
ٱلرَّحِيمِ ۝	ٱلرَّحْمَٰنِ	ٱللَّهِ	بِسْمِ
the Most Merciful	the Most Gracious	(of) Allah	In (the) name
In the name of Allah, the Most Gracious, the Most Merciful			

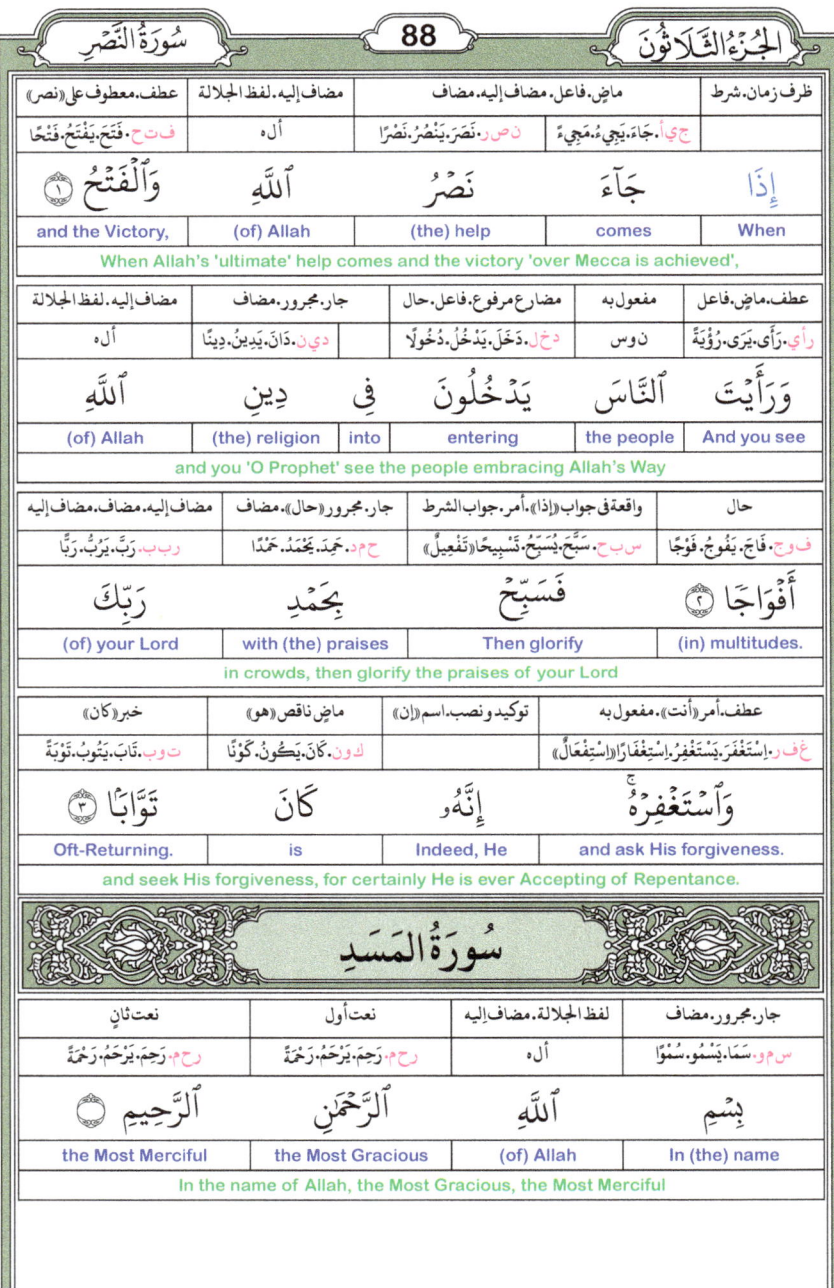

نافية	عطف.ماضٍ«هو»	مضاف إليه	مضاف إليه مضاف	فاعل.مضاف	ماضٍ.تانيث
	ت ب ب.تَبَّ.يَتُبُّ.تَبًّا			ي دي.يَدَى.يَدِي.يَدْيًا	ت ب ب.تَبَّ.يَتُبُّ.تَبًّا
مَآ	وَتَبَّ ١	لَهَبٍ	أَبِي	يَدَآ	تَبَّتْ
Not	and perish he.	Lahab	(of) Abu	(the) hands	Perish
May the hands of Abu Lahab perish, and he 'himself' perish!					

ماضٍ«هو».صلة الموصول	عطف.موصول	فاعل.مضاف.مضاف إليه	جار.مجرور	ماضٍ
ك س ب.كَسَبَ.يَكْسِبُ.كَسْبًا		م و ل		غ ن ي.أَغْنَى.يُغْنِي.إِغْنَاءً«إِفْعَالٌ»
كَسَبَ ٢	وَمَا	مَالُهُۥ	عَنْهُ	أَغْنَىٰ
he earned.	and what	his wealth	him	(will) avail
Neither his wealth nor 'worldly' gains will benefit him.				

عطف.معطوف على«يصلى».مضاف إليه	مضاف إليه	نعت.مضاف	مفعول به	استقبال.مضارع مرفوع«هو»
م ر أ.مَرِءَ.يَمْرَءُ.مَرَءًا	ل ه ب.لَهَبَ.يَلْهَبُ.لَهَبًا		ن و ر.نَارَ.يَنُورُ.نَوْرًا	ص ل ي.صَلِيَ.يَصْلَى.صَلْيًا
وَٱمْرَأَتُهُۥ	لَهَبٍ ٣	ذَاتَ	نَارًا	سَيَصْلَىٰ
And his wife,	Blazing Flames,	of	(in) a Fire	He will be burnt
He will burn in a flaming Fire, And 'so will' his wife,				

مبتدأ مؤخر	جار.مجرور«خبر».مضاف.مضاف إليه		مضاف إليه	مفعول به.مضاف
ح ب ل.حَبَلَ.يَحْبُلُ.حَبْلًا	ج ي د		ح ط ب.حَطَبَ.يَحْطِبُ.حَطْبًا	ح م ل.حَمَلَ.يَحْمِلُ.حَمْلًا
حَبْلٌ	جِيدِهَا	فِي	ٱلْحَطَبِ ٤	حَمَّالَةَ
(will be) a rope	her neck	In	(of) firewood,	(the) carrier
the carrier of 'thorny' kindling, around her neck will be a rope				

جار.مجرور«نعت»	
م س د.مَسَدَ.يَمْسُدُ.مَسْدًا	
مَّسَدٍۭ ٥	مِّن
palm-fibre.	of
of palm-fibre.	

سُورَةُ الإِخْلَاصِ

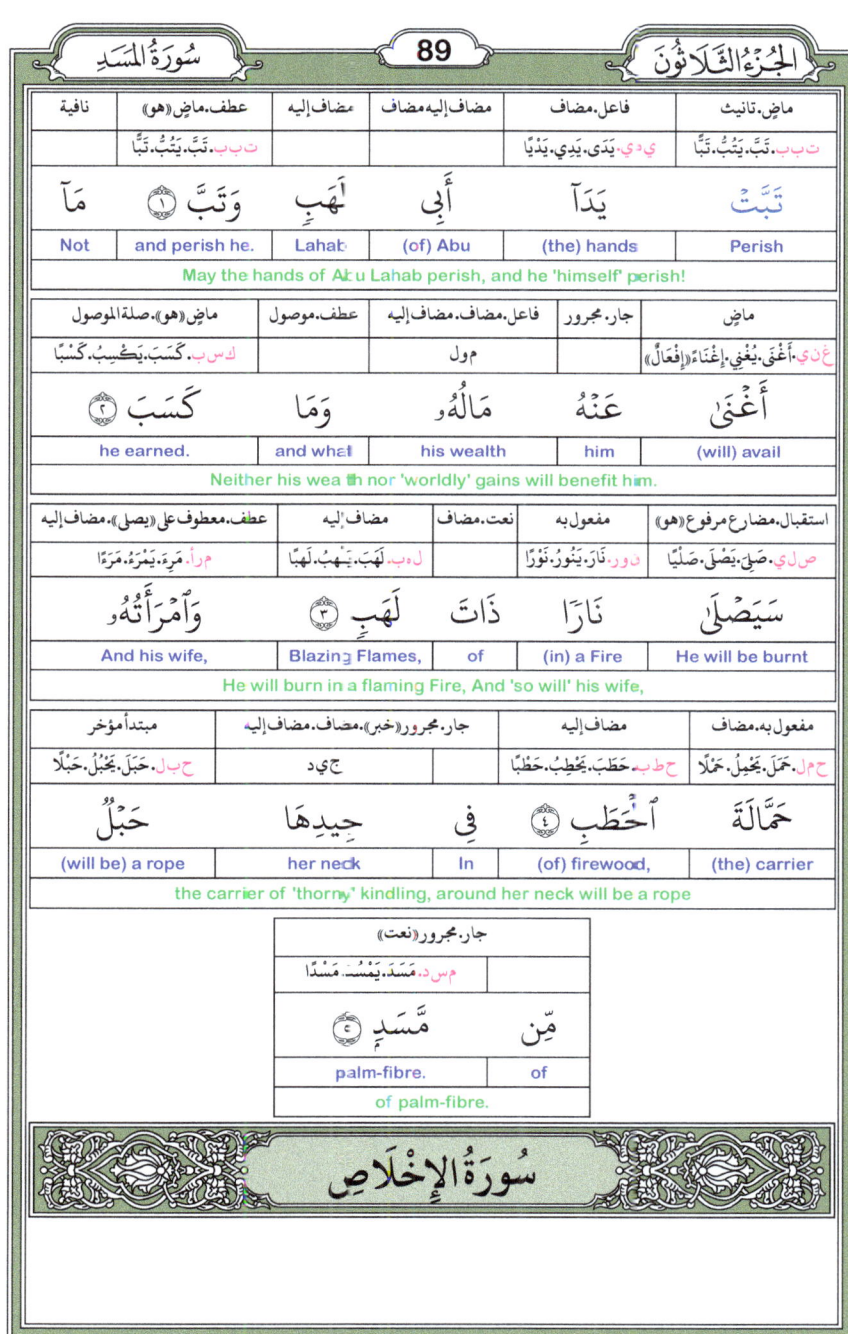

جار.مجرور.مضاف	لفظ الجلالة.مضاف إليه	نعت أول	نعت ثانٍ
س م و.سَمَا.يَسْمُو.سُمُوًّا	أ ل ه	ر ح م.رَحِمَ.يَرْحَمُ.رَحْمَةً	ر ح م.رَحِمَ.يَرْحَمُ.رَحْمَةً
بِسْمِ	ٱللَّهِ	ٱلرَّحْمَٰنِ	ٱلرَّحِيمِ
In (the) name	(of) Allah	the Most Gracious	the Most Merciful
In the name of Allah, the Most Gracious, the Most Merciful			

أمر «أنت»	مبتدأ	لفظ الجلالة.خبر	بدل	مبتدأ.لفظ الجلالة
ق و ل.قَالَ.يَقُولُ.قَوْلًا		أ ل ه	أ ح د	أ ل ه
قُلْ	هُوَ	ٱللَّهُ	أَحَدٌ ١	ٱللَّهُ
Say,	He	(is) Allah,	the One.	Allah,
Say, 'O Prophet', "He is Allah—One 'and Indivisible'; Allah				

خبر	نفي وجزم وقلب	مضارع مجزوم «هو»	عطف.نفي وجزم وقلب	مضارع مجزوم للمجهول «هو»
ص م د.صَمَدَ.يَصْمُدُ.صَمْدًا		و ل د.وَلَدَ.يَلِدُ.وِلَادًا		و ل د.وَلَدَ.يَلِدُ.وِلَادًا
ٱلصَّمَدُ ٢	لَمْ	يَلِدْ	وَلَمْ	يُولَدْ ٣
the Eternal the Absolute.	Not	He begets	and not	He is begotten.
—the Sustainer 'needed by all'. He has never had offspring, nor was He born.				

عطف.نفي وجزم وقلب	مضارع ناقص مجزوم	جار.مجرور «حال»	خبر «يكن»	اسم «يكن»
	ك و ن.كَانَ.يَكُونُ.كَوْنًا		ك ف أ.كَفَأَ.يَكْفَأُ.كَفْئًا	أ ح د
وَلَمْ	يَكُن	لَّهُۥ	كُفُوًا	أَحَدٌۢ ٤
And not	is	for Him	equivalent	any [one].
And there is none comparable to Him."				

سُورَةُ الفَلَقِ

جار.مجرور.مضاف	لفظ الجلالة.مضاف إليه	نعت أول	نعت ثانٍ
س م و.سَمَا.يَسْمُو.سُمُوًّا	أ ل ه	ر ح م.رَحِمَ.يَرْحَمُ.رَحْمَةً	ر ح م.رَحِمَ.يَرْحَمُ.رَحْمَةً
بِسْمِ	ٱللَّهِ	ٱلرَّحْمَٰنِ	ٱلرَّحِيمِ
In (the) name	(of) Allah	the Most Gracious	the Most Merciful
In the name of Allah, the Most Gracious, the Most Merciful			

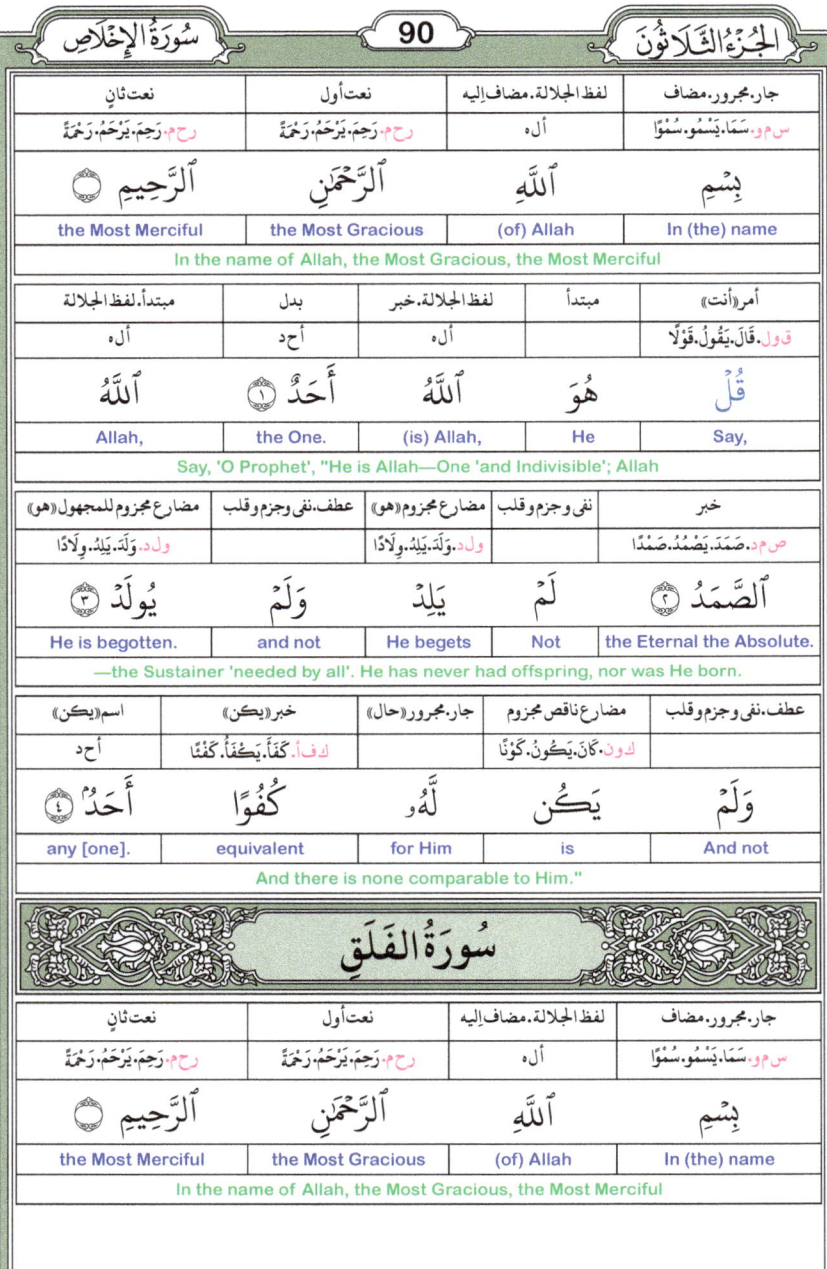

أمر «أنت»	مضارع مرفوع «أنا»	جار. مجرور. مضاف	مضاف إليه	جار. مجرور. مضاف	
ق و ل. قَالَ. يَقُولُ. قَوْلًا	ع و ذ. عَاذَ. يَعُوذُ. عَوْذًا	ر ب ب. رَبَّ. يَرُبُّ. رَبًّا	ف ل ق. فَلَقَ. يَفْلِقُ. فَلْقًا		ش ر ر. شَرَّ. يَشِرُّ. شَرًّا
قُلْ	أَعُوذُ	بِرَبِّ	ٱلْفَلَقِ ١	مِن	شَرِّ
Say	I seek refuge	in (the) Lord	(of) the dawn,	From	(the) evil,

Say, 'O Prophet', "I seek refuge in the Lord of the daybreak from the evil

مضاف إليه	ماضٍ «هو». صلة الموصول	عطف. جار. مجرور. مضاف		مضاف إليه	ظرف زمان
موصول	خ ل ق. خَلَقَ. يَخْلُقُ. خَلْقًا		ش ر ر. شَرَّ. يَشِرُّ. شَرًّا	غ س ق. غَسَقَ. يَغْسِقُ. غَسْقًا	مضاف
مَا	خَلَقَ ٢	وَمِن	شَرِّ	غَاسِقٍ	إِذَا
(of) what	He created,	And from	(the) evil	(of) darkness	when

of whatever He has created, and from the evil of the night when it grows dark,

ماضٍ «هو». مضاف إليه	عطف. جار. مجرور. مضاف		مضاف إليه	جار. مجرور	
و ق ب. وَقَبَ. يَقِبُ. وَقْبًا		ش ر ر. شَرَّ. يَشِرُّ. شَرًّا	ن ف ث. نَفَثَ. يَنْفُثُ. نَفْثًا		ع ق د. عَقَدَ. يَعْقِدُ. عَقْدًا
وَقَبَ ٣	وَمِن	شَرِّ	ٱلنَّفَّٰثَٰتِ	فِى	ٱلْعُقَدِ ٤
it spreads	And from	(the) evil	(of) the blowers	in	the knots,

and from the evil of those 'witches casting spells' by blowing onto knots,

عطف. جار	مجرور. مضاف	مضاف إليه	ظرف زمان	ماضٍ «هو». مضاف إليه
	ش ر ر. شَرَّ. يَشِرُّ. شَرًّا	ح س د. حَسَدَ. يَحْسُدُ. حَسَدًا	مضاف	ح س د. حَسَدَ. يَحْسُدُ. حَسَدًا
وَمِن	شَرِّ	حَاسِدٍ	إِذَا	حَسَدَ ٥
And from	(the) evil	(of) an envier	when	he envies.

and from the evil of an envier when they envy."

سُورَةُ النَّاسِ

جار. مجرور. مضاف	لفظ الجلالة. مضاف إليه	نعت أول	نعت ثانٍ
س م و. سَمَا. يَسْمُو. سُمُوًّا	أ ل ه	ر ح م. رَحِمَ. يَرْحَمُ. رَحْمَةً	ر ح م. رَحِمَ. يَرْحَمُ. رَحْمَةً
بِسْمِ	ٱللَّهِ	ٱلرَّحْمَٰنِ	ٱلرَّحِيمِ ○
In (the) name	(of) Allah	the Most Gracious	the Most Merciful

In the name of Allah, the Most Gracious, the Most Merciful

أمر«أنت»	مضارع مرفوع«أنا»	جار.مجرور.مضاف	مضاف إليه	نعت.مضاف	مضاف إليه
ق و ل.قَالَ.يَقُولُ.قَوْلًا	ع و ذ.عَاذَ.يَعُوذُ.عَوْذًا	ر ب ب.رَبَّ.يَرُبُّ.رَبًّا	ن و س.نَاسَ.يَنُوسُ.نَوْسًا	م ل ك	ن و س
قُلْ	أَعُوذُ	بِرَبِّ	ٱلنَّاسِ ١	مَلِكِ	ٱلنَّاسِ ٢
Say,	I seek refuge	in (the)Lord	(of) mankind,	(The) King	(of) mankind,
Say, 'O Prophet', "I seek refuge in the Lord of humankind, the Master of humankind,					

نعت.مضاف	مضاف إليه	جار.مجرور.مضاف		مضاف إليه
أ ل ه	ن و س.نَاسَ.يَنُوسُ.نَوْسًا		ش ر ر.شَرَّ.يَشِرُّ.شَرًّا	و س و س.وَسْوَسَ.يُوَسْوِسُ.وِسْوَاسًا
إِلَٰهِ	ٱلنَّاسِ ٣	مِن	شَرِّ	ٱلْوَسْوَاسِ
(The) God	(of) mankind,	From	(the) evil	(of) the whisperer,
the God of humankind, from the evil of the lurking whisperer—				

نعت	موصول.نعت	مضارع مرفوع«هو».صلة الموصول	جار.مجرور.مضاف	
خ ن س.خَنَسَ.يَخْنُسُ.خَنْسًا		و س و س.وَسْوَسَ.يُوَسْوِسُ.وِسْوَاسًا		ص د ر.صَدَرَ.يَصْدُرُ.صَدْرًا
ٱلْخَنَّاسِ ٤	ٱلَّذِى	يُوَسْوِسُ	فِى	صُدُورِ
the one who withdraws,	The one who	whispers	in	(the) breasts
who whispers into the hearts of humankind—				

مضاف إليه	جار.مجرور«حال»		عطف.معطوف على«الجنة»
ن و س.نَاسَ.يَنُوسُ.نَوْسًا		ج ن ن	ن و س.نَاسَ.يَنُوسُ.نَوْسًا
ٱلنَّاسِ ٥	مِنَ	ٱلْجِنَّةِ	وَٱلنَّاسِ ٦
(of) mankind,	From	the jinn	and men.
from among jinn and humankind."			

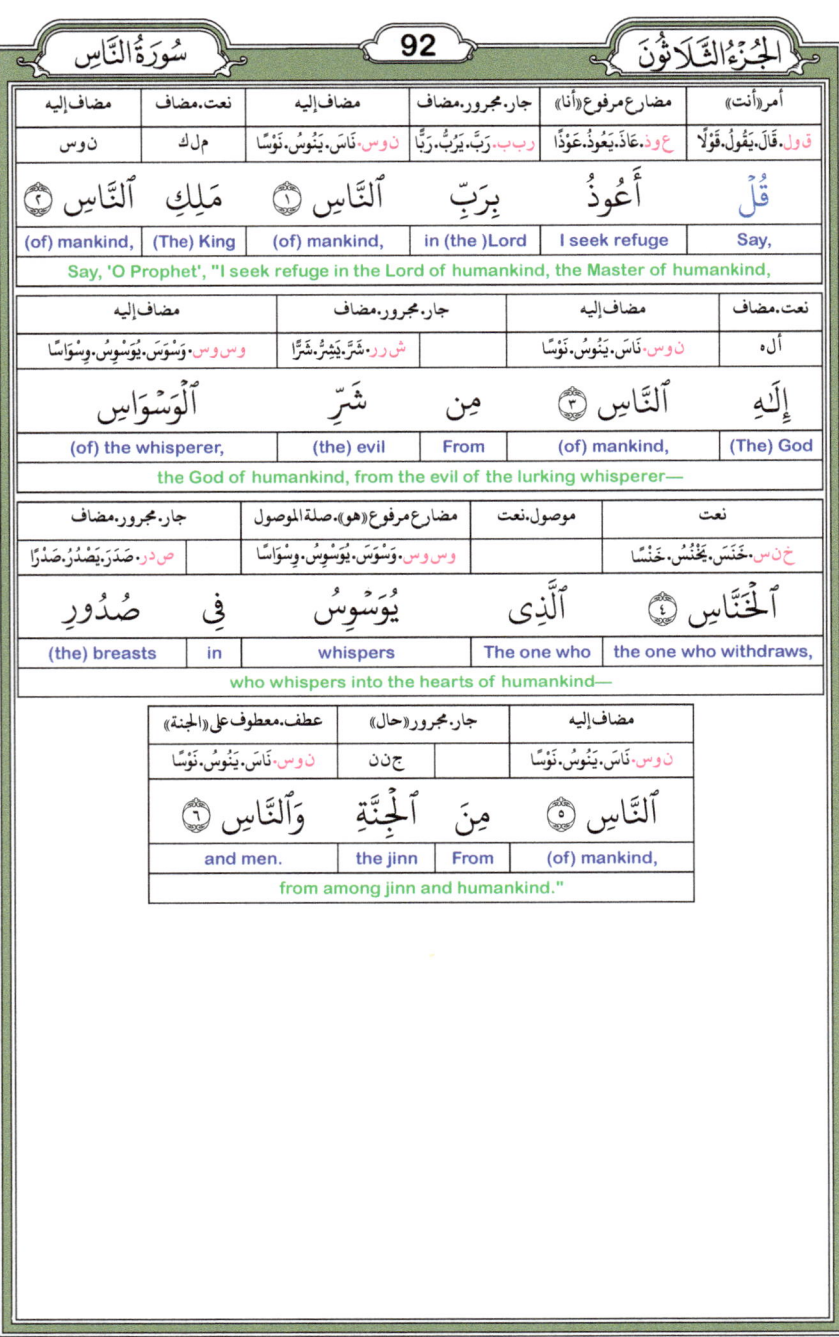